高等职业教育精品系列教材·财务会计类

企业财务会计

（含项目训练）

主　审　孟凡中
主　编　夏迎峰　陈雅宾　田冉黎
副主编　黄丽华　李骁寅　彭淑燕
参　编　肖永莉

北京理工大学出版社
BEIJING INSTITUTE OF TECHNOLOGY PRESS

图书在版编目（CIP）数据

企业财务会计：含项目训练／夏迎峰，陈雅宾，田冉黎主编．-- 北京：北京理工大学出版社，2021.7

ISBN 978-7-5763-0112-0

Ⅰ.①企… Ⅱ.①夏… ②陈… ③田… Ⅲ.①企业管理-财务会计-高等学校-教材 Ⅳ.①F275.2

中国版本图书馆CIP数据核字（2021）第149780号

出版发行／北京理工大学出版社有限责任公司
社　　址／北京市海淀区中关村南大街5号
邮　　编／100081
电　　话／（010）68914775（总编室）
（010）82562903（教材售后服务热线）
（010）68944723（其他图书服务热线）
网　　址／http：//www.bitpress.com.cn
经　　销／全国各地新华书店
印　　刷／河北盛世彩捷印刷有限公司
开　　本／787毫米×1092毫米　1/16
印　　张／25.75
字　　数／605千字
版　　次／2021年7月第1版　2021年7月第1次印刷
定　　价／65.00元

责任编辑／王俊洁
文案编辑／王俊洁
责任校对／刘亚男
责任印制／施胜娟

前言

伴随着经济的发展和科学技术的进步，人类社会进入了数字经济时代，有着悠久历史的会计行业，正在发生巨变。以大数据、云计算、移动互联、物联网、人工智能、区块链等为代表的科技创新给会计带来了新的挑战。

教材是教学过程的重要载体，加强教材建设是深化高等教育改革的有效途径。《企业财务会计》是“主体教材+实训用书+数字化资源”的新形态一体化教材，以纸质教材为核心，以互联网为载体，以信息技术为手段，将纸质教材和数字资源充分融合，呈现课程结构化、资源碎片化和设计一体化的特征。教材的编写着重在以下几个方面进行了创新尝试：

第一，引入互联网技术，推进混合式学习模式。

《企业财务会计》教材以纸质教材为主要载体，系统开发了微课视频、教辅资源、在线训练等线上数字资源，利用二维码，帮助学习者更好地开展课程学习。

第二，活页式装订，方便取出或加入内容。

交作业、夹笔记、替换旧内容、进行实操训练等，方便学习者随时添加新笔记、新内容。

第三，增加课程思政。

每个项目设置励志语录，将职业精神、工匠精神、进取精神等有机融合到教材中，加强社会主义核心价值观教育。

本教材由武汉职业技术学院商学院院长孟凡中担任主审，由武汉职业技术学院夏迎峰、湖北生物科技职业学院陈雅宾和湖北生态工程职业技术学院田冉黎担任主编，由湖北轻工职业技术学院黄丽华、彭淑燕，武汉交通职业学院李骁寅担任副主编，由湖北生态工程职业技术学院肖永莉参编。夏迎峰负责全书写作大纲的拟定和编写的组织工作，并总纂定稿。

《企业财务会计》共 12 个项目，夏迎峰编写项目一、项目二、项目三、项目四、项目七、项目九；陈雅宾编写项目五、项目六；田冉黎编写项目八；黄丽华和彭淑燕编写项目十二；李骁寅编写项目十一；肖永莉和田冉黎编写项目十。《企业财务会计项目训练》共 12 个项目，由夏迎峰编写，其中黄丽华、陈雅宾、田冉黎和李骁寅提供部分原始凭证。

本教材在编写过程中，得到了有关院校和实务界人士的大力支持，特别是上海云城融资租赁有限公司副总经理、财务总监崔淑静，立信会计师事务所（特殊普通合伙）合伙人、注册会计师全普，两位专家为本教材的实际案例和资料提供了指导，谨此一并致谢。

本教材采用了复旦大学张学新教授“对分课堂”的教学方法，把课堂时间一半给教师，一半给学生。课堂时间还给学生，老师精讲留白，让学生与教师共同主导课堂，充分展示了他们主动探索学习的潜能。

由于作者专业水平和实践经验有限，本书难免存在错误和不当之处，恳请读者批评指正。

编　者

2021 年 4 月

目　录

项目一　财务会计概述 ……………………………………………… (1)

任务 1　财务会计的概念与特征 …………………………………………… (3)
任务 2　会计假设与会计基础 ……………………………………………… (5)
任务 3　会计信息的质量要求 ……………………………………………… (6)
任务 4　会计计量属性 ……………………………………………………… (8)
任务 5　会计要素 …………………………………………………………… (9)
任务 6　会计规范 …………………………………………………………… (12)

项目二　货币资金与应收账款业务核算 ……………………………… (16)

任务 1　货币资金核算认知 ………………………………………………… (18)
任务 2　库存现金的核算 …………………………………………………… (20)
任务 3　银行存款的核算 …………………………………………………… (22)
任务 4　其他货币资金的核算 ……………………………………………… (25)
任务 5　应收及预付款项的核算 …………………………………………… (32)

项目三　存货业务核算 ……………………………………………… (42)

任务 1　存货认知 …………………………………………………………… (44)
任务 2　原材料业务的核算 ………………………………………………… (45)
任务 3　周转材料业务的核算 ……………………………………………… (53)
任务 4　委托加工物资的核算 ……………………………………………… (56)
任务 5　存货清查和期末计价 ……………………………………………… (58)

项目四　固定资产业务核算 ………………………………………… (63)

任务 1　固定资产的认知 …………………………………………………… (65)

任务 2　固定资产增加业务的核算…………………………………………………………（68）
任务 3　固定资产折旧的核算……………………………………………………………（73）
任务 4　固定资产后续支出的核算………………………………………………………（78）
任务 5　固定资产处置的核算……………………………………………………………（80）
任务 6　固定资产清查和期末计价………………………………………………………（82）

项目五　无形资产业务核算 ……………………………………………………………（85）

任务 1　无形资产的认知……………………………………………………………………（86）
任务 2　无形资产的核算……………………………………………………………………（90）

项目六　金融资产业务核算 ……………………………………………………………（98）

任务 1　以公允价值计量且其变动计入当期损益的金融资产…………………………（99）
任务 2　以摊余成本计量的金融资产……………………………………………………（104）
任务 3　以公允价值计量且其变动计入其他综合收益的金融资产……………………（107）

项目七　负债业务核算 …………………………………………………………………（112）

任务 1　短期借款的核算……………………………………………………………………（114）
任务 2　长期借款的核算……………………………………………………………………（115）
任务 3　应付及预收款项的核算…………………………………………………………（116）
任务 4　应付职工薪酬的核算……………………………………………………………（120）
任务 5　应交税费的核算……………………………………………………………………（129）

项目八　所有者权益业务核算 …………………………………………………………（147）

任务 1　实收资本的核算……………………………………………………………………（149）
任务 2　资本公积的核算……………………………………………………………………（153）
任务 3　留存收益的核算……………………………………………………………………（155）

项目九　收入业务核算 …………………………………………………………………（159）

任务 1　收入的确认和计量…………………………………………………………………（160）
任务 2　收入业务核算应设置的会计科目………………………………………………（162）
任务 3　履行履约义务确认收入的账务处理……………………………………………（164）
任务 4　合同成本……………………………………………………………………………（172）

项目十　费用业务核算 …………………………………………………………………（175）

任务 1　营业成本……………………………………………………………………………（176）
任务 2　税金及附加…………………………………………………………………………（178）
任务 3　期间费用……………………………………………………………………………（179）

项目十一 利润业务核算 …………………………………………………………………… (182)

任务 1 利润的构成 ………………………………………………………………………… (184)
任务 2 营业外收支 ………………………………………………………………………… (185)
任务 3 所得税费用 ………………………………………………………………………… (188)
任务 4 本年利润 …………………………………………………………………………… (190)
任务 5 利润分配 …………………………………………………………………………… (193)

项目十二 财务报告 ………………………………………………………………………… (197)

任务 1 财务报告认知 ……………………………………………………………………… (200)
任务 2 资产负债表 ………………………………………………………………………… (202)
任务 3 利润表 ……………………………………………………………………………… (218)
任务 4 现金流量表 ………………………………………………………………………… (223)
任务 5 所有者权益变动表 ………………………………………………………………… (240)
任务 6 财务报告附注 ……………………………………………………………………… (243)

项目一

财务会计概述

知识目标

1. 熟悉会计要素的含义及确认条件；
2. 掌握会计信息质量要求；
3. 熟悉企业会计法律规范体系。

能力目标

1. 能正确判断各会计要素的具体内容；
2. 能根据会计信息质量要求进行正确的账务处理；
3. 学会运用会计法律法规规避风险。

德育目标

1. 培养学生坚持准则、诚实守信的会计职业道德；
2. 培养学生诚信敬业的社会主义核心价值观；
3. 让学生学习工匠精神，树立职业理想。

结构导图

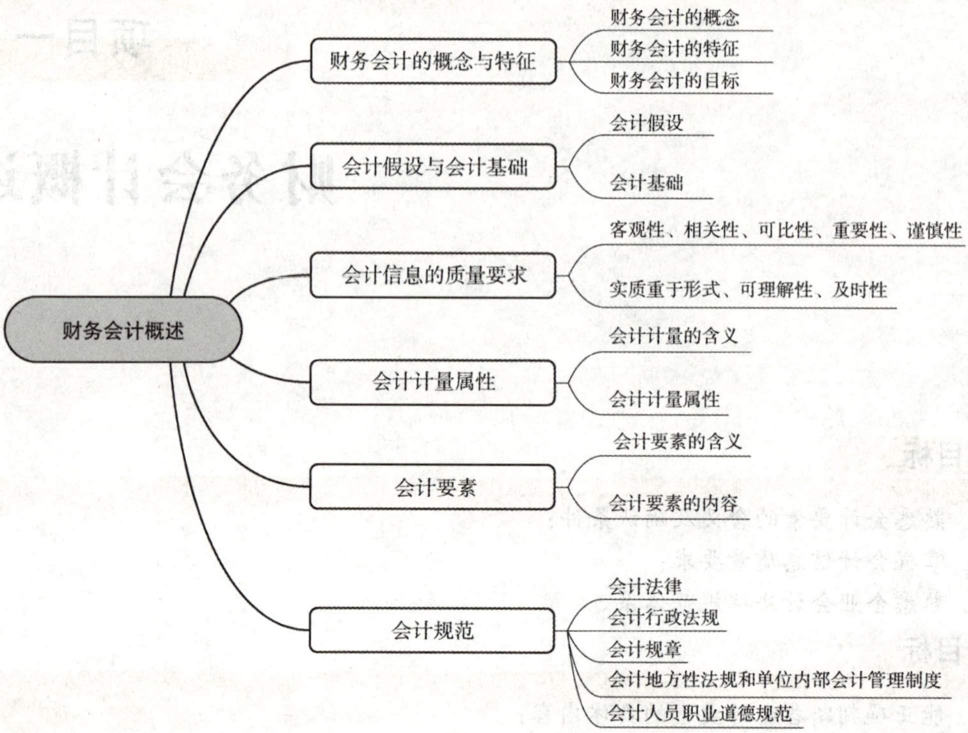

导入案例

郭道杨教授与《中国会计通史》

中南财经政法大学教授、世界著名会计学家郭道杨教授耗时八载，完成了《中国会计通史》（以下简称《通史》）这部鸿篇巨制。《通史》总计约 300 万字，全面、系统地研究、揭示、总结了中华民族上下 5 000 年会计与会计文化的起源、演进、发展及其历史运行规律。不仅为全国会计工作者树碑立传，确立了会计学科和会计工作者的价值和地位，更创造了在中国和世界会计史与会计文化研究方面的奇迹。《中国会计通史》共 5 卷本，分为远古上古卷、中古卷（上）、中古卷（下）、近代卷和现代卷，全面、系统地研究了中国自远古时代到现代的会计发展史，包括中国会计起源，财务、会计、审计发生与发展历程及其基本运行规律等。

（资料来源：https：//www. sohu. com/a/433852634-119861）

思政之窗

习近平论劳模精神、劳动精神、工匠精神

在长期实践中，我们培育形成了爱岗敬业、争创一流、艰苦奋斗、勇于创新、淡泊名利、甘于奉献的劳模精神，崇尚劳动、热爱劳动、辛苦劳动、诚实劳动的劳动精神，执着专注、精益求精、一丝不苟、追求卓越的工匠精神。劳模精神、劳动精神、工匠精神是以爱国

主义为核心的时代精神的生动体现，是鼓舞全党全国各族人民风雨无阻、勇敢前进的强大精神动力。

——习近平（摘自学习强国）

工匠精神自古以来就是中华民族的气质，是中华优秀传统文化的重要内容。“巧夺天工”“庖丁解牛”“技进乎道”“鬼斧神工”都是对它的经典表述。敦煌研究院修复师李云鹤，坚守在文物修复保护第一线，被誉为我国“文物修复界泰斗”。他是国内石窟整体异地搬迁复原成功的第一人，也是国内运用金属骨架修复保护壁画获得成功的第一人。

基层岗位却拥有同一个“匠心”。焊接火箭“心脏”的高凤林、“两丝”钳工顾秋亮、“航空手艺人”胡双钱等数位大国工匠，用他们的技艺、用他们的工匠精神铸造了中国梦。

（资料来源：https：//www. mwshe. cn/swensuib/4841. html）

任务1　财务会计的概念与特征

一、财务会计的概念

现代会计分为财务会计和管理会计两大分支。

财务会计是以会计准则、会计制度为主要依据，运用确认、计量、记录和报告等专门程序与方法，向企业外部会计信息使用者提供以财务信息为主的经济信息系统。其实质是一套信息系统，也是一种管理活动。财务会计信息主要是满足投资者、债权人、政府管理部门等企业外部使用者的需要，也可以满足企业内部管理者的需要。

管理会计是从传统的会计系统中分离出来的，利用财务会计的有关资料进行整理、计算、对比和分析，产生一系列信息，满足企业内部各级管理人员进行规划和控制企业的经济活动的需要。

二、财务会计的特征

与管理会计相比，财务会计的主要特点如下：

（1）从服务对象来看，财务会计主要向企业外部提供信息，但它同时也为企业内部管理服务；

（2）从提供信息的形式看，财务会计提供以财务报表为核心的信息；

（3）从提供信息的时间来看，财务会计主要提供货币量化的历史信息；

微课1　中国会计的产生和发展

（4）从会计程序与方法来看，财务会计有一套比较科学、统一、定型的会计处理程序与方法，如填制凭证、登记账簿、编制报表等。

（5）从工作过程约束依据来看，财务会计要受外在统一的会计规范（如会计准则）的约束。

三、财务会计的目标

财务会计的目标是为企业外部信息使用者提供与企业财务状况、经营成果和现金流量等有关的会计信息。外部信息使用者包括投资者、债权人、债务人、政府部门和社会公众等。

企业编制财务报告的主要目的是满足财务报告使用者的信息需求，有助于财务报告使用者作出经济决策。因此，向财务报告使用者提供对决策有用的信息是财务报告的基本目标。财务报告使用者主要包括投资者、债权人、债务人、政府部门和社会公众等。财务会计主要向这些企业外部利害关系人提供反映企业财务状况、经营业绩的信息。

具体来说，在市场经济条件下，至少有以下五个方面的关系人需要利用会计信息进行决策：

（一）企业的所有者

在经营权与所有权相分离的情况下，企业所有者需要利用会计信息进行重要决策，例如：

（1）是否应该对企业投入更多的资金。

（2）是否应该转让在企业中的投资（如出售股份）。

（3）企业管理层是否实现了企业目标。

（4）企业的经营成果如何。

（5）企业的利润分配政策（如股利政策）如何。

对于潜在的投资者来说，主要依赖会计信息作出是否参加企业投资的决策，如决定是否购买某家公司的股票。

（二）企业的债权人

贷给企业资金者，即成为企业的债权人。债权人主要关心企业是否能够按期还本付息，即了解企业的偿债能力，以便作出有关决策。具体而言，债权人需要的信息如下：

（1）企业的财力是否充裕，是否足以偿还其债务。

（2）企业的获利情况如何。

（3）是否应该贷给企业更多的资金。

（4）是否应该继续保持对企业的债权（如是否转让公司的债券）。

对于潜在的债权人来说，需要依靠会计信息作出是否贷给企业资金的决策。

（三）政府部门

有关政府部门（如税务机关），要通过会计信息了解企业承担义务的情况。例如：

（1）企业缴纳所得税和其他税金的情况。

（2）企业是否遵守有关的法律规定。

（3）企业向各级政府法定机构提供的各种报告是否正确。

对国有企业来说，企业还有义务向有关政府管理部门提供宏观调控所需要的会计信息。

（四）职工与工会

企业的职工与工会主要关心下列问题：

（1）企业是否按正确的方向开展经营，为职工提供稳定持久的工作岗位。

（2）企业的福利待遇有何变动。

（3）企业的获利情况如何，利润增加时，企业是否能支付较高的工资与奖金。

（五）企业的顾客

企业的顾客虽然不参与企业资源的配置，但在许多方面与企业存在着利益关系。顾客主要关心下列问题：

(1) 企业的财力是否充裕，是否足以保证长期供应顾客所需要的商品。

(2) 是否应该从该企业购买更多的商品。

(3) 企业的经营行为和政策是否与顾客的目的矛盾。

以上分析表明，企业内部管理和企业外部有关方面都需要利用会计信息进行经济决策。

任务2 会计假设与会计基础

一、会计假设

会计假设，是指组织会计核算工作应具备的前提条件，也是会计准则中规定的各种程序和方法适用的前提条件。会计假设是对会计所处的时间环境、空间环境所作的合理假定，会计核算对象的确定、会计政策的选择、会计数据的收集都要以这些基本假设为依据。会计假设包括会计主体、持续经营、会计分期和货币计量等。

(一) 会计主体

会计主体是指会计为之服务的特定单位。要开展会计工作，首先应明确认定会计主体，也就是要明确会计人员的立足点（立场），解决为谁记账、算账、报账的问题。简单地说，明确会计主体，就是要明确“记谁的账，编谁的表”。

会计人员只为特定的会计主体进行会计工作。每个会计主体不仅与其他会计主体相区别，而且独立于其本身的所有者。也就是说，会计所反映的是一个特定会计主体的经济业务，而不是其他会计主体的经济业务，也不是企业所有者的财务活动。

从理论上说，会计主体的规模并无统一的标准，可大可小。它可以是一个独立核算的经济实体、一个独立的法律个体；也可以是不进行独立核算的内部单位、班组，一个非法律个体。但是，从财务会计的角度来看，会计主体应是一个独立核算的经济实体，特别是需要单独反映财务状况与经营成果、编制独立的财务会计报告的实体。

会计主体可以分为记账主体和报告主体。一般情况下，记账主体与报告主体是一致的，但在将母公司和其子公司组成的企业集团作为报告主体编制合并财务报表的情况下，二者就不一致。这样的企业集团只是一个报告主体，而不是一个独立的记账主体。

会计主体不同于法律主体。会计主体可以是一个独立的法律主体，如企业法人，也可以不是一个独立的法人主体，如企业内部的相对独立的核算单位、由多个企业法人组成的企业集团等。一般来说，法律主体必然是会计主体。如甲公司属于一个法律主体，也是一个会计主体；但会计主体不一定是法律主体，如分公司。

(二) 持续经营

持续经营是指在可预见的将来，企业将会按当前的规模和状态继续经营下去，不会停业，也不会大规模削减业务。有了这一前提，会计信息的可比性等会计信息质量要求才能得到满足，企业在信息的收集和处理上所采用的会计方法才能保持稳定，会计核算才能正常进行。财务会计的一系列方法都是以会计主体持续经营为前提的。例如，只有在持续经营的前提下，企业的资产才能按历史成本计价，固定资产才能按其使用年限计提折旧。

（三）会计分期

会计分期是指将一个企业持续经营的生产经营活动人为地划分为一个个连续的长短相同的期间。企业应当划分会计期间，分期结算账目和编制财务报告。会计期间分为年度和中期，以年度为会计期间通常称为会计年度。在我国，以公历年度作为企业的会计年度，即以公历 1 月 1 日起至 12 月 31 日止。

（四）货币计量

货币计量是指会计主体在会计确认、计量和报告时以货币计量，反映会计主体的生产经营活动。以货币计量为假设，可以全面反映企业的各项生产经营活动和有关交易、事项。

用货币计量也有缺陷，例如企业经营战略、研发能力、市场竞争力等，往往难以用货币来计量，但这些信息对于会计信息使用者作出决策也很重要，为此，企业可以在财务报告中补充披露有关非财务信息来弥补上述缺陷。

二、会计基础

企业应当以权责发生制为基础进行确认、计量和报告。凡是当期已经实现的收入和已经发生或应当负担的费用，不论款项是否支付，都应当作为当期的收入和费用；凡是不属于当期的收入和费用，即使款项已在当期收付，都不应作为当期的收入和费用。

我国会计实务中，还存在一种与权责发生制相对应的收入和费用的确认方法，人们称之为收付实现制。收付实现制是以收到或支付现金作为确认收入和费用的依据。目前，我国的行政单位采用收付实现制；事业单位除经营业务采用权责发生制外，其他业务也采用收付实现制；企业则一律以权责发生制为基础。

任务 3　会计信息的质量要求

为了实现财务会计的目标，保证会计信息的质量，必须对会计信息的质量提出要求。会计信息的质量要求是要求财务会计报告所提供的信息应达到的基本标准和要求。一般包括客观性、相关性、可比性、重要性、谨慎性、实质重于形式、可理解性和及时性。

一、客观性

客观性是要求会计信息如实表达、内容完整。客观性是会计信息质量的基本要求，包括真实性和可靠性两方面的含义。

真实性是指会计反映的结果应当同企业的实际财务状况和经营成果相一致。可靠性是指对于经济业务的记录和报告，应当做到不偏不倚，以客观的事实为依据，而不应受主观意志的左右，力求使会计信息可靠。

二、相关性

相关性是要求企业提供的会计信息应与财务报告使用者的经济决策相关。相关性是以可靠性为基础的，会计信息在可靠性的前提下，应尽可能做到相关性，以满足财务报告使用者的决策需要。

为了满足会计信息质量的相关性要求，企业会计在收集、加工、处理和传递会计信息的过程中，要考虑财务报告使用者对会计信息需要的不同特点，充分满足企业内外有关方面对会计信息的相关需求。当然，由于不同的财务报告使用者有着不同的需要，完全满足所有方面的需求也不可能，因此，企业对外编报的财务报告只要提供会计准则规定的通用的会计信息，就可以说符合相关性要求。

三、可比性

可比性是要求企业提供的会计信息应当具有可比性。包括不同企业间的纵向可比和同一企业不同时期的横向可比，具体包括两个方面：

（一）同一企业不同时期可比

为了满足会计信息使用者了解企业财务状况和经营成果的变化趋势，从而全面、客观地评价过去、预测未来，作出决策，会计信息质量的可比性要求同一企业不同时期发生的相同或者相似的交易或者事项，应当采用一致的会计政策，不得随意变更。

（二）不同企业相同会计期间可比

不同企业同一会计期间发生的相同或者相似的交易或者事项，应当采用规定的会计政策，确保会计信息口径一致、相互可比，以使不同企业按照一致的确认、计量和报告要求提供有关会计信息。

四、重要性

重要性是要求企业提供的会计信息应当反映与企业财务状况、经营成果、现金流量相关的所有重要交易和事项。重要的事项应该单独反映，不重要的可以简化处理。

如果企业会计信息的省略或者错报会影响会计信息使用者作出经济决策，该信息就具有重要性特征。重要性的应用需要依赖职业判断，企业应当根据其所处的环境和实际情况，从项目的性质和金额大小两方面来判断其重要性。

五、谨慎性

谨慎性要求企业对交易或者事项进行确认、计量和报告时应当保持应有的谨慎，不应高估资产或者收益、不应低估负债或者费用。

谨慎性的应用并不允许企业设置秘密准备，如企业故意低估资产或者收益，或者故意高估负债或者费用。

六、实质重于形式

实质重于形式要求企业应当按照交易或者事项的经济实质进行会计确认、计量和报告，不应仅以交易或者事项的法律形式为依据。一般情况下，经济实质和法律形式是一致的。

在会计核算过程中，可能会碰到一些经济实质与法律形式不吻合的交易或事项，在此情况下，会计信息要想反映其所应反映的交易或者事项，就必须根据交易或事项的经济实质和经济现实来判断，而不能仅仅根据它们的法律形式。

实质重于形式的运用包括融资租赁、售后回租、售后回购、关联关系确定等。

七、可理解性

可理解性要求企业提供的会计信息应当清晰明了，便于财务报告使用者理解和使用。如在财务报告中对一些重要事项进行充分披露，就是为了增加财务报告的可理解性。

八、及时性

及时性要求企业对于已经发生的交易或者事项，应当及时进行确认、计量和报告，不得提前或者延后。

及时性原则包括三方面的内容：

（一）及时收集会计信息

即在经济交易或者事项发生后，及时收集整理各种原始单据或者凭证。

（二）及时处理会计信息

即按照会计准则的规定，及时对经济交易或者事项进行确认或者计量，并编制财务报告。

（三）及时传递会计信息

即按照国家规定的有关时限，及时地将编制的财务报告传递给财务报告使用者，便于其及时使用和决策。

任务4 会计计量属性

一、会计计量的含义

会计计量是指企业将符合确认条件的会计要素登记入账并列报于财务报表中时，应当按照规定的会计计量属性进行计量，确定其金额。

二、会计计量属性

（一）历史成本

在历史成本计量下，资产按照购置时支付的金额，或者按照购置资产时所付出的对价的公允价值计量。

【例1-1】 甲公司在20×1年12月31日有一批库存商品，系20×1年2月10日以10 000元银行存款购入，则该批商品的历史成本为10 000元。

负债按照因承担现时义务而实际收到的款项或者资产的金额，或者承担现时义务的合同金额，或者按照日常活动中为偿还负债预期需要支付的现金的金额计量。

【例1-2】 甲公司在20×1年12月31日有一笔长期借款，该借款系20×1年1月3日借入，期限为2年，到期连本带息需要偿还220 000元，实际收到款项200 000元，则该批长期借款的历史成本为200 000元。

（二）重置成本

在重置成本计量下，资产按照现在购买相同或者相似资产所需支付的金额计量。负债按照现在偿付该项债务所需支付的金额计量。

【例 1-3】甲公司 20×1 年 12 月 31 日有一批库存商品，该批商品于 20×1 年 2 月 1 日购入，当时的成本为 20 000 元，如果 20×1 年 12 月 31 日重新购入该商品需要花费 22 000 元，则该批商品的重置成本为 22 000 元。

【例 1-4】甲公司 20×3 年 12 月 31 日有一台设备，该设备于 20×1 年 12 月 31 日购入，当时的成本为 5 000 000 元，预计使用寿命为 10 年，采用直线法计提折旧。20×3 年 12 月 31 日该设备的折余价值为 4 000 000 元。如果 20×3 年 12 月 31 日重新购入一台全新的设备，需要花费 6 000 000 元，则该设备的重置成本为：

$$6\ 000\ 000\times(10-2)\div10=4\ 800\ 000\ (\text{元})$$

（三）可变现净值

在可变现净值计量下，资产按照其正常对外销售所能收到的金额扣减该资产至完工时估计将要发生的成本、估计的销售费用以及相关税费后的金额计量。

（四）现值

在现值计量下，资产按照预计从其持续使用和最终处置中所产生的未来净现金流入量的折现金额计量。负债按照预计期限内需要偿还的未来净现金流出量的折现金额计量。

（五）公允价值

在公允价值计量下，资产和负债按照在公平交易中，熟悉情况的交易双方自愿进行资产交换或者债务清偿的金额计量。

任务 5　会计要素

微课 2　会计准则引入公允价值计量属性的必要性

一、会计要素的含义

会计要素是会计核算对象的基本分类，是设定会计报表结构和内容的依据，也是进行确认和计量的依据。

二、会计要素的内容

会计要素主要包括资产、负债、所有者权益、收入、费用和利润。

知识链接

对会计要素的规定，各国之间存在差异。1970 年美国会计原则委员会（Accounting Principles Board，APB）公布的第 4 号公告中，第一次提出会计要素的概念，并划分了 6 个基本会计要素，即资产、负债、业主产权、收入、费用及净收益（净损失）。后来的美国财务会计准则委员会（Financial Accounting Standards Board，FASB）对会计要素进行了细化，在 1980 年 12 月公布的《企业财务报表的要素》概念公告中提出了 10 个财务报表要素，即资产、负债、产权、业主投资、派给业主款、全面收益、收入、费用、利得和损失。1989 年，国际会计准则委员会（International Accounting Standards Committee，IASC）在发布的《关于编制和提供财务报表的框架》中，把会计要素确定为资产、负债、产权、收益和费用。

（资料来源：https://wenku.baidu.com/view/4197cb6f1eb91a37f1115cdc.html）

（一）资产

资产，是指过去的交易和事项形成的并由企业拥有和控制的资源，该资源预期会给企业带来经济利益。它具有如下特征：

1. 资产能够直接或间接地给企业带来经济利益

所谓经济利益，是指直接或间接地流入企业的现金和现金等价物。资产导致经济利益流入企业的方式有多种，如单独或与其他资产组合为企业带来经济利益；以资产交换其他资产；以资产偿还负债等。资产之所以成为资产，就在于其能为企业带来经济利益。如果某项目不能为企业带来经济利益，那么就不能确认为企业的资产。

2. 资产是企业所拥有的，或者即使不为企业所拥有，也是企业所控制的

企业拥有资产，就能够排他性地从资产中获取经济利益。有些资产虽然不为企业所拥有，但是企业能够支配这些资产，因此同样能够排他性地从资产中获取经济利益。例如，企业以融资租赁方式租入的固定资产，尽管其所有权不属于该承租企业，但由于受该承租企业实际控制，因而在会计实务中将其列作该承租企业的资产。如果企业不能拥有或控制资产所能带来的经济利益，那么，就不能作为企业的资产。

3. 资产是由过去的交易或事项形成的

资产必须是现实的资产，而不能是预期的资产。只有过去发生的交易或事项才能够增加或减少企业的资产，而不能根据计划中的经济业务来确认资产。

任何企业要进行正常的经营活动，都必须拥有一定数量的资产。为了正确反映企业的财务状况，通常将企业的全部资产按其流动性划分为流动资产与非流动资产两大类。

（1）流动资产是指那些可以合理地预期将在一年内转换为现金或被销售、耗用的资产，主要包括货币资金、应收票据、应收账款和存货等。

（2）除流动资产以外的其他资产统称为非流动资产，包括长期股权投资、固定资产、无形资产等。

（二）负债

负债，是指过去的交易和事项形成的现时义务，履行该义务预期会导致经济利益流出企业。它具有以下特征：

1. 负债的清偿预期会导致经济利益流出企业

负债的清偿预期会导致经济利益流出企业。清偿负债导致经济利益流出企业的形式多种多样，如用现金偿还或以实物资产偿还；以提供劳务偿还；将负债转为所有者权益。

2. 负债是由过去的交易或事项形成的

作为现时义务，负债是过去已经发生的交易或事项所产生的结果，是现时的义务。只有过去发生的交易或事项才能增加或减少企业的负债，而不能根据谈判中的交易或事项或计划中的经济业务来确认负债。

负债按其偿还期的长短可分为流动负债与非流动负债。

（1）流动负债是指偿还期在1年或长于1年的一个营业周期以内的负债，主要包括短期借款、应付票据、应付账款、应付职工薪酬、应交税费、应付利润、其他应付款等。

（2）非流动负债是指偿还期在1年或长于1年的一个营业周期以上的债务，主要包括长期借款、应付债券和长期应付款等。

（三）所有者权益

1. 所有者权益的定义

所有者权益，是指企业资产扣除负债后由所有者享有的剩余权益。公司的所有者权益又称为股东权益。所有者权益是所有者对企业资产的剩余索取权，它是企业的资产扣除债权人权益后应由所有者享有的部分，既可反映所有者投入资本的保值增值情况，又体现了保护债权人权益的理念。

所有者权益的来源包括所有者投入的资本、其他综合收益、留存收益等，通常由股本（或实收资本）、资本公积（含股本溢价或资本溢价、其他资本公积）、其他综合收益、盈余公积和未分配利润等构成。

（1）所有者投入的资本，是指所有者投入企业的资本部分，它既包括构成企业注册资本或者股本的金额，也包括投入资本超过注册资本或股本部分的金额，即资本溢价或股本溢价，这部分投入资本作为资本公积（资本溢价）反映。

（2）其他综合收益，是指企业根据会计准则规定未在当期损益中确认的各项利得和损失。

（3）留存收益，是指企业从历年实现的利润中提取或形成的留存于企业的内部积累，包括盈余公积和未分配利润。

2. 所有者的特征

（1）除非发生减资、清算，企业不需要偿还所有者权益。

（2）企业清算时，只有在清偿所有的负债后，所有者权益才返还给所有者。

（3）所有者凭借所有者权益能够参与利润的分配。

所有者权益在性质上体现为所有者对企业资产的剩余权益，在数量上也就体现为资产减去负债后的余额。所有者权益包括实收资本、资本公积、盈余公积和未分配利润。其中，盈余公积和未分配利润又合称为留存收益。

（四）收入

收入，是指企业在日常活动中形成的、会导致所有者权益增加的、与所有者投入资本无关的经济利益的总流入。根据收入的定义，收入具有三方面的特征：

1. 收入是企业在日常活动中形成的

日常活动，是指企业为完成其经营目标所从事的经常性活动，以及与之相关的活动。例如，工业企业制造并销售产品，就属于企业的日常活动。日常活动产生的收入通常包括主营业务收入和其他业务收入，即营业收入。

2. 收入是与所有者投入资本无关的经济利益的总流入

收入应当会导致经济利益的流入，从而导致资产的增加。例如，企业销售商品，应当收到现金或者有权在未来收到现金，才表明该交易符合收入的定义。但是在实务中，经济利益的流入有时是所有者投入资本的增加导致的，所有者投入资本的增加不应当确认为收入，应当将其直接确认为所有者权益。

3. 收入会导致所有者权益的增加

与收入相关的经济利益的流入应当会导致所有者权益的增加，不会导致所有者权益增加的经济利益的流入不符合收入的定义，不应确认为收入。

（五）费用

费用，是指企业在日常活动中发生的、会导致所有者权益减少的、与向所有者分配利润无关的经济利益的总流出。根据费用的定义，费用具有三方面特征：

1. 费用是企业在日常活动中形成的

费用必须是企业在日常活动中形成的，这些日常活动的界定与收入定义中涉及的日常活动的界定相一致。日常活动产生的费用通常包括营业成本（主营业务成本和其他业务成本）、税金及附加、销售费用、管理费用、财务费用等。将费用界定为日常活动形成的，目的是将其与损失相区分，企业非日常活动形成的经济利益的流出不能确认为费用，而应当计入损失。

2. 费用是与向所有者分配利润无关的经济利益的总流出

费用的发生应当会导致经济利益的流出，从而导致资产的减少或者负债的增加，其表现形式包括现金或者现金等价物的流出或者存货、固定资产和无形资产等的流出或者消耗等。企业向所有者分配利润也会导致经济利益的流出，而该经济利益的流出属于所有者权益的抵减项目，不应确认为费用，应当将其排除在费用的定义之外。

3. 费用会导致所有者权益的减少

与费用相关的经济利益的流出应当会导致所有者权益的减少，不会导致所有者权益减少的经济利益的流出不符合费用的定义，不应确认为费用。

（六）利润

利润，是指企业在一定会计期间的经营成果。通常情况下，如果企业实现了利润，表明企业的所有者权益增加；反之，如果企业发生亏损（即利润为负数），表明企业的所有者权益减少。

利润包括收入减去费用后的净额、直接计入当期利润的利得和损失等。其中，收入减去费用后的净额反映的是企业日常活动的业绩。直接计入当期利润的利得和损失，是指应当计入当期损益、会导致所有者权益发生增减变动的、与所有者投入资本或者向所有者分配利润无关的利得或损失。其中，利得是指由企业非日常活动所形成的、会导致所有者权益增加的、与所有者投入资本无关的经济利益的流入；损失是指由企业非日常活动所发生的、会导致所有者权益减少的、与向所有者分配利润无关的经济利益的流出。

任务 6　会计规范

目前，我国的会计规范体系由会计法律、会计法规、会计规章、地方性行政法规和单位内部会计管理制度以及会计职业道德规范组成。

一、会计法律

会计法律是由国家最高权力机关全国人民代表大会及其常务委员会制定颁布的，如《中华人民共和国会计法》（简称《会计法》），它于 1985 年 1 月 21 日首次颁布，1985 年 5 月 1 日施行。1993 年 12 月 29 日经第八届全国人民代表大会常务委员会第五次会议决定修正，1999 年 10 月 31 日再次经第九届全国人民代表大会常务委员会第十二次会议修订。2000 年 7 月 1 日起施行。

《会计法》是调整我国经济生活中会计关系的法律总规范，是会计法律制度中层次最高的法律规范，是制定其他会计法规的依据，也是指导会计工作、规范会计行为的最高准则。当然，企业的会计行为还必须符合《公司法》《合同法》《税法》等法律中的相关条款。

二、会计行政法规

会计行政法规是由国务院发布并施行的法律规范，如 1990 年 12 月 31 日国务院发布并施行的《总会计师条例》，2000 年 6 月 21 日发布、2001 年 1 月 1 日施行的《企业财务会计报告条例》，它们是调整经济生活中某些方面会计关系的法律规范，专门针对会计工作的某一方面内容作出规定。

三、会计规章

会计规章是由国务院各部、委员会、中国人民银行、审计署和具有行政管理职能的直属机构制定的指导会计工作的规范性文件。

会计规章的制定必须依据会计法律和会计行政法规，如财政部于 1996 年 6 月 17 日发布的《会计基础工作规范》，财政部与国家档案局联合于 1998 年 8 月 21 日发布的《会计档案管理办法》，以及财政部在 1992 年 11 月 30 日首次发布、于 1993 年 7 月 1 日首次实施的《企业会计准则》，它们均属于会计规章，会计规章的特征是内容详细具体，业务技术性强，涉及面宽和变化性大。

企业会计准则在会计规章中占有重要的位置。

企业会计准则是企业会计人员从事会计活动所应遵循的规范和标准，也是对企业会计工作进行评价、鉴定的依据，按照所规范和约束的范围、内容和要求不同，企业会计准则可分为基本会计准则、具体会计准则、企业会计准则——应用指南和企业会计准则解释四个层次，这四个层次是会计规范的核心内容。

（一）《企业会计准则》（基本会计准则）

基本会计准则是为了规范会计确认、计量和报告行为，保证会计信息质量，根据《中华人民共和国会计法》和其他有关法律、行政法规制定的会计规范。

微课 3 我国会计准则的修订过程

基本会计准则主要是对会计核算的基本前提、会计信息质量要求、会计要素、会计计量以及财务报告所作的规范。在企业会计准则体系中，基本会计准则起着导向作用，它是制定具体会计准则的依据。财政部于 2014 年 7 月 23 日把 2007 年 1 月 1 日起施行的《企业会计准则》修订为《企业会计准则——基本准则》，并予以施行。

（二）《企业会计准则第 1 号——存货》等具体会计准则

具体会计准则主要是对具体会计业务的处理原则、程序和方法所作的规定。一般由三个部分组成：

（1）各行业共同业务的具体准则，如收入、长期股权投资和存货等具体准则；

（2）有关会计信息披露的具体准则，如关联方披露、现金流量表和资产负债表日后事项等；

(3) 特殊行业基本业务的具体准则，如建造合同等。

具体会计准则是企业会计准则体系的主要内容，是直接规范和约束企业会计工作的准则，其制定依据是基本会计准则。

(三)《企业会计准则——应用指南》

《企业会计准则——应用指南》不仅对具体会计准则的应用作出了解释，而且对主要会计科目和主要账务处理作出了规范，是会计工作的操作性规范。

企业会计准则的建设和应用，体现了我国会计规范与国际会计规范趋同发展的趋势。

(四)《企业会计准则解释第1号》等规范性文件

财政部于2007年11月16日至2017年6月12日，以规范性文件的形式印发了12个企业会计准则解释。

四、会计地方性法规和单位内部会计管理制度

(一) 会计地方性法规

会计地方性法规是由省、自治区、直辖市和较大的市的人民代表大会及其常务委员会制定的，这部分法规的制定和实施，既有利于保证全国性会计法规在各地区、各部门的普遍适用性，又有利于兼顾各地区、各部门会计活动的特殊性，促进会计工作的发展，如《湖北省会计管理条例》。

(二) 单位内部会计管理制度

单位内部会计管理制度，是根据统一的会计法律、法规和会计规章的要求，结合单位实际情况制定的企业事业单位内部的会计管理制度，它只在本单位范围内使用。

五、会计人员职业道德规范

会计人员职业道德规范是从事会计职业的工作人员在执业活动中应当遵守的行为道德规范。

根据我国财政部颁布的《会计基础工作规范》，会计人员应遵守以下六个方面的职业道德规范：

(一) 爱岗敬业

爱岗敬业要求会计人员热爱本职工作，努力钻研业务，使自己的知识和技能适应所从事工作的要求。

(二) 熟悉法规

熟悉法规要求会计人员熟悉财经法律法规、规章和国家统一的会计标准，并结合会计工作进行广泛宣传。

(三) 依法办事

依法办事要求会计人员按照法律、法规和国家统一的会计标准规定的程序和要求进行会计工作，保证所提供的会计信息合法、真实、准确、及时和完整。

(四) 客观公正

客观公正是一种工作态度，它要求会计人员办理会计事务应当实事求是，客观公正。

（五）搞好服务

搞好服务要求会计人员熟悉本单位的生产经营和业务管理情况，运用掌握的会计信息和会计方法，为改善单位内部管理，提高经济效益服务。

（六）保守秘密

保守秘密要求会计人员应当保守本单位的商业秘密。

项目小结

本项目主要介绍了财务会计的概念及其目标、会计核算的基本假设、会计信息质量要求、财务会计要素及其确认、会计计量和我国会计规范体系。一方面，对财务会计的基本理论进行了回顾，在会计知识链中起到了承前启后、继往开来的作用；另一方面，对围绕会计六要素展开的财务会计做了总括介绍。

项目二

货币资金与应收账款业务核算

知识目标

1. 掌握货币资金内容和货币资金管理制度；
2. 明确库存现金、银行存款及其他货币资金各项业务的核算方法；
3. 掌握应收及预付款项业务的核算。

能力目标

1. 能正确填写并审核各种收付款结算单据；
2. 能完成库存现金、银行存款和其他货币资金业务的日常账务处理；
3. 能完成应收及预付款项业务的日常账务处理。

德育目标

1. 培养学生坚持准则、不被物质利益所诱惑的会计职业道德；
2. 培养学生廉洁自律、清白做人、干净做事的职业道德和高尚情操。

结构导图

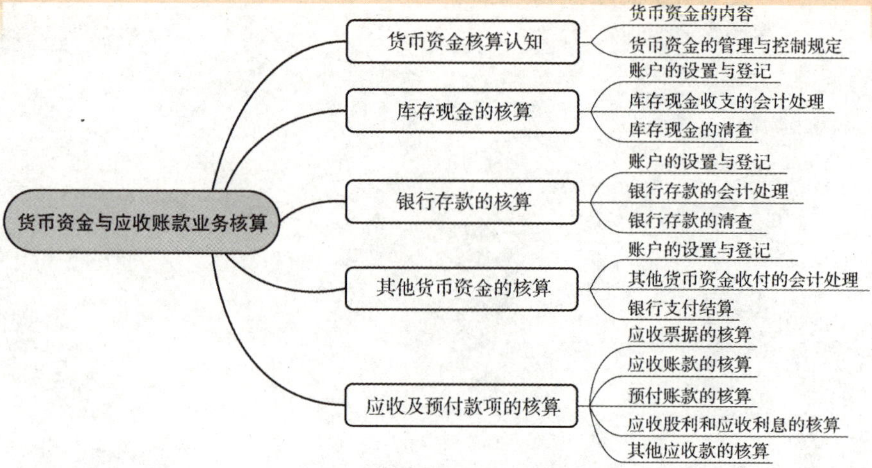

导入案例

《礼记·中庸》中有“博学之，审问之，慎思之，明辨之，笃行之”，大致意思是广泛地学习，有针对性地提问，周全地思考，清晰地判断，用学习得来的知识和思想指导实践。

（资料来源：https：//wenda. so. com/q/1551426039218310）

会计人员需具备较好的心理素质、较强的政策解读能力、精湛的专业技能和计算能力，熟练掌握处理企业经济业务的流程与要求。同时，会计人员需要有引导并影响企业其他人员规避资金风险能力的相关职业道德。会计人员还需责任在心，树立责任就是使命的意识；责任在胸，提高责任胜于能力的境界。

诚信求实，不做假账。立德树人，首先要做一个合格的公民。会计人首先就要严格要求自己，挺直腰板，出淤泥而不染，始终坚持独立、客观、公正的原则，将诚信作为自己的立身之本。

睿思笃学，工匠精神。会计工作需要丰富的知识和经验，会计学子应立志在工匠精神的指引下，打造磨炼一身过硬的本领，投身一线，在平凡的岗位上努力为社会主义建设添砖加瓦。

爱党爱国，胸怀天下。会计学子应有忧国忧民的家国情怀，应以社会主义核心价值观为引领，充满社会责任感和历史使命感，在复杂、困难的国际形势下始终忠于党、忠于祖国，旗帜鲜明地拥护社会主义。

思政之窗

伟大抗疫精神，同中华民族长期形成的特质禀赋和文化基因一脉相承，是爱国主义、集体主义、社会主义精神的传承和发展，是中国精神的生动诠释，丰富了民族精神和时代精神的内涵。我们要在全社会大力弘扬伟大抗疫精神，使之转化为全面建设社会主义现代化国家、实现中华民族伟大复兴的强大力量。

——习近平（摘自学习强国）

生命摆渡人——汪勇

疫情期间，在全国抗击新冠肺炎的战场上涌现出了无数平民英雄，被《人民日报》评价为“生命摆渡人”的武汉快递小哥汪勇无疑是其中优秀的代表。

2020 年 1 月 23 日，武汉关闭离汉通道后，金银潭医院医护人员急需车辆接送上下班。这是武汉市最早集中收治新冠肺炎患者的定点医院，很多人敬而远之。

汪勇当时的护具只有一个 N95 口罩。就是在这种近乎“裸奔”的状态下，大年初一，他开着私家车，来到金银潭医院，开始接送一个年轻小护士。他印象很深的一个细节是，从坐上汪勇的车后，那个小护士就不停流泪，“是那种没有任何表情的流泪。”那一刻，他的心被刺痛。他深深理解了，面对病毒，医护人员也会害怕，情绪也会崩溃。而他自己，内心也同样紧张与纠结，“从接第一个女护士，到后面接送其他人，我一直在抖，抖了一天。”

这之后，他逐渐克服了恐惧，召集了更多志同道合的志愿者，组织起一支义务接送医护人员的通勤车队；并整合共享单车、网约车的公益资源，解决大家近、中、远的通勤需求。

“快递”医护人员的故事，被全国媒体争相报道，汪勇荣获“生命摆渡人”的赞誉。

（资料来源：https：//www. sohu. com/a/ 384051828-734749）

任务 1　货币资金核算认知

一、货币资金的内容

货币资金是指企业生产经营活动中停留于货币形态的那部分资产，它具有可立即作为支付手段并被普遍接受的特点，是企业资产中流动性最强的一种资产。根据货币资金的存放地点及其用途的不同，货币资金分为库存现金、银行存款及其他货币资金。

二、货币资金的管理与控制规定

（一）现金管理办法

1. 现金的使用范围

根据国家现金管理和结算制度的规定，企业收支的各种款项必须按照国务院颁发的《现金管理暂行条例》的规定办理，在规定的范围内使用现金。允许企业使用现金结算的范围是：

（1）职工工资、津贴；

（2）个人劳务报酬；

（3）根据国家规定颁发给个人的科学技术、文化艺术、体育等各种奖金；

（4）各种劳保、福利费用以及国家规定的对个人的其他支出；

（5）向个人收购农副产品和其他物资的价款；

（6）出差人员必须随身携带的差旅费；

（7）结算起点（1 000 元）以下的零星支出；

（8）中国人民银行确定需要支付现金的其他支出。

属于上述现金结算范围的支出，企业可以根据需要向银行提取现金支付，不属于上述现金结算范围的款项支付一律通过银行进行转账结算。

2. 库存现金的限额

库存现金限额是指为保证各单位日常零星支出按规定允许留存现金的最高数额。库存现金的限额，由开户银行根据开户单位的实际需要和距离银行远近等情况核定。其限额一般按照单位 3 至 5 天日常零星开支所需现金确定。远离银行或交通不便的企业，银行最多可以根据企业 15 天的正常开支需要量来核定库存现金的限额。正常开支需要量不包括企业每月发放工资和不定期差旅费等大额现金支出。库存限额一经核定，要求企业必须严格遵守，不能任意超过，超过限额的现金应及时存入银行；库存现金低于限额时，可以签发现金支票从银行提取现金，补足限额。

3. 不准坐支现金

企业的现金收入，应及时送存银行，不得直接用于支付自己的支出。用收入的现金直接支付支出的，叫作“坐支”。企业如因特殊情况需要坐支现金的，应当事先报经开户银行审批批准，由开户银行核定坐支范围和限额。企业应定期向开户银行报送坐支金额和使用情况。未经银行批准，企业不得擅自坐支现金。为了加强银行的监督，企业向银行送存现金时，应在送款簿上注明款项的来源。从开户银行提取现金时，应当在现金支票上写明用途，由本单位财会部门负责人签字盖章，经开户银行审核后，予以支付现金。

4. 不得“白条顶库”，不得设置“小金库”

不准用不符合制度的凭证顶替库存现金，即不得“白条顶库”；不准谎报用途套取现金；不准用银行账户代其他单位和个人存入或支取现金；不准把单位收入的现金以个人名义存储，不准保留账外公款，不得设置“小金库”等。

（二）银行存款管理制度

按照国家《支付结算办法》的规定，企业应在银行开立账户，办理存款、取款和转账等结算。企业在银行开立人民币存款账户，必须遵守中国人民银行《银行账户管理办法》的各项规定。

1. 银行存款账户的有关规定

银行存款账户分为基本存款账户、一般存款账户、临时存款账户和专用存款账户。

基本存款账户是企业办理日常结算和现金收付的账户。企业的工资、奖金等现金的支取，只能通过基本存款账户办理。

一般存款账户是企业在基本存款账户以外的银行借款转存、借款归还和其他结算的资金收付。企业可以通过本账户办理转账结算和现金缴存，但不能办理现金支取。

临时存款账户是企业因临时经营活动需要开立的账户，企业可以通过本账户办理转账结算和根据国家现金管理的规定办理现金收付。

专用存款账户是企业因特定用途需要开立的账户。

一个企业只能选择一家银行的一个营业机构开立一个基本存款账户，不得在多家银行机构开立基本存款账户；不得在同一家银行的几个分支机构开立一般存款账户。

知识链接

银行存款账户管理的基本原则

根据《人民币银行结算账户管理办法》的规定，银行结算账户的管理应遵守以下基本原则：

（1）一个基本账户原则。

一个企业只能选择一家银行的一个营业机构开立一个基本存款账户，不得在多家银行机构开立基本存款账户。

（2）自愿选择原则。

企业存款可以自主选择银行开立账户，银行也可以自愿选择存款人开立账户。任何单位和个人不得强制干预存款人和银行开立或使用账户。

（3）存款保密原则。

银行依法为存款人的账户信息保密，维护存款人资金的自主支配权，除国家法律、行政另有规定外，银行有权拒绝任何单位和个人查询、冻结、扣划存款人账户内存款。

（4）银行不垫款原则。

银行在办理结算过程中，只负责办理结算当事人之间的款项划拨，不承担垫付任何款项的责任。

（资料来源：http://www.canet.com.cn/cashier/639579.html）

2. 银行结算纪律

企业除了按规定留存的库存现金以外，所有货币资金都必须存入银行，企业与其他单位之间的一切收付款项，除制度规定可用现金支付的部分以外，都必须通过银行办理转账结算，也就是由银行按照事先规定的结算方式，将款项从付款人的账户划出，转入收款单位的账户。企业通过银行办理支付结算时，应当认真执行国家各项管理办法和结算制度。

（三）企业的货币资金内部会计控制

各单位应当建立货币资金业务的岗位责任制，明确相关部门和岗位的职责权限，确保办理货币资金业务的不相容岗位相互分离、制约和监督。

出纳人员不得兼任稽核、会计档案保管和收入、支出、费用、债权债务账目的登记工作。单位不得由一人办理货币资金业务的全过程，单位办理货币资金业务，应当配备合格的人员，并根据单位具体情况进行岗位轮换。办理货币资金业务的人员应当具备良好的职业道德，忠于职守，廉洁奉公，遵纪守法，客观公正，不断提高会计业务素质和职业道德水平。单位应当对货币资金业务建立严格的授权批准制度，明确审批人对货币资金业务的授权批准方式、权限、程序、责任和相关控制措施，规定经办人办理货币资金业务的职责范围和工作要求。审批人应当根据货币资金授权批准制度的规定，在授权范围内进行审批，不得超越审批权限。经办人应当在职责范围内，按照审批人的批准意见办理货币资金业务。对于审批人超越授权范围审批的货币资金业务，经办人员有权拒绝办理，并及时向审批人的上级授权部门报告。

任务 2　库存现金的核算

一、账户的设置与登记

为了总括地反映企业库存现金的收入、支出和结存情况，企业应当设置“库存现金”科目，借方登记现金的增加，贷方登记现金的减少，期末余额在借方，反映企业实际持有的库存现金的金额。企业内部各部门周转使用的备用金，可以单独设置“备用金”科目进行核算。

企业应当设置“现金总账”和“现金日记账”科目，分别进行企业库存现金的总分类核算和明细分类核算。

现金日记账由出纳人员根据收付款凭证，按照业务发生顺序逐笔登记。每日终了，应当在现金日记账上计算出当日的现金收入合计额、现金支出合计额和结余额，并将现金日记账的账面结余额与实际库存现金额相核对，保证账款相符；月度终了，应当将现金日记账的余额与现金总账的余额核对，做到账账相符。

二、库存现金收支的会计处理

为了加强对库存现金的管理，随时掌握库存现金收付的动态和库存余额，保证库存现金的安全，企业必须设置库存现金日记账（以下简称日记账），库存现金日记账必须采用订本式账簿，按照库存现金发生的先后顺序逐日逐笔序时登记账簿。做到“日清”与“月结”。

企业收到现金，应根据审核无误的原始凭证，借记“库存现金”科目，贷记有关科目。企业实际支付现金，应根据审核无误的原始凭证，借记有关科目，贷记“库存现金”科目。

【例 2-1】甲公司 5 月发生下列经济业务，根据审核无误的凭证，编制会计分录如下：

（1）公司零星销售取得现金 351 元。

借：库存现金　　339
　　贷：主营业务收入　　300
　　　　应交税费——应交增值税（销项税额）　　39

（2）以现金支付本月办公室电话费 520 元。

借：管理费用　　520
　　贷：库存现金　　520

三、库存现金的清查

（一）库存现金清查的内容

为了确保库存现金账实相符，应对现金进行清查。库存现金清查包括两部分内容：一是出纳人员每日营业终了进行账款核对；二是企业派专人成立清查小组，进行定期或不定期的盘点和核对。库存现金的清查方法采用账实核对法。对库存现金进行账实核对时，如发现账实不符，应立即查明原因，并按规定进行处理。库存现金清查和核对后，应及时编制“库存现金盘点报告表”，列明库存现金账存金额、库存现金实存金额、差异额及其产生差异的原因，对无法确定原因的差异额，应及时报告有关负责人。

（二）库存现金清查后的账务处理

对于库存现金收支、财产清查等发现的有待查明原因的差异额，即库存现金的短缺或溢余，应先通过“待处理财产损溢”科目核算，待查明原因后，根据不同情况进行账务处理。

微课 1　库存现金清查的程序

1. 发现差异时的账务处理

如属于库存现金短缺，应按实际短缺的金额，借记“待处理财产损溢——待处理流动资产损溢”科目，贷记“库存现金”科目；属于库存现金溢余，按实际溢余的金额，借记“库存现金”科目，贷记“待处理财产损溢——待处理流动资产损溢”科目。

2. 查明原因时的账务处理

如为库存现金短缺，属于应由责任人赔偿的部分，借记“其他应收款——××”或“库存现金”等科目，贷记“待处理财产损溢——待处理流动资产损溢”科目；属于应由保险公司赔偿的部分，借记“其他应收款——应收保险赔款”科目，贷记“待处理财产损溢——待处理流动资产损溢”科目。

如为库存现金溢余，属于应支付给有关人员或单位的，应借记“待处理财产损溢——待处理流动资产损溢”科目，贷记“其他应付款——××”科目；属于无法查明原因的库存现金溢余，经批准后，借记“待处理财产损溢——待处理流动资产损溢”科目，贷记“营业外收入——库存现金溢余”科目。

微课 2　库存现金的清查

【例 2-2】甲公司 5 月份不定期进行了两次库存现金盘点工作，发生了下列库存现金清查业务，编制会计分录如下：

（1）公司第一次盘点，发现有无法查明具体原因的短款 210 元。

借：待处理财产损溢——待处理流动资产损溢　　210

　贷：库存现金　　210

（2）经核查，上述库存现金短款是出纳不小心造成的，应由出纳赔偿并向其发出赔偿通知书，从其工资中扣除。

借：其他应收款——出纳员　　210

　贷：待处理财产损溢——待处理流动资产损溢　　210

（3）公司第二次进行库存现金盘点，发现长款 150 元，原因待查。

借：库存现金　　150

　贷：待处理财产损溢——待处理流动资产损溢　　150

（4）经查实，上述款项是无法查明具体原因的长款，经单位领导批准，将其作为公司的收入。

借：待处理财产损溢——待处理流动资产损溢　　150

　贷：营业外收入　　150

任务 3　银行存款的核算

一、账户的设置与登记

企业将款项存入银行等金融机构时，借记“银行存款”科目，贷记“库存现金”等有关科目；提取或支付在银行等金融机构中的存款时，借记“库存现金”等有关科目，贷记“银行存款”科目。

企业在银行的其他存款，如外埠存款、银行本票存款、银行汇票存款、信用证存款等，在“其他货币资金”科目核算，不通过“银行存款”科目进行会计处理。

企业为了详细地反映银行存款的收付及结存情况，除了设置“银行存款”科目进行总分类核算外，还必须设置银行存款日记账，按照银行存款收付业务发生的先后顺序逐笔登记，每日终了应结出余额。银行存款日记账应定期与银行对账单核对，至少每月核对一次，以检查银行存款收付及结存情况。企业账面结余与银行对账单余额之间如有差额，必须逐笔查明原因，并按月编制银行存款余额调节表调节相符。月份终了，银行存款日记账的余额必须与“银行存款”总账科目的余额核对相符。

二、银行存款的会计处理

企业在不同的结算方式下，应当根据有关的原始凭证编制银行存款的收付款凭证，并进行相应的账务处理。

【例 2-3】 甲公司根据发生的有关银行存款收付业务，编制会计分录如下：

（1）甲公司销售产品，价税款为 339 000 元，公司收到支票存入银行。

借：银行存款　　339 000

　贷：主营业务收入　　300 000

　　　应交税费——应交增值税（销项税额）　　39 000

（2）甲公司购进材料一批，价税款 90 400 元，公司开具转账支票付讫，材料尚未验收入库。

借：材料采购　80 000
　　应交税费——应交增值税（进项税额）　10 400
　　贷：银行存款　90 400

（3）甲公司开具现金支票支付销售产品的运杂费 1 200 元。

借：销售费用——运杂费　1 200
　　贷：银行存款　1 200

（4）甲公司开具现金支票 48 000 元，交付银行代发工资。

借：应付职工薪酬　48 000
　　贷：银行存款　48 000

三、银行存款的清查

银行存款的清查是采取与银行核对账目的方法进行的。核对账目前出纳员应将已收到的收付款凭证逐笔记入银行存款日记账，并计算出银行存款的余额。然后由清查人员将日记账与银行对账单逐笔核对。核对时，不仅要核对每笔账目的金额、记账方向，还应注意核对结算凭证种类、号码以及款项用途。在大多数情况下，银行对账单余额与企业银行存款日记账余额不符。当发现双方账目记录或账户余额不一致时，应分析原因，导致企业银行存款日记账与银行送来的对账单不相符的原因有三个：一是记账错漏；二是计算错误；三是未达账项的影响。所谓未达账项，是指企业与银行之间的凭证在传递过程中，一方已取得结算凭证并登记入账，另一方尚未收到凭证尚未入账的账项。企业与银行之间的未达账项有如下四种情况：

（1）企业存入银行的各种款项、票据，企业已登记银行存款的增加，而银行尚未收妥款项，未记企业的存款增加。

（2）企业已开出支票和其他银行付款凭证，根据存根登记了企业存款的减少，银行尚未收到凭证，未记企业的银行存款减少。

（3）企业委托银行收款，银行已收妥登记了企业的存款增加，企业尚未收到收账通知，尚未记存款增加。

（4）企业委托银行代付的款项，银行按有关规定付款后登记了企业存款的减少，但付款通知尚未传到企业，企业尚未记存款的减少。

对上述未达账项可编制银行存款余额调节表以消除其影响。

知识链接

银行存款余额调节表的编制步骤

（1）准备空白银行存款余额调节表，将对账的开户银行名称、账号、编制日期填入表头，将企业银行存款日记账对账前余额、银行对账单对账前余额填入表中相应栏内。

（2）按银行存款日记账登记的先后顺序从凭证种类、编号、摘要内容、记账方向和金额等方面逐笔与银行对账单核对，对双方都已登记的事项打“√”。

(3) 对日记账和对账单中未打“√”的项目进行检查，确认是属于记账错误，还是属于未达账项。对查出的企业记账错误按照一定的错账更正方法进行更正，登记入账，调整银行存款日记账账面余额；对银行记账错误应通知银行更正，并调整银行对账单余额。

(4) 将真正属于凭证传递时间不同而形成的未达账项，记入银行存款余额调节表相应栏目内，计算调节后的余额。

经过上面的步骤，在没有错误的情况下，调节后的银行存款余额调节表两边是相等的。如果经调节后仍不相等，要么是未达账项未全部查出，要么是一方或双方记账出现差错，需要进一步查明原因加以更正。

（资料来源：https：//wenku. baidu. com/view/e18a3eb95bcfa1c7aa00b52acfc789eb162d9eda）

【例 2-4】 甲公司1月31日对银行存款进行核对，银行存款日记账余额为285 600元，同日银行对账单余额为236 700元。经过把银行存款日记账与银行对账单逐笔核对，发现两者不符是由下列原因造成的（未达账项）：

（1）公司于1月28日开出支票购买办公用品花费4 000元，公司根据支票存根和有关发票等原始凭证已记账，但收款人尚未到银行办理转账。

（2）1月29日公司的开户银行代公司收进一笔托收的货款27 400元，银行已记账，但尚未通知公司。

（3）1月30日开户银行代公司支付当月的水电费5 000元，银行已记账，但付款通知单尚未送达公司，因而公司未记账。

（4）公司于1月31日收到客户交来的购货支票，金额75 300元，当即存入银行，公司根据进账单等已记账，但因跨行结算，所以银行未记账。

根据以上资料编制银行存款余额调节表，如表2-1所示。

表 2-1　银行存款余额调节表

2021年1月31日　　　　元

项目	金额	项目	金额
银行存款日记账	285 600	银行对账单	236 700
加：银行已收，企业未收的款项	（2）27 400	加：企业已收，银行未收的款项	（4）75 300
减：银行已付，企业未付的款项	（3）5 000	减：企业已付，银行未付的款项	（1）4 000
调节后存款余额	308 000	调节后存款余额	308 000

调节后如果双方账目的余额相等，一般说明双方记账没有错误。如果不相等，应进一步查明原因，进行更正。至于未达账项，应在结算凭证到达后再记账，调节后的金额不能当作企业当天可以动用的银行存款金额，企业当天可以动用的银行存款实际金额要以银行账为依据。

微课3　银行存款余额调节表编制——操作指南

任务 4　其他货币资金的核算

一、账户的设置与登记

其他货币资金是企业除库存现金、银行存款之外，为准备某些特有的结算业务存放在银行或其他金融机构中的货币资金以及在途货币资金的总称。其他货币资金就其性质而言，同库存现金和银行存款一样均属于货币资金，但是存放地点和用途不同于库存现金和银行存款，因而在会计上是分别核算的。其他货币资金包括外埠存款、银行汇票存款、银行本票存款、在途货币资金、信用证存款或信用卡存款，等等。

为了单独反映企业的各种其他货币资金，企业应设置“其他货币资金”账户，按照其他货币资金的种类，设置“外埠存款”“银行汇票存款”“银行本票存款”“在途货币资金”“信用证存款”“信用卡存款”等明细账户。

二、其他货币资金收付的会计处理

（一）外埠存款

外埠存款指企业到外地进行临时或零星采购时，汇往采购地银行开立采购专户的款项。

【例 2-5】 甲公司委托当地开户银行汇 30 000 元给采购地银行开立专户时，应编制会计分录如下：

借：其他货币资金——外埠存款　　30 000

　　贷：银行存款　　30 000

公司的采购员交来供应单位发票账单等报销凭证 22 600 万元时，需编制的会计分录如下：

借：材料采购　　20 000

　　应交税费——应交增值税（进项税额）　　2 600

　　贷：其他货币资金——外埠存款　　22 600

采购员完成采购任务将多余的外埠存款转回当地银行时，根据银行的收账通知，转销“其他货币资金——外埠存款”账户，应编制的会计分录如下：

借：银行存款　　7 400

　　贷：其他货币资金——外埠存款　　7 400

（二）银行汇票存款

银行汇票存款指企业为取得银行汇票，按照规定存入银行的款项。

【例 2-6】 甲公司要求银行办理银行汇票 500 000 元，企业在填送银行汇票委托书后将 500 000 元交给银行，取得银行汇票后，根据银行盖章的委托书存根联，编制会计分录如下：

借：其他货币资金——银行汇票存款　　500 000

　　贷：银行存款　　500 000

企业使用银行汇票，实际支付价税款 452 000 元，多余额已收存银行。应根据发票账单及开户行转来的银行汇票有关副联等凭证，经核对无误后编制会计分录如下：

借：材料采购　　400 000
　　应交税费——应交增值税（进项税额）　　52 000
　　贷：其他货币资金——银行汇票存款　　452 000

如果该500 000元汇票因超过付款期限或其他原因未曾使用而退还款项时，则编制会计分录如下：

借：银行存款　　500 000
　　贷：其他货币资金——银行汇票存款　　500 000

（三）银行本票存款

银行本票存款指企业为取得银行本票按照规定存入银行的款项。

【例2-7】甲公司申请办理银行本票600 000元，在企业向银行提交银行本票申请书并将款项交存银行，取得银行本票时，编制会计分录如下：

借：其他货币资金——银行本票存款　　600 000
　　贷：银行存款　　600 000

公司使用银行本票，实际支付价税款585 000元，多余额已收存银行。公司根据发票账单等编制会计分录如下：

借：材料采购　　500 000
　　应交税费——应交增值税（进项税额）　　65 000
　　银行存款　　35 000
　　贷：其他货币资金——银行本票存款　　600 000

如公司因本票超过付款期限等原因未曾使用而要求银行退款时，应填制进账单一式两联，连同本票一并交给银行，然后根据银行收回本票时盖章退回的进账单收账通知联，编制会计分录如下：

借：银行存款　　600 000
　　贷：其他货币资金——银行本票存款　　600 000

（四）在途货币资金

在途货币资金指企业同所属单位之间和上下级之间的汇、解款项，月末时，如有未到达的汇入款项，应作为在途货币资金处理。

【例2-8】甲公司根据下属企业通知，已汇出款项5 000元，则汇入单位在收到对方单位的汇出通知时，应编制会计分录如下：

借：其他货币资金——在途货币资金　　5 000
　　贷：其他应收款（或有关账户）　　5 000

在汇款收到时，应减记在途货币资金，需编制会计分录如下：

借：银行存款　　5 000
　　贷：其他货币资金——在途货币资金　　5 000

（五）信用证存款

信用证存款指企业存入银行作为信用证保证金专户的款项，国际信用证存款指企业存入中国银行信用证保证金专户的款项。

【例2-9】甲公司要求银行对境外供货单位开出信用证220 000元，以购进机器设备。

根据开户银行盖章退回的由公司提交的信用证委托书的回单，编制会计分录如下：

借：其他货币资金——信用证存款　220 000

　　贷：银行存款　220 000

公司收到境外供货单位的信用证结算凭证及所附发票账单，支付设备款 180 000 元，经核对无误后，编制会计分录如下：

借：固定资产　180 000

　　应交税费——应交增值税（进项税额）　23 400

　　贷：其他货币资金——信用证存款　203 400

公司未用完的信用证保证金余额 20 000 元转回开户银行，编制会计分录如下：

借：银行存款　16 600

　　贷：其他货币资金——信用证存款　16 600

企业在设置“其他货币资金”的明细账时，外埠存款应按开户银行设置，银行汇票存款、银行本票存款，信用证存款应按收款企业设置，在途货币资金应按汇出企业分别设置。

（六）信用卡存款

信用卡存款是指采用信用卡结算方式的企业为签发信用卡而存入银行信用卡账户的款项。

【例 2-10】甲公司申办信用卡，经银行审核同意后从其基本存款账户开出转账支票 30 000 元转入信用卡账户，根据支票存根和进账单编制会计分录如下：

借：其他货币资金——信用卡存款　30 000

　　贷：银行存款　30 000

公司持卡向特约单位购进一批办公文具需 5 000 元，公司根据信用卡签购单第一联和银行转来的付款通知等相关凭证，编制会计分录如下：

借：管理费用——办公费　5 000

　　贷：其他货币资金——信用卡存款　5 000

三、银行支付结算

（一）银行支付结算的意义

支付结算业务是国有商业银行在微利时代产品创新的基础，支付结算业务关系到国有商业银行的资金营运与企业生存，支付结算业务在国有商业银行业务经营与管理中起着重要的作用。

支付结算业务不仅为国有商业银行广大客户办理支付结算活动提供了便捷的服务，而且为国有商业银行带来了安全、稳定的收益，是国有商业银行汇集闲散资金、扩大信贷资金来源的重要手段，其在国有商业银行业务经营与管理中的作用无疑是重要的。支付结算业务法规制度的完善，保障、维护了结算秩序，加强了对企业违规行为的监督；适应了电子业务发展的要求，增强了人们的法规制度观念和严格执行制度的行为责任。支付结算管理体制的完善，降低了支付体系监管的协调成本，提高了支付体系监管的效率。

（二）银行结算方式

根据中国人民银行有关支付结算办法的规定，企业收入的款项都应于当日存入银行，一切支出除国家规定可以使用现金结算以外，其余必须通过银行办理转账结算。转账结算就是通过银行划拨进行往来结算。目前银行转账结算主要包括银行汇票、银行本票、商业汇票、支票、汇兑、委托收款、托收承付、信用卡和信用证九种支付结算办法。

1. 银行汇票

银行汇票是汇款人将款项交存当地出票银行，由出票银行签发的，由其在见票时，按照实际结算金额无条件支付给收款人或持票人的票据。银行汇票具有使用灵活、票随人到、兑现性强等特点，适用于先收款后发货或钱货两清的商品交易。单位和个人各种款项结算，均可使用银行汇票。

银行汇票可以用于转账，填明“现金”字样的银行汇票也可以用于支取现金。银行汇票的付款期限为自出票日起 1 个月内。超过付款期限提示付款不获付款的，持票人须在票据权利时效内向出票银行作出说明，并提供本人身份证件或单位证明，持银行汇票和解讫通知向出票银行请求付款。

企业支付购货款项时，应向出票银行填写银行汇票申请书，填明收款人名称、支付金额、申请人、申请日期等事项并签章，签章为其预留银行的印鉴。银行受理银行汇票申请书，收妥款后签发银行汇票，并用压数机压印出票金额，然后将银行汇票和解讫通知一并交给汇款人。

申请人取得银行汇票后即可持银行汇票向填明的收款单位办理结算。银行汇票的收款人可以将银行汇票背书转让给他人。背书转让以不超过出票金额的实际结算金额为限，未填写实际结算金额或实际结算金额超过出票金额的银行汇票不得背书转让。

收款企业在收到付款人送来的银行汇票时，应在出票金额以内，根据实际需要的款项办理结算，并将实际结算金额和多余金额准确、清晰地填入银行汇票和解讫通知的有关栏内，银行汇票的实际结算金额低于出票金额的，其多余金额由出票银行退交申请人。收款企业还应填写进账单并在汇票背面“持票人向银行提示付款签章”处签章，签章应与预留银行的印鉴相同，然后，将银行汇票和解讫通知、进账单一并交开户银行办理结算，银行审核无误后，办理转账。

2. 银行本票

银行本票是银行签发的，承诺自己在见票时无条件支付确定的金额给收款人或者持票人的票据。

银行本票由银行签发并保证兑付，而且见票即付，具有信誉高、支付功能强等特点。用银行本票购买材料物资，销货方可以见票付货，购货方可以凭票提货；债权债务双方可以凭票清偿；收款人将本票交存银行，银行即可为其入账。无论单位或个人，在同一票据交换区域支付各种款项，都可以使用银行本票。

银行本票分定额本票和不定额本票。定额本票面值分别为 1 000 元、5 000 元、10 000 元和 50 000 元。在票面划去“转账”字样的，为现金本票。

银行本票的付款期限为自出票日起最长不超过 2 个月，在付款期内银行本票见票即付。超过提示付款期限不获付款的，在票据权利时效内向出票银行作出说明，并提供本人身份证或单位证明，可持银行本票向银行请求付款。

企业支付购货款等款项时，应向银行提交银行本票申请书，填明收款人名称、申请人名称、支付金额、申请日期等事项并签章。申请人或收款人为单位的，银行不予签发现金银行本票。出票银行受理银行本票申请书后，收妥款项签发银行本票。不定额银行本票用压数机压印出票金额，出票银行在银行本票上签章后交给申请人。

申请人取得银行本票后，即可向填明的收款单位办理结算。收款企业可以根据需要在票据交换区域内背书转让银行本票。

收款企业在收到银行本票时，应该在提示付款时在本票背面“持票人向银行提示付款签章”处加盖预留银行印鉴，同时填写进账单，连同银行本票一并交开户银行转账。

3. 商业汇票

商业汇票是出票人签发的，委托付款人在指定日期无条件支付确定的金额给收款人或者持票人的票据。在银行开立存款账户的法人以及其他组织之间须具有真实的交易关系或债权债务关系，才能使用商业汇票。商业汇票的付款期限由交易双方商定，但最长不得超过 6 个月。商业汇票的提示付款期限自汇票到期日起 10 日内。

商业汇票可以由付款人签发并承兑，也可以由收款人签发交付款人承兑。商业汇票可以背书转让。符合条件的商业承兑汇票的持票人可持未到期的商业承兑汇票连同贴现凭证，向银行申请贴现。

商业汇票按承兑人不同分为商业承兑汇票和银行承兑汇票两种。

（1）商业承兑汇票。

商业承兑汇票是由银行以外的付款人承兑。商业承兑汇票按交易双方约定，由销货企业或购货企业签发，但由购货企业承兑。承兑时，购货企业应在汇票正面记载“承兑”字样和承兑日期并签章。承兑不得附有条件，否则视为拒绝承兑。汇票到期时，购货企业的开户银行凭票将票款划给销货企业或贴现银行。销货企业应在提示付款期限内通过开户银行委托收款或直接向银行委托收款。汇票到期时，如果购货企业的存款不足支付票款，开户银行应将汇票退还销货企业，银行不负责付款，由购销双方自行处理。

（2）银行承兑汇票。

银行承兑汇票由银行承兑，由在承兑银行开立存款账户的存款人签发。承兑银行按票面金额向出票人收取万分之五的手续费。

购货企业应于汇票到期前将票款足额交存其开户银行，以备由承兑银行在汇票到期日或到期日后的见票当日支付票款。销货企业在汇票到期时将汇票连同进账单送交开户银行以便转账收款。承兑银行凭汇票将承兑款项无条件转给销货企业，如果购货企业于汇票到期日未能足额交存票款时，承兑银行除凭票向持票人无条件付款外，对出票人尚未支付的汇票金额按照每天万分之五计收罚息。

4. 支票

支票是单位或个人签发的，委托办理支票存款业务的银行在见票时无条件支付确定的金额给收款人或者持票人的票据。

支票结算方式是同城结算中应用比较广泛的一种结算方式。单位和个人在同一票据交换区域的各种款项结算，均可以使用支票。支票按照用途，分为现金支票、转账支票和普通支票三种。现金支票只能用于支取现金；转账支票只能用于转账；普通支票即可以用于支取现金，也可以用于转账。在实际工作中，还有一种划线支票，该种支票在普通支票左上角划有两条平行线，该种支票只能用于转账，不能用于支取现金。

支票的提示付款期限为自出票日起 10 日内，中国人民银行另有规定的除外。超过提示付款期限的，持票人开户银行不予受理，付款人不予付款。转账支票可以根据需要在票据交换区域内背书转让。

企业财会部门在签发支票之前，出纳人员应该认真查明银行存款的账面结余数额，防止签发超过存款余额的空头支票。签发空头支票，银行除退票外，还按票面金额处以5%但不低于1 000元的罚款。持票人有权要求出票人赔偿支票金额2%的赔偿金。签发支票时，应使用蓝黑墨水或碳素墨水，将支票上的各要素填写齐全，并在支票上加盖其预留银行印鉴。出票人预留银行的印鉴是银行审核支票付款的依据。银行也可以与出票人约定使用支付密码，作为银行审核支付支票金额的条件。

5. 汇兑

汇兑是汇款人委托银行将其款项支付给收款人的结算方式。单位和个人各种款项的结算，均可使用汇兑结算方式。

汇兑分为信汇、电汇两种。信汇是指汇款人委托银行通过邮寄方式将款项划转给收款人。电汇是指汇款人委托银行通过电报将款项划转给收款人。这两种汇兑方式由汇款人根据需要选择使用。汇兑结算方式适用于异地之间的各种款项结算，这种结算方式划拨款项简便、灵活。

6. 委托收款

委托收款是收款人委托银行向付款人收取款项的结算方式。委托收款结算款项划回的方式分为邮寄和电报两种。

企业委托开户银行收款时，应填写银行印制的委托收款凭证和有关的债务证明。在委托收款凭证中写明付款人的名称、收款单位名称、账号及开户银行，委托收款金额的大小写，款项内容，委托收款凭据名称及附寄单证张数等。企业的开户银行审核，并通知付款人。

付款人收到银行交给的委托收款凭证及债务证明，应签收并在3天之内审查债务证明是否真实，是否是本单位的债务，确认之后通知银行付款。

付款人应在收到委托收款的通知次日起3日内，主动通知银行是否付款。如果不通知银行，银行视同企业同意付款并在第4日从企业账户中付出此笔委托收款款项。

付款人在3日内审查有关债务证明后，认为债务证明或与此有关的事项符合拒绝付款的规定，应出具拒绝付款理由书和委托收款凭证第五联及持有的债务证明，向银行提出拒绝付款。

7. 托收承付

托收承付是根据购销合同由收款人发货后委托银行向异地付款人收取款项，由付款人向银行承认付款的结算方式。办理托收承付结算的款项，必须是商品交易，以及因商品交易而发生的劳务供应的款项。代销、寄销、赊销商品的款项，不得办理托收承付结算。

托收承付款项划回方式分为邮寄和电报两种，由收款人根据需要选择使用；收款单位办理托收承付，必须具有商品发出的证件或其他证明。托收承付结算每笔的金额起点为10 000元。新华书店系统每笔金额起点为1 000元。

采用托收承付结算方式时，购销双方必须签有符合《中华人民共和国合同法》的购销合同，并在合同上写明使用托收承付结算方式。销货企业按照购销合同发货后，填写托收承付凭证，盖章后连同发运证件（包括铁路、航运、公路等运输部门签发的运单、运单副本和邮局包裹回执）或其他符合托收承付结算的有关证明和交易单证送交开户银行办理托收手续。

销货企业开户银行接受委托后，将托收结算凭证回联退给企业，作为企业进行账务处理的依据，并将其他结算凭证寄往购货单位开户银行，由购货单位开户银行通知购货单位承认付款。

购货企业收到托收承付结算凭证和所附单据后，应立即审核是否符合订货合同的规定。按照《支付结算办法》的规定，承付货款分为验单付款与验货付款两种，这在双方签订合同时约定。验单付款是购货企业根据经济合同对银行转来的托收结算凭证、发票账单、托运单及代垫运杂费单据进行审查无误后，即可承认付款。为了便于购货企业对凭证的审核和筹措资金，结算办法规定承付期为 3 天，从付款人开户银行发出承付通知的次日算起（承付期内遇法定休假日顺延）。购货企业在承付期内，未向银行表示拒绝付款，银行即视作承付，并在承付期满的次日（法定休假日顺延）上午银行开始营业时，将款项主动从付款人的账户内付出，按照销货企业指定的划款方式，划给销货企业。验货付款是购货企业待货物运达企业，对其进行检验与合同完全相符后才承认付款。为了满足购货企业组织验货的需要，结算办法规定承付期为 10 天，从运输部门向购货企业发出提货通知的次日算起。承付期内购货企业未表示拒绝付款的，银行视为同意承付，于 10 天期满的次日上午银行开始营业时，将款项划给收款人。

属于下列情况，付款人可以在承付期内向银行提出全部或部分拒绝付款：

（1）没有签订购销合同或购销合同未写明托收承付结算方式的款项；

（2）未经双方事先达成协议，收款人提前交货或因逾期交货付款人不再需要该项货物的款项；

（3）未按合同规定的到货地址发货的款项；

（4）代销、寄销、赊销商品的款项；

（5）验单付款，发现所列货物的品种、规格、数量、价格与合同规定不符，或货物已到，经查验货物与合同规定或发货清单不符的款项；

（6）验货付款，经查验货物与合同规定或与发货清单不符的款项；

（7）货款已经支付或计算错误的款项。

不属于上述情况，购货企业不得提出拒付。

购货企业提出拒绝付款时，必须填写拒绝付款理由书，注明拒绝付款理由，涉及合同的，应引证合同上的有关条款。属于商品质量问题，需要提出质量问题的证明及其有关数量的记录；属于外贸部门进口商品，应当提出国家商品检验或运输等部门出具的证明，向开户银行办理拒付手续。

银行同意部分或全部拒绝付款的，应在拒绝付款理由书上签注意见，并将拒绝理由书、拒付证明、拒付商品清单和有关单证邮寄收款人开户银行转交销货企业。

付款人开户银行对付款人逾期支付的款项，根据逾期付款天数从承付期满日算起。银行审查拒绝付款期间不算作付款人逾期付款，但对无理的拒绝付款而增加银行审查时间的，从承付期满日起计算逾期付款赔偿金。赔偿金实行定期扣付，每月计算一次，于次月 3 日内单独划给收款人。赔偿金的扣付列为企业销货收入扣款顺序的首位。付款人科目余额不足支付时，应排列在工资之前，并对该科目采取“只收不付”的控制办法，直至足额扣付赔偿金后才准予办理其他款项的支付，由此产生的经济后果由付款人自负。

8. 信用卡

信用卡是指商业银行向个人和单位发行的，凭以向特约单位购物、消费和向银行存取现金，且具有消费信用的特制载体卡片。

信用卡按使用对象分为单位卡和个人卡；按信誉等级分为金卡和普通卡。

凡在中国境内金融机构开立基本存款账户的单位可申领单位卡。单位卡可申领若干张，持卡人资格由申领单位法定代表人或其委托的代理人书面指定和注销，持卡人不得出租或转借信用卡。单位卡账户的资金一律从其基本存款账户转账存入，在使用过程中，需要向其账户续存资金的，也一律从其基本存款账户转账存入，不得交存现金，不得将销货收入的款项存入其账户。单位卡一律不得用于10万以上的商品交易、劳务供应款项的结算，不得支取现金。

信用卡在规定的限额和期限内允许善意透支。透支期限最长为60天。透支利息，自签单日或银行记账起15天内按日息万分之五计算，超过15天按日息万分之十计算，超过30日或透支金额超过规定限额的，按日息万分之十五计算。透支计算不分段，按最后期限或者最高透支额的最高利率档次计息。

9. 信用证

信用证结算方式是国际结算的一种主要方式。经中国人民银行批准经营结算业务的商业银行总行以及经商业银行总行批准开办信用证结算业务的分支机构，也可以办理国内企业之间商品交易的信用证结算业务。

采用信用证结算方式的，收款单位收到信用证后，即备货装运，签发有关发票账单，连同运输单据和信用证，送交银行，根据退还的信用证等有关凭证编制收款凭证；付款人在接到开证行的通知时，根据付款的有关单据编制付款凭证。

任务5　应收及预付款项的核算

一、应收票据的核算

应收票据是指企业因销售商品、提供劳务等而收到的商业汇票。商业汇票是一种由出票人签发的，委托付款人在指定日期无条件支付确定金额给收款人或者持票人的票据。

商业汇票的付款期限，最长不得超过6个月。定日付款的汇票付款期限自出票日起计算，并在汇票上记载具体到期日；出票后定期付款的汇票付款期限自出票日起按月计算，并在汇票上记载；见票后定期付款的汇票付款期限自承兑或拒绝承兑日起按月计算，并在汇票上记载。商业汇票的提示付款期限，自汇票到期日起10日。符合条件的商业汇票的持票人，可以持未到期的商业汇票连同贴现凭证向银行申请贴现。

根据承兑人不同，商业汇票分为商业承兑汇票和银行承兑汇票。商业承兑汇票是指由付款人签发并承兑，或由收款人签发交由付款人承兑的汇票。商业承兑汇票的付款人收到开户银行的付款通知，应在当日通知银行付款。付款人在接到通知日的次日起3日内（遇法定休假日顺延）未通知银行付款的，视同付款人承诺付款，银行将于付款人接到通知日的次日起第4日（遇法定休假日顺延）上午开始营业时，将票款划给持票人。付款人提前收到由其承兑的商业汇票，应通知银行于汇票到期日付款。银行在办理划款时，付款人存款账户不足支付的，银行应填制付款人未付票款通知书，连同商业承兑汇票邮寄持票人开户银行转交持票人。

银行承兑汇票是指由在承兑银行开立存款账户的存款人（这里也是出票人）签发，由承兑银行承兑的票据。企业申请使用银行承兑汇票时，应向其承兑银行按票面金额的万分之五交纳手续费。银行承兑汇票的出票人应于汇票到期前将票款足额交存其开户银行，承兑银行应在汇票到期日或到期日后的见票当日支付票款。银行承兑汇票的出票人于汇票到期前未能足额交存票款时，承兑银行除凭票向持票人无条件付款外，对出票人尚未支付的汇票金额按照每天万分之五计收利息。

商业汇票按是否计息可分为不带息商业汇票和带息商业汇票。不带息商业汇票是指商业汇票到期时，承兑人只按票面金额（即面值）向收款人或被背书人支付款项的汇票。带息票据是指商业汇票到期时，承兑人必须按票面金额加上应计利息向收款人或被背书人支付票款的票据。

（一）不带息应收票据的账务处理

不带息应收票据的到期价值等于应收票据的面值。企业销售商品或提供劳务收到商业汇票时，借记“应收票据”科目，贷记“主营业务收入”“应交税费——应交增值税（销项税额）”等科目。应收票据到期收回时，应按票面金额，借记“银行存款”科目，贷记“应收票据”科目。商业承兑汇票到期，承兑人违约拒付或无力支付票款，企业收到银行退回的商业承兑汇票、委托收款凭证、未付票款通知书或拒绝付款证明等，应将到期票据的票面金额转入“应收账款”科目。

【例 2-11】 甲公司销售产品一批，价款 100 000 元，增值税 13 000 元。收到一张对方已承兑的、期限为 4 个月的商业汇票。4 个月后，收到该批货款及增值税存入银行。有关会计处理如下：

（1）销售商品时：

借：应收票据 113 000
　　贷：主营业务收入 100 000
　　　　应交税费——应交增值税（销项税额） 13 000

（2）4 个月后收到货款及增值税时：

借：银行存款 113 000
　　贷：应收票据 113 000

假定该票据到期，客户无力偿还该批货款及增值税，其会计分录如下：

借：应收账款 113 000
　　贷：应收票据 113 000

（二）带息应收票据的账务处理

企业收到的带息应收票据，除按照上述原则进行核算外，还应于中期期末和年度终了，按规定计提票据利息，并增加应收票据的账面价值，同时冲减“财务费用”。票据利息的计算公式为：

$$应收票据利息=应收票据票面金额\times票面利率\times期限$$

上式中，“利率”一般指年利率；“期限”指签发日至到期日的时间间隔（有效期）。票据的期限，有按月表示和按日表示两种。票据期限按月表示时，应以到期月份中与出票日相同的那一天为到期日。如4月15日签发的一个月票据，到期日应为5月15日。但有两个特例：其一，如果出票日为某月31日，而票据到期的那个月份只有30天，那么这张票据的到期日是该月的30日；其二，如果出票日为某月29日、30日或31日，而票据到期的那个月是2月，那么这张票据的到期日就是该2月的最后一天。与此同时，计算利息使用的利率要换算成月利率（年利率÷12）。

票据期限按日表示时，应从出票日起按实际经历天数计算。通常出票日和到期日只能计算其中的一天，即“算头不算尾”或“算尾不算头”。例如，4月15日签发的90天票据，其到期日应为7月14日［90天−4月剩余天数−5月实有天数−6月实有天数＝90−(30−15)−31−30＝14（天）］。同时，计算利息使用的利率，要换算成日利率（年利率÷360）。

带息应收票据到期收回款项时，应按收到的本息，借记“银行存款”科目，按账面价值，贷记“应收票据”科目，按其差额，贷记“财务费用”科目。

【例2-12】 甲公司于2月15日销售产品一批。产品价款3 000 000元，增值税390 000元。收到一张商业汇票，期限为4个月，年利率为5%。

（1）销售商品，收到票据时的账务处理如下：

借：应收票据　　3 390 000

　　贷：主营业务收入　　3 000 000

　　　　应交税费——应交增值税（进项税额）　　390 000

（2）本年度终了计算应收票据利息时：

3 390 000×5%÷12×4＝56 500（元）

票据利息应增加应收票据，冲减财务费用。

借：应收票据　　56 500

　　贷：财务费用　　56 500

（3）票据到期收回时：

实际收款金额为：

3 390 000+56 500＝3 446 500（元）

借：银行存款　　3 446 500

　　贷：应收票据　　3 446 500

（三）应收票据转让的账务处理

应收票据转让是指持票人因偿还前欠货款等原因，将未到期的商业汇票背书后转让给其他单位或个人的业务活动。

企业可以将自己持有的商业汇票背书转让，背书是指持票人在票据背面签字，签字人称为背书人，背书人对票据的到期付款负连带责任。

企业将持有的应收票据背书转让，以取得所需物资时，按应计入物资成本的价值，借记“在途物资”“原材料”等科目，按取得的专用发票上注明的增值税，借记“应交税费——应交增值税（进项税额）”科目，按应收票据的账面价值，贷记“应收票据”科目，如有差额，借记或贷记“银行存款”等科目。

【例2-13】 甲公司将一张金额为48 000元的不带息应收票据，背书转让给乙公司，以购入材料一批，材料价款50 000元，增值税6 500元，差额部分用银行存款支付。则应编制会计分录如下：

借：在途物资　　50 000
　　应交税费——应交增值税（进项税额）　　6 500
　　贷：应收票据　　48 000
　　　　银行存款　　8 500

（四）应收票据贴现

票据贴现是指持票人为了解决临时的资金需要，将尚未到期的商业汇票在背书后送交其开户银行，银行受理后从票据到期价值中扣除按银行的贴现率计算确定的贴现利息后，将余额付给贴现企业的业务活动。在贴现中，企业付给银行的利息称为贴现利息，银行计算贴现利息的利率称为贴现率，企业从银行获得票据到期价值扣除贴现利息后的货币收入，称为贴现所得。

在票据贴现中，不带息票据的到期值就是其票面价值，带息票据的到期值就是其票面价值加上到期利息。票据贴现日至票据到期日的间隔期称为贴现天数，通常，贴现日与到期日两天，只计算其中的一天。

有关贴现计算公式如下：

贴现期＝贴现日至票据到期日实际天数－1（或者是票据期限－企业已持有票据期限）

贴现利息＝票据到期值×贴现率×贴现期

贴现所得＝票据到期值－贴现利息

企业将未到期的应收票据向银行贴现，应按实际收到的金额，借记“银行存款”科目，按应收票据的账面余额，贷记“应收票据”科目，二者之间的差额部分借或贷“财务费用”科目。

【例 2-14】 3 月 1 日，甲公司将持有的不带息商业承兑汇票到银行贴现，出票日期为 1 月 1 日，到期日为 4 月 1 日，面值为 20 000 元，银行年贴现率为 8%。

贴现天数＝（31+28+1）－1＝59（天）

贴现利息＝20 000×8%÷360×59≈262. 22（元）

贴现净额＝20 000－262. 22＝19 737. 78（元）

编制会计分录如下：

借：银行存款　　19 737. 78
　　财务费用　　262. 22
　　贷：应收票据　　20 000

二、应收账款的核算

（一）应收账款的定义

应收账款是指企业因销售商品、产品、提供劳务而应向购货单位或接受劳务单位收取的债权。具体包括应收货款、劳务款、代垫的运杂费及代收的增值税。

会计上的应收账款是因赊销业务而形成的应收客户的债权，不包括应收职工的欠款、应收债务人的利息、存出保证金等其他应收款，不包括长期性质的债权。应收账款应于销售实现时予以确认。

（二）应收账款的计价

应收账款一般是在收入实现时按实际发生额计价入账。但实际工作中，许多企业为了扩大销售或及早收回货款，在销售业务中经常会采用折扣的方法，所以在确定应收账款的金额时，还应当考虑商业折扣和现金折扣等因素。

1. 商业折扣

商业折扣是指企业根据市场的供需要求、季节变化或针对不同客户，在商品的标价上给予一定的折扣。

这种方式是企业常常采用的一种促销方式。企业为了拓展市场、增加销量，或者为了处理一些过季商品，常常会采用商业折扣的方式，通常用折扣 10%（九折）、折扣 50%（五折）等表示。商业折扣一般在销售时就已经发生，它不过是确定实际销售价格的一种手段，所以在存在商业折扣的前提下，应收账款是按扣除商业折扣以后的实际售价确认，它不在交易双方任何一方的账上反映。因此，商业折扣对应收账款和营业收入均不产生影响。

2. 现金折扣

现金折扣是指在赊销方式下，债权人为了鼓励债务人在规定时间及早付款而给予的债务扣除。现金折扣一般用符号“折扣/付款期限”表示。例如买方在 10 天内付款，给予 2%的折扣，可用符号表示为“2/10”，买方在 20 天内付款，给予 1%的折扣，可以用符号表示为“1/20”，如果买方 30 天内付款，不给折扣，可以用符号表示为“*n*/30”。

在存在现金折扣的前提下，应收账款入账价值的确认方法为总价法。

总价法下，应收账款按不扣除折扣的全部金额作为应收账款的入账价值。如果买方在约定的折扣期内提前付款，则将由此支付给买方的折扣作为当期的一项理财费用，计入财务费用。

除了销售折扣外，对于已售出的商品，有时因其质量等问题，购货方可能要求部分或全部退货或要求减让部分价款，这种状况称为销售退回与折让。发生销售退回或折让时，应冲减已入账的应收账款。

（三）应收账款的核算

为反映和监督应收账款的发生和结算情况，企业应设置“应收账款”账户，该账户是资产类账户，借方登记企业因赊销而实际发生的应收账款，贷方登记企业收回的应收账款，余额一般在借方，表示应收的债权，但有时也可能在贷方，表示预收的款项。当企业因赊销发生应收账款时，借记“应收账款”科目，按实现的收入，贷记“主营业务收入”等科目，按增值税专用发票上注明的增值税额，贷记“应交税费——应交增值税（销项税额）”科目。收回应收账款时，按实收金额，借记“银行存款”科目，贷记“应收账款”科目。

企业赊销时代垫的运杂费等，在实际发生时，借记“应收账款”科目，贷记“银行存款”等科目，待实际收到时，借记“银行存款”科目，贷记“应收账款”科目。

【例 2-15】甲公司向乙公司销售商品一批，增值税专用发票上注明售价 10 000 元，增值税 1 300 元，已办妥委托银行收款手续。编制会计分录如下：

借：应收账款——乙公司	11 300	
贷：主营业务收入		10 000
应交税费——应交增值税（销项税额）		1 300

【例 2-16】甲公司向乙公司销售商品一批，商品价目表上标明价格 40 000 元，因为是老客户，给予 10%的商业折扣，适用增值税税率为 13%。编制会计分录如下：

借：应收账款——乙公司　　40 680

　　贷：主营业务收入　　36 000

　　　　应交税费——应交增值税（销项税额）　　4 680

【例 2-17】 甲公司向乙公司销售商品一批，增值税专用发票上注明售价 40 000 元，增值税 5 200 元，规定的现金折扣条件为“2/10、1/20、*n*/30”，产品交付并已办妥收款手续。编制会计分录如下：

确认收入时：

借：应收账款——乙公司　　45 200

　　贷：主营业务收入　　40 000

　　　　应交税费——应交增值税（销项税额）　　5 200

10 天内收到货款时编制会计分录如下：

借：银行存款　　44 296

　　财务费用　　904

　　贷：应收账款——乙公司　　45 200

20 天内收到货款时编制会计分录如下：

借：银行存款　　44 748

　　财务费用　　452

　　贷：应收账款——乙公司　　45 200

A 公司超过 20 天后付款，则收到货款时编制会计分录如下：

借：银行存款　　45 200

　　贷：应收账款——乙公司　　45 200

（四）应收款项的减值

企业应当在资产负债表日对应收款项的账面价值进行检查，有客观证据表明该应收款项发生减值的，应当将该应收款项的账面价值减记至预计未来现金流量现值，减记的金额确认减值损失，计提坏账准备。

企业应当设置“坏账准备”科目，核算应收款项的坏账准备计提、转销等情况。企业当期计提的坏账准备应当计入信用减值损失。“坏账准备”科目的贷方登记当期计提的坏账准备金额，借方登记实际发生的坏账损失金额和冲减的坏账准备金额，期末余额一般在贷方，反映企业已计提但尚未转销的坏账准备。

坏账准备可按以下公式计算：

当期应计提的坏账准备＝当期按应收款项计算应提坏账准备金－(或＋)
“坏账准备”科目的贷方（或借方）余额

企业计提坏账准备时，按应减记的金额，借记“信用减值损失——计提的坏账准备”科目，贷记“坏账准备”科目。冲减多计提的坏账准备时，借记“坏账准备”科目，贷记“信用减值损失——计提的坏账准备”科目。

【例 2-18】 某企业按应收账款余额的 5%计提坏账准备，根据发生的有关经济业务，编制相关会计分录。

（1）20×1 年 12 月 31 日，首次计提坏账准备时，应收账款的年末余额为 200 000 元。

微课 4　计提坏账准备

估计坏账损失＝200 000×5%＝10 000（元）

借：信用减值损失　10 000

　贷：坏账准备　10 000

20×1 年 12 月 31 日，应收账款净额为 190 000（200 000−10 000）元。

（2）20×2 年实际发生坏账 6 000 元。

借：坏账准备　6 000

　贷：应收账款　6 000

（3）20×2 年已经确认为坏账的 6 000 元又收回了 4 000 元。

借：应收账款　4 000

　贷：坏账准备　4 000

借：银行存款　4 000

　贷：应收账款　4 000

（4）20×2 年 12 月 31 日，应收账款余额为 60 000 元，估计的坏账准备为 3 000（60 000×5%）元，应冲销多余的坏账准备 5 000（8 000−3 000）元，应收账款净额为 57 000（60 000−3 000）元。

借：坏账准备　5 000

　贷：信用减值损失　5 000

（5）如果 20×2 年发生坏账 12 000 元，后又收回其中 4 000 元，则收回已经确认为坏账的 4 000 元应收账款后，"坏账准备"贷方余额为 2 000（10 000−12 000+4 000）元，20×2 年 12 月 31 日应补提坏账准备 1 000（3 000−2 000）元。

借：信用减值损失　1 000

　贷：坏账准备　1 000

（6）如果 20×2 年发生坏账 15 000 元，后又收回其中的 1 000 元，则"坏账准备"为借方余额 4 000（10 000−15 000+1 000）元，20×2 年 12 月 31 日应补提坏账准备 7 000（3 000+4 000)元。

借：信用减值损失　7 000

　贷：坏账准备　7 000

三、预付账款的核算

预付账款是指企业按照合同规定预付的款项。如预付的材料、商品采购款和在建工程价款等。

为了反映和监督预付账款的增减变动及其结存情况，企业应当设置"预付账款"科目。"预付账款"科目的借方登记预付的款项及补付的款项，贷方登记收到所购物资时根据有关发票账单记入"原材料"等科目的金额及收回多付款项的金额，期末余额在借方，反映企业实际预付的款项；如果期末余额在贷方，则反映企业应付或应补付的款项。预付款项情况不多的企业，可以不设置"预付账款"科目，而将预付的款项通过"应付账款"科目核算。

企业根据购货合同的规定向供应单位预付款项时，借记"预付账款"科目，贷记"银行存款"科目；企业收到所购物资，按应计入购入物资成本的金额，借记"材料采购""原材料""库存商品"等科目，按可抵扣的增值税进项税额，借记"应交税费——应交增值税

(进项税额)”等科目，贷记“预付账款”科目；当预付价款小于采购货物所需支付的款项时，应将不足部分补付，借记“预付账款”科目，贷记“银行存款”等科目；当预付价款大于采购货物所需支付的款项时，对收回的多余款项，应借记“银行存款”等科目，贷记“预付账款”科目。

【例 2-19】甲公司向乙公司采购材料 5 000 千克，每千克单价 10 元，所需支付的价款总计 50 000 元。按照合同规定向乙公司预付价款的 50%，验收货物后补付其余款项。甲公司应编制会计分录如下：

(1) 预付 50%的价款时：

借：预付账款——乙公司	25 000	
贷：银行存款		25 000

(2) 收到乙公司发来的 5 000 千克材料，验收无误，增值税专用发票上注明的价款 50 000 元，增值税为 6 500 元，以银行存款结清余款 31 500 元。甲公司编制会计分录如下：

借：原材料	50 000	
应交税费——应交增值税（进项税额）	6 500	
贷：预付账款——乙公司		56 500
借：预付账款——乙公司	31 500	
贷：银行存款		31 500

四、应收股利和应收利息的核算

(一) 应收股利的账务处理

应收股利是指企业应收取的现金股利或应收取其他单位分配的利润。为了反映和监督应收股利的增减变动及其结存情况，企业应设置“应收股利”科目。“应收股利”科目的借方登记应收现金股利或利润的增加，贷方登记收到的现金股利或利润，期末余额一般在借方，反映企业尚未收到的现金股利或利润。“应收股利”科目应当按照被投资单位设置明细科目进行核算。

企业在持有以公允价值计量且其变动计入当期损益的金融资产（交易性金融资产）期间，被投资单位宣告发放现金股利，按应享有的份额，确认为当期投资收益，借记“应收股利”科目，贷记“投资收益”科目。企业在持有长期股权投资期间，被投资单位宣告发放现金股利或利润，按应享有的份额，借记“应收股利”科目，贷记科目应区分两种情况：对于采用成本法核算的长期股权投资，贷记“投资收益”科目；对于采用权益法核算的长期股权投资，贷记“长期股权投资——损益调整”科目。

【例 2-20】甲公司持有乙上市公司股票，作为以公允价值计量且其变动计入当期损益的金融资产（交易性金融资产）进行管理和核算。20×1 年 2 月 10 日，乙上市公司发放 20×0 年现金股利，甲公司按其持有该上市公司股份计算确定应分得的现金股利为 200 000 元。假定不考虑相关税费。甲公司应编制会计分录如下：

借：应收股利——乙上市公司	200 000	
贷：投资收益——乙上市公司		200 000

【例 2-21】承【例 2-20】20×1 年 2 月 28 日，甲公司收到乙上市公司发放的现金股利 200 000 元，款项已存入银行。假定不考虑相关税费。甲公司应编制会计分录如下：

借：其他货币资金——存出投资款　　200 000

　　贷：应收股利——乙上市公司　　200 000

需要说明的量，企业收到被投资单位分配的现金股利或利润，应贷记“应收股利”科目，但对于应借记的会计科目，应区分两种情况分别进行处理：对于企业通过证券公司购入上市公司股票所形成的股权投资取得的现金股利，应借记“其他货币资金——存出投资款”科目；对于企业持有的其他股权投资取得的现金股利或利润，应借记“银行存款”科目。

（二）应收利息的账务处理

应收利息是指企业根据合同或协议规定应向债务人收取的利息。为了反映和监督应收利息的增减变动及其结存情况，企业应设置“应收利息”科目。“应收利息”科目的借方登记应收利息的增加，贷方登记收到的利息，期末余额一般在借方，反映企业尚未收到的利息。“应收利息”科目应当按照借款人或被投资单位设置明细科目进行核算。

【例 2-22】甲公司持有乙公司债券投资，20×1 年 1 月 11 日，甲公司收到乙公司通知，拟向其支付 20×0 年利息 1 000 000 元，款项尚未支付。假定不考虑相关税费。甲公司应编制会计分录如下：

借：应收利息——乙公司　　1 000 000

　　贷：投资收益——乙公司　　1 000 000

五、其他应收款的核算

其他应收款是指企业除应收票据、应收账款、预付账款、应收股利和应收利息以外的其他各种应收及暂付款项。其主要内容包括以下几项：

（1）应收的各种赔款、罚款，如因企业财产等遭受意外损失而应向有关保险公司收取的赔款等；

（2）应收的出租包装物租金；

（3）应向职工收取的各种垫付款项，如为职工垫付的水电费、应由职工负担的医药费、房租费等；

（4）存出保证金，如租入包装物支付的押金；

（5）其他各种应收、暂付款项。

为了反映和监督其他应收账款的增减变动及其结存情况，企业应当设置“其他应收款”科目进行核算。“其他应收款”科目的借方登记其他应收款的增加，贷方登记其他应收款的收回，期末余额一般在借方，反映企业尚未收回的其他应收款项。“其他应收款”科目应当按照对方单位（或个人）设置明细科目进行核算。

企业发生各种其他应收款项时，应借记“其他应收款”科目，贷记“库存现金”“银行存款”“固定资产清理”等科目。收回其他各种应收款项时，借记“库存现金”“银行存款”“应付职工薪酬”等科目，贷记“其他应收款”科目。

【例 2-23】甲公司在采购过程中发生材料毁损，按保险合同规定，应由 A 保险公司赔偿损失款 30 000 元，赔偿款尚未收到。假定甲公司对原材料采用计划成本进行日常核算，甲公司应编制会计分录如下：

借：其他应收款——A 保险公司　　30 000

　　贷：材料采购　　30 000

当甲公司如数收到上述 A 保险公司的赔款时，甲公司应编制会计分录如下：

借：银行存款　　30 000

　　贷：其他应收款——A 保险公司　　30 000

【例 2-24】 甲公司以银行存款替职工王某垫付应由其个人负担的医疗费 5 000 元，拟从其工资中扣回。甲公司应编制会计分录如下：

（1）垫付款时：

借：其他应收款——王某　　5 000

　　贷：银行存款　　5 000

（2）扣款时：

借：应付职工薪酬　　5 000

　　贷：其他应收款——王某　　5 000

【例 2-25】 甲公司向乙公司租入包装物一批，以银行存款向乙公司支付押金 10 000 元。甲公司应编制会计分录如下：

借：其他应收款——乙公司　　10 000

　　贷：银行存款　　10 000

甲公司按期如数向乙公司退回所租包装物时，收到乙公司退还的押金 10 000 元，已存入银行。甲公司应编制会计分录如下：

借：银行存款　　10 000

　　贷：其他应收款——乙公司　　10 000

项目小结

货币资金是企业在生产经营过程中重要的流动资产，本项目对货币资金的管理、现金、银行存款、其他货币资金和应收款项的相关知识和会计处理进行了介绍，理论和实务相结合，为从事实际工作奠定了良好的基础。

项目三

存货业务核算

知识目标

1. 掌握存货的定义、特征及构成，掌握存货确认的条件；
2. 掌握存货的初始计量方法及发出存货的计量方法；
3. 掌握原材料按实际成本计价的会计核算方法；
4. 掌握原材料按计划成本计价的会计核算方法；
5. 掌握周转材料的会计核算方法；
6. 掌握委托加工物资的会计核算方法；
7. 掌握存货期末清查及减值的会计核算方法。

能力目标

1. 能确认存货，对存货进行清晰分类；
2. 能核算原材料购、销、存等业务；
3. 能核算周转材料购、销、存等业务；
4. 能核算委托加工物资业务；
5. 能核算存货盘盈、盘亏以及期末减值类的业务。

德育目标

1. 引导学生深入社会实践、关注现实问题；
2. 培养学生爱岗敬业、诚实守信的会计职业道德。

结构导图

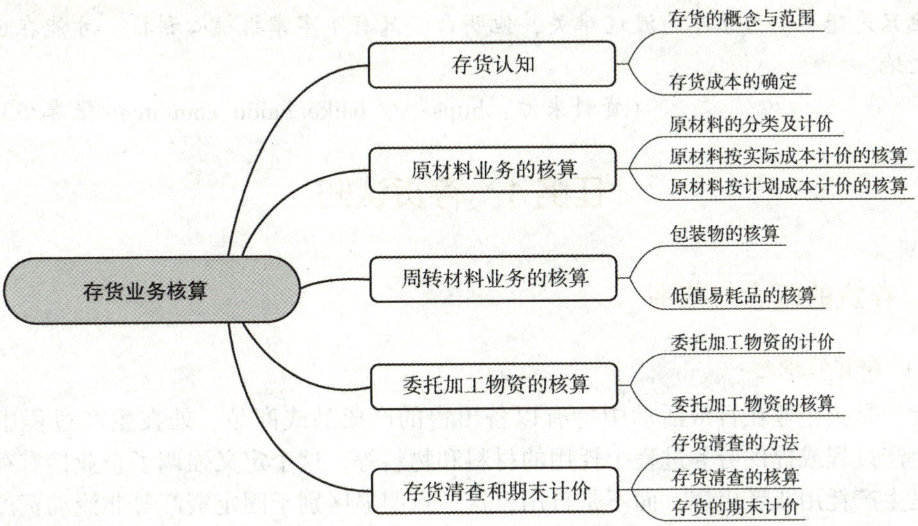

导入案例

存货是反映企业流动资金运作情况的晴雨表，往往成为少数人用来调节利润、偷逃国家税费的调节器。因为它不仅在企业营运资本中占很大比重，而且是流动性较差的流动资产。存货管理就是对企业的存货进行管理，主要包括存货的信息管理和在此基础上的决策分析，最后进行有效的控制，存货管理的最终目的是提高经济效益。

（资料来源：https：// baike. baidu. com/item/存货管理/4438612？ Fr=aladdin）

思政之窗

爱国主义是我们民族精神的核心，是中国人民和中华民族同心同德、自强不息的精神纽带。面对国家和民族生死存亡，全体中华儿女同仇敌忾、众志成城，奏响了气壮山河的爱国主义壮歌。爱国主义是激励中国人民维护民族独立和民族尊严、在历史洪流中奋勇向前的强大精神动力，是驱动中华民族这艘航船乘风破浪、奋勇向前的强劲引擎，是引领中国人民和中华民族迸发排山倒海的历史伟力、战胜前进道路上一切艰难险阻的壮丽旗帜！

——习近平（摘自学习强国）

华为“天才少年”计划

——张霁，拒绝美国高薪，入职华为

张霁，1993 年出生于湖北通山，华中科技大学武汉光电国家研究中心博士生。由于张霁的研究方向是计算机系统结构，所以他刚进入实验室不久，便被派到腾讯公司总部实习。在接下来的 4 年时间中，张霁一边学习一边工作。读博期间，张霁曾在 ATC、DAC、ICPP 等多个期刊上发表高质量论文，获得了 7 项国内、国际专利，还两度入选腾讯的杰出贡献奖。2019 年 10 月，张霁远赴美国做了半年时间的访问学者，他身上所蕴含的价值很快就被多家大公司看中。360 万年薪，是美国一家知名企业给张霁开出的“邀约函”。然而，张霁却婉拒了对方的好意，虽说科学无国界，但科学家却有国家，尽管他只是一名尚未毕业的博士生，但他也是一个中国人。2020 年博士毕业后，张霁入选华为“天才少年”计划，顶级挑战、顶级薪酬（201 万年薪）是这一计划最显著的 2 个标签。当然，张霁看中的绝对不是薪资，他只是想尽全力帮华为渡过难关，他明白，只有牢牢掌握核心科技，才能在世界上拥有一席之地。

（资料来源：https：// baike. baidu. com/item/张霁/53110706）

任务 1　存货认知

一、存货的概念与范围

（一）存货的概念

存货，是指企业在日常活动中持有以备出售的产成品或商品、处在生产过程中的在产品、在生产过程或提供劳务过程中耗用的材料和物料等。这个定义强调了企业持有存货的最终目的是生产耗用或者出售，而不是自用，这一点明显区别于固定资产等非流动资产。

（二）存货的范围

存货范围的认定一般是以产权的归属为标准，即在盘存日，法定产权归属企业的一切物品，不论其存放地点如何，都是企业的存货。存货包括商品、产成品、半成品、在产品，以及各种材料、燃料、包装物、低值易耗品等。存货是保证企业生产经营过程顺利进行的必要条件。为了保证生产经营过程连续不断地进行，企业要不断地购入、耗用或销售存货。存货是企业的一项重要的流动资产，其价值在企业流动资产中占有很大的比重。

知识链接

存货的分类

1. 制造业存货

制造企业以加工或生产产品为主，其存货的构成最为复杂。一般分为以下几类：

（1）材料：指企业通过采购或其他方式取得的用于制造产品并构成产品实体的物品，以及取得的供生产耗用但不构成产品实体的辅助材料、修理用备件、燃料及外购半成品等。

（2）在产品：指正在生产各阶段进行加工或装配的尚未制造完工的产品。

（3）自制半成品：指已经经过一定的生产过程，并已经验收合格、交付半成品仓库保管，但仍需进一步加工的中间产品。

（4）产成品：指完成全部生产过程，经检验合格可供销售的产品。

（5）低值易耗品：指由于价值低、易损耗等原因而不能作为固定资产处理的各种劳动资料。

（6）包装物：指为包装企业产品而储备和在销售过程中周转使用的各种成形的包装容器。

2. 商品流通企业存货

在商品流通企业中，存货的主要类别则为商品、材料物资、低值易耗品、包装物等。其中，商品是指企业以销售为目的而购入的各类物品，如库存商品、受托代销商品、加工商品、出租商品和分期收款发出商品等。

3. 其他行业存货

例如房地产开发企业购入的土地，用于建造商品房，属于企业的存货。

二、存货成本的确定

存货应当按照成本进行初始计量。存货成本包括采购成本、加工成本和其他成本。

（一）外购存货的成本

存货的采购成本，包括购买价款、相关税费、运输费、装卸费、保险费以及其他可归属于存货采购成本的费用。

存货的购买价款是指企业购入的材料或商品的发票账单上列明的价款，但不包括按规定可以抵扣的增值税进项税额。存货的相关税费是指企业购买存货发生的进口关税以及不能抵扣的增值税进项税额等应计入存货采购成本的税费。其他可归属于存货采购成本的费用是指采购成本中除上述各项以外的可归属于存货采购的费用，如在存货采购过程中发生的仓储费、包装费、运输途中的合理损耗、入库前的挑选整理费用等。

（二）加工取得存货的成本

存货的加工成本，包括直接人工以及按照一定方法分配的制造费用。

（三）其他方式取得存货的成本

1. 投资者投入存货的成本

投资者投入存货的成本应当按照投资合同或协议约定的价值确定，但合同或协议约定价值不公允的除外。在投资合同或协议约定价值不公允的情况下，按照该项存货的公允价值作为其入账价值。

2. 盘盈存货的成本

盘盈的存货应按其重置成本作为入账价值，并通过“待处理财产损溢”科目进行会计处理，按管理权限报经批准后冲减当期管理费用。

知识链接

在确定存货成本的过程中，应当注意，下列费用应当在发生时确认为当期损益，不计入存货成本：

（1）非正常消耗的直接材料、直接人工和制造费用。

（2）仓储费用（不包括在生产过程中为达到下一个生产阶段所必需的仓储费用）。

（3）不能归属于使存货达到目前使用状态的其他支出。

（4）企业采购用于广告营销活动的特定商品（销售费用）。

任务 2　原材料业务的核算

一、原材料的分类及计价

（一）原材料的分类

（1）原材料及主要材料；

（2）外购半成品；

（3）辅助材料；

（4）燃料；

（5）修理用备件；

（6）包装材料。

（二）购入材料的实际成本

（1）买价；

（2）运杂费（包括运输费、装卸费、保险费、包装费、仓储费等，不包括属于增值税一般纳税人的企业按规定根据运输费的一定比例计算的可抵扣的增值税额）；

（3）运输途中的合理损耗；

（4）入库前的挑选整理费用（包括挑选整理中发生的工费支出和必要的损耗，并减去回收的下脚废料价值）；

（5）购入物资负担的税金（如关税等）和其他费用。属于增值税一般纳税人的企业，购入材料需支付的增值税进项税额，应单独核算，不包括在购入材料成本中。小规模纳税人和购入材料不能取得增值税专用发票的小企业，购入材料支付的不可抵扣的增值税进项税额，计入所购材料的成本。

二、原材料按实际成本计价的核算

原材料按实际成本计价，是指原材料的日常收发及结存，无论是总分类核算还是明细分类核算，均按照实际成本进行计价的方法。其特点是从存货收发凭证到明细分类账和总分类账全部按实际成本计价。一般适用于规模较小、存货品种简单、采购业务不多的企业。

（一）账户设置

企业需设置“原材料”科目和“在途物资”科目。

“原材料”科目用于核算企业库存材料的收发与结存情况，企业库存的各种材料包括原料及主要材料、辅助材料、外购半成品（外购件）、修理用备件（备品备件）、包装材料、燃料等。该科目属于资产类科目，借方登记入库材料的实际成本，贷方登记发出材料的实际成本，余额在借方，表示月末库存材料的实际成本。该科目应当按照材料的保管地点（仓库）、材料的类别、品种和规格等进行明细核算。

“在途物资”科目核算企业采用实际成本进行材料（或商品）日常核算的货款已付尚未验收入库的购入材料或商品的采购成本。该科目属于资产类科目，借方登记企业购入的在途物资的实际成本，贷方登记验收入库的在途物资的实际成本，余额在借方，表示尚未验收入库的在途物资的实际成本。该科目应当按照供应单位进行明细核算。

（二）原材料收入的核算

1. 购入原材料的一般核算

企业外购材料时，由于结算方式和采购地点的不同，材料的入库和货款的支付在时间上不一定完全同步，相应地，其账务处理也会有所不同。

微课 原材料采购成本

（1）支付货款与材料入库同时发生。

对于发票账单与原材料同时到达的采购业务，企业在支付货款、材料验收入库后，应根据结算凭证、发票账单和收料单等确定原材料的实际成本，借记“原材料”科目；根据取得的增值税专用发票上注明的增值税进项税额，借记“应交税费——应交增值税（进项税额）”科目，按照实际支付的款项，贷记“银行存款”等科目。

【例 3-1】甲企业为一般纳税人，1 月 15 日从外地购入一批 A 材料，取得的增值税专用发票中注明价款为 40 000 元，增值税为 5 200 元，以一张期限为 6 个月的不带息商业汇票支付，A 材料当日全部收到并验收入库。

借：原材料——A 材料　　40 000
　　应交税费——应交增值税（进项税额）　　5 200
　　贷：应付票据　　45 200

（2）先支付货款，后收到材料。

对于已付款或开出、承兑的商业汇票进行货款结算，但材料尚未到达或虽已到达而尚未验收入库的材料采购业务，企业应根据发票账单等结算凭证计算材料采购成本，并登记在“在途物资”科目的借方；待材料到达、验收入库后，再将其采购成本作为库存材料的实际成本反映在“原材料”科目的借方。

【例 3-2】甲企业为一般纳税人，2 月 10 日从乙公司购入一批生产用钢材，增值税专用发票中注明价款为 60 000 元，增值税税率为 13%，增值税为 7 800 元。全部款项用一张银行汇票支付，但所购钢材当日尚未到达企业。

借：在途物资　　60 000
　　应交税费——应交增值税（进项税额）　　7 800
　　贷：其他货币资金——银行汇票存款　　67 800

【例 3-3】接上例，甲企业于 2 月 24 日收到上述钢材，并全部验收入库。

借：原材料——钢材　　60 000
　　贷：在途物资　　60 000

（3）先收到材料，后支付货款。

对于材料已到并验收入库，但发票账单等结算凭证未到而尚未进行货款结算的采购业务，企业应做如下处理：

收到材料时，只办理验收入库的手续，可暂不填制记账凭证，等到发票账单等结算凭证收到并付款后，再编制记账凭证。但如果月末仍未收到发票账单等结算凭证，为了使月末的材料做到账实相符，必须对材料按暂估价值入账；下月初做相反的会计分录予以冲回，以便下月收到发票账单等结算凭证时按正常程序进行会计处理。

【例 3-4】甲公司为一般纳税人，1 月 28 日收到某厂商按合同规定发运过来的一批材料，共计 1 000 公斤，但发票账单未到。

28 日收到材料时，因未得到发票账单等结算凭证，所以无法确定材料的实际采购成本，不记账，只将材料验收入库，会计部门在“发票未到登记簿”中记录，以便备查。

【例 3-5】接【例 3-4】，1 月 31 日，收到上述材料的发票账单，增值税专用发票中注明增值税税率为 13%，价税合计 45 200 元，全部款项以银行存款支付。

借：原材料　　40 000
　　应交税费——应交增值税（进项税额）　　5 200
　　贷：银行存款　　45 200

【例 3-6】接【例 3-4】，如果该公司在 1 月 31 日仍未收到上述所购材料的发票账单等结算凭证，则应按暂估价值入账，假设其暂估价为 41 000 元。

借：原材料 41 000

　　贷：应付账款——暂估应付账款 41 000

该公司在2月1日，应将上述会计分录冲回：

借：应付账款——暂估应付账款 41 000

　　贷：原材料 41 000

该公司如果在10月的某日收到发票账单等结算凭证时，再按“支付货款与材料入库同时发生”的情况进行相应的会计处理。

2. 购入原材料发生短缺的核算

企业外购原材料可能发生溢余或短缺，应及时查明原因，作出处理，并根据不同的处理结果分别予以反映。

（1）定额内合理损耗，按其实际成本计入入库原材料成本；

（2）超定额损耗，将其中由保险公司、运输部门或其他过失人赔偿后尚不能弥补的部分，按具体原因分别作为期间费用（一般以管理费用反映）或营业外支出；

（3）购进原材料发生的非常损失（如因管理不善造成被盗、丢失、霉烂变质的损失，不包括自然灾害造成的损失），将其实际成本及应负担的进项税额中由保险公司及有关责任人赔偿后尚不能弥补的部分计入营业外支出。

发生购进原材料短缺的情况，尚未查明原因或尚未作出处理之前，一般先按短缺原材料的实际成本记入“待处理财产损溢”科目的借方，贷记“在途材料”等科目；待查明原因后，再转入有关科目，借记“管理费用”“营业外支出”等科目，贷记“待处理财产损溢”等科目。

【例3-7】 甲企业3月20日从外地购进甲材料100吨，每吨单价1 130元（其中，价款1 000元，增值税130元），每吨运费109元（其中，价款100元，增值税9元），运输保险费共计1 060元（其中，价款1 000元，增值税60元），货款及运杂费已支付。4月4日原材料到达，验收入库的合格品为90吨，残损5吨，另5吨缺少，原因待查。

（1）3月20日付款时：

$$\text{购进原材料的实际成本}=(1\ 000+100)\times100+1\ 000=111\ 000\text{（元）}$$

$$\text{购进原材料的进项税额}=(130+9)\times100+60=13\ 960\text{（元）}$$

借：在途物资 111 000

　　应交税费——应交增值税（进项税额） 13 960

　　贷：银行存款 124 960

（2）4月4日材料验收入库时：

$$\text{单位原材料的实际成本}=\frac{111\ 000}{100}=1\ 110\text{（元/吨）}$$

$$\text{单位原材料的进项税额}=\frac{13\ 960}{100}=139.6\text{（元/吨）}$$

$$\text{入库原材料的实际成本}=1\ 110\times90=99\ 900\text{（元）}$$

$$\text{短缺原材料的实际成本}=1\ 110\times10=11\ 100\text{（元）}$$

借：原材料 99 900

　　待处理财产损溢 11 100

　　贷：在途物资 111 000

(3) 后查明原因，5 吨残损是运输部门失责造成的，已由运输部门承担修复费用后作为合格品入库；另外 5 吨短缺是本单位在提货以后、验收入库以前被盗所导致的。保险公司已按规定同意赔偿 5 000 元，但赔款尚未收到。

修复后原材料的实际成本 = 1 110×5 = 5 550（元）

被盗原材料的实际成本 = 1 110×5 = 5 550（元）

被盗原材料的进项税额 = 139.6×5 = 698（元）

被盗原材料的实际损失 = 5 550+698−5 000 = 1 248（元）

借：原材料	5 550	
其他应收款	5 000	
营业外支出	1 248	
贷：待处理财产损溢		11 100
应交税费——应交增值税（进项税额转出）		698

企业购进原材料发生溢余时，未查明原因的溢余材料，一般只作为代保管物资在备查账中登记，不作为进货业务入账核算。待查明原因后根据具体处理再做相应的处理。

3. 自制并验收入库的原材料的核算

自制并验收入库的原材料，应按其生产成本作为入库材料的实际成本入账，即借记“原材料”科目，贷记“生产成本”科目。

4. 投资者投入的原材料的核算

投资者投入的原材料，应按投资各方确认的价值，借记“原材料”科目，并按专用发票上注明的增值税额，借记“应交税费——应交增值税（进项税额）”科目，按占被投资方股权总额的比例，贷记“实收资本（或股本）”科目，按借贷双方的差额，贷记“资本公积”科目。

5. 企业接受捐赠的原材料的核算

企业接受捐赠的原材料，按照确定的原材料实际成本以及支付的相关税费，借记“原材料”科目，贷记“营业外收入”科目，按实际支付的相关税费，贷记“银行存款”“应交税费”等科目。

（三）原材料发出的核算

企业储备的各种原材料，主要是为车间、部门生产经营耗用，但也有少量的原材料会销售给外单位或用于委托加工等。材料领发比较频繁的企业，材料明细账应随时进行登记，材料发出的总分类核算于月末根据领料的原始凭证（如领料单等），按用途、领用部门归类汇总编制发出材料汇总表后一次进行。

【例 3-8】某企业为一般纳税人，采用加权平均法计算发出材料的成本，根据月末编制的发出材料汇总表，20×1 年 1 月发出材料的实际成本为 663 000 元，其中，基本生产车间领用 550 000 元，辅助生产车间领用 57 000 元，车间管理部门领用 20 000 元，厂部管理领用 10 000 元，对外销售 5 000 元，工程部门耗用 16 000 元。

该企业月末的账务处理如下：

借：生产成本——基本生产成本	550 000
——辅助生产成本	57 000
制造费用	20 000

管理费用	10 000	
其他业务成本	5 000	
销售费用	5 000	
在建工程	16 000	
贷：原材料		663 000

三、原材料按计划成本计价的核算

原材料按计划成本计价，是指原材料的日常收发及结存，无论是总分类核算还是明细分类核算，均按照计划成本进行计价的方法。其特点是收发凭证按材料的计划成本计价，总账及明细分类账按计划成本登记，原材料的实际成本与计划成本之间的差异，通过“材料成本差异”科目核算。月份终了，通过分配材料成本差异，将发出原材料的计划成本调整为实际成本。这种方法一般适用于材料品种繁多、收发频繁的大中型企业，或者管理上需要分别核算材料计划成本和成本差异的企业。

（一）账户设置

采用这一方法核算企业的原材料，必须设置“原材料”“材料采购”“材料成本差异”等科目。

“原材料”科目用来反映企业库存材料的计划成本。借方登记验收入库材料的计划成本，贷方登记仓库发出材料的计划成本，期末余额在借方，表示企业月末结存材料的计划成本。

“材料采购”科目核算企业采用计划成本进行材料日常核算而购入材料的采购成本。借方登记根据发票账单等原始凭证计算出来的物资实际采购成本，贷方登记结转已验收入库物资的实际成本，期末如果有余额，则在借方，表示企业已经收到发票账单，但尚未到达或尚未验收入库的在途材料的实际采购成本。该科目一般应按供应单位和物资品种设置明细账，进行明细核算。

“材料成本差异”科目用来核算企业各种材料的实际成本与计划成本之间的差异。借方登记各种收入材料的超支差异（即实际成本大于计划成本的差异）和发出材料应分担的节约差异；贷方登记各种收入材料的节约差异（即实际成本小于计划成本的差异）和发出材料应分担的超支差异；期末余额如果在借方，表示企业结存材料的实际成本大于计划成本的差异；期末余额如果在贷方，则表示企业结存材料的实际成本小于计划成本的差异。

（二）原材料收入的核算

1. 原材料购入的一般核算

在计划成本法下，企业外购材料时，不管材料的入库和货款的支付时间谁在先谁在后，只要企业取得发票账单等原始凭证并以此计算出来材料实际采购成本，均应先计入“材料采购”科目的借方，当材料验收入库后，再从“材料采购”科目的贷方转入“原材料”科目的借方，只不过“材料采购”科目的贷方按实际成本入账，“原材料”科目的借方按计划成本入账，二者的差异则通过“材料成本差异”科目反映。由于企业收入材料的业务比较频繁，为了简化核算，也可以将材料验收入库和结转成本差异的会计核算留待月末一次性进行。

【例 3-9】 某公司经税务部门核定为一般纳税人，该公司原材料的计划成本为 120 元/公斤。20×1 年 8 月该公司发生的材料采购业务如下：

（1）2 日，购入原材料 1 000 公斤，增值税专用发票中注明单价 110 元，增值税税率 13%，发票等结算凭证已收到，全部款项从原已预付的货款中抵扣。该批材料已全部验收入库。

借：材料采购　110 000

　应交税费——应交增值税（进项税额）　14 300

　贷：预付账款　124 300

（2）8 日，从外地购入原材料 2 000 公斤，增值税专用发票中注明价款 240 000 元，税款 31 200 元 。发票等结算凭证已收到，全部款项通过外地采购专户存款转账支付，材料尚未运达企业。有关账务处理如下：

借：材料采购　240 000

　应交税费——应交增值税（进项税额）　31 200

　贷：其他货币资金——外埠存款　271 200

（3）16 日，收到 8 日从外地购入的 2 000 公斤原材料，全部验收入库。可暂不作账务处理，留待月末与其他入库材料一并结转。

（4）31 日，汇总结转本月已入库的 3 000 公斤原材料的成本和成本差异。

借：原材料　360 000

　贷：材料采购　350 000

　　材料成本差异　10 000

2. 购入原材料发生短缺的核算

由于种种原因而使外购材料发生短缺毁损时，其账务处理的原则、方法与实际成本法下的会计核算基本相同，不同的是，按计划成本组织材料的核算，存在着成本差异的会计处理。

【例 3-10】 某企业为一般纳税人，20×1 年 2 月 10 日购入原材料 4 000 公斤，取得的增值税专用发票中注明单价 110 元，增值税 57 200 元全部款项通过银行转账支付，材料尚未运达企业。(该批原材料的单位计划成本为 100 元)

有关账务处理如下：

借：材料采购　440 000

　应交税费——应交增值税（进项税额）　57 200

　贷：银行存款　497 200

【例 3-11】 该企业 8 月 14 日收到上述材料。

有关账务处理如下：

借：原材料　400 000

　材料成本差异　40 000

　贷：材料采购　440 000

3. 自制并已验收入库的原材料的核算

自制并已验收入库的原材料，按计划成本，借记“原材料”科目；按其实际生产成本，贷记“生产成本”科目；同时结转材料成本差异，若实际成本大于计划成本的差异，则借记“材料成本差异”科目；若实际成本小于计划成本的差异，则贷记“材料成本差异”科目。

4. 投资者投入的原材料的核算

投资者投入的原材料，按计划成本，借记“原材料”科目；按专用发票上注明的增值税额，借记“应交税费——应交增值税（进项税额）”科目；按投资各方确认的价值，贷记“实收资本（或股本）”“资本公积”等科目；按计划成本与投资各方确认的价值之间的差额，借记或贷记“材料成本差异”科目。

5. 企业接受捐赠的原材料的核算

企业接受捐赠的原材料，按计划成本，借记“原材料”科目；贷记“营业外收入”科目；按实际支付的相关税费，贷记“银行存款”科目；按其差额，借记或贷记“材料成本差异”科目。

（三）原材料发出的核算

对于原材料的发出，同实际成本法一样，按计划成本核算，月末也要编制发出材料汇总表，作为编制材料发出的记账凭证和登记总账的依据。由于各种发料凭证都是按照计划成本计价的，因此编制的发出材料汇总表也是按计划成本反映的，所以月末需根据本月的材料成本差异率来确定发出材料应分担的成本差异，从而将发出材料的计划成本调整为实际成本，以便企业能正确地计算产品的生产成本和当期的损益。

发出材料应分担的成本差异，必须按期（月）分摊，不得在季末或年末一次计算。发出材料应分担的成本差异，除委托外部加工发出材料可按期初成本差异率计算外，都应使用当期的实际差异率。期初成本差异率与本期成本差异率相差不大的，也可按期初成本差异率计算。计算方法一经确定，不得随意变动。材料成本差异率的计算公式如下：

本期材料成本差异率＝（期初结存材料的成本差异+本期验收入库材料的成本差异）÷（期初结存材料的计划成本+本期验收入库材料的计划成本）×100%

期初材料成本差异率＝期初结存材料的成本差异÷期初结存材料的计划成本×100%

发出材料应负担的成本差异＝发出材料的计划成本×材料成本差异率

【例 3-12】某企业为一般纳税人，20×1 年 2 月初结存原材料的计划成本为 400 000 元，本月收入原材料的计划成本为 350 000 元，本月共发出原材料的计划成本为 300 000 元，其中，基本生产车间领用 200 000 元，辅助生产车间领用 50 000 元，车间管理部门领用 20 000 元，厂部管理领用 10 000 元，对外销售 5 000 元，工程部门耗用 15 000 元。本月“材料成本差异”科目月初有贷方余额 5 000 元（节约差异），本月收入材料成本差异为 20 000 元（超支差异）。

（1）月末，根据发出材料汇总表应做账务处理如下：

借：生产成本——基本生产成本	200 000	
——辅助生产成本	50 000	
制造费用	20 000	
管理费用	10 000	
其他业务成本	5 000	
在建工程	15 000	
贷：原材料		300 000

（2）月末，根据材料成本差异率计算发出材料应分担的成本差异：

本月材料成本差异率＝（−5 000+20 000）÷（400 000+350 000）×100%

＝2%（超支）

本月发出材料应分担的成本差异＝300 000×2%＝6 000（元）

本月发出材料的实际成本＝300 000+6 000＝306 000（元）

结转发出材料应分担的成本差异：

借：生产成本——基本生产成本	4 000	
——辅助生产成本	1 000	
制造费用	400	
管理费用	200	
其他业务成本	100	
在建工程	300	
贷：材料成本差异		6 000

任务 3 周转材料业务的核算

周转材料，是指企业能够多次使用、逐渐转移其价值但仍保持原有形态不确认为固定资产的材料，包括包装物、低值易耗品以及企业（建造承包商）的钢模板、木模板、脚手架和其他周转材料等。

一、包装物的核算

（一）包装物的核算范围

包装物是指为了包装本企业商品而储备的各种包装容器，如桶、箱、瓶、坛、袋等。

1. 包装物的分类

包装物按其具体用途可分为以下几种：

（1）生产过程中用于包装产品而作为产品组成部分的包装物；

（2）随同商品出售而不单独计价的包装物；

（3）随同商品出售而单独计价的包装物；

（4）出租或出借给购买单位使用的包装物。

2. 下列各项不属于包装物的核算范围

（1）各种包装材料，如纸、绳、铁丝、铁皮等，这些属于一次性使用的包装材料，应作为原材料进行管理和核算；

（2）用于储存和保管产品、材料而不对外出售的包装物，这类物品应按其价值的大小和使用年限的长短，分别列作企业的固定资产或低值易耗品进行管理和核算；

（3）单独列作企业产品商品的自制包装物，应作为库存商品进行管理和核算。

（二）账务处理

1. 包装物收入的核算

借：周转材料——包装物

　　贷：银行存款等

2. 包装物领用的核算

1）生产领用包装物

借：生产成本

　　贷：周转材料——包装物

2）随同产品出售但不单独计价的包装物

借：销售费用

　　贷：周转材料——包装物

3）随同产品出售并单独计价的包装物

（1）收到包装物款时：

借：银行存款

　　贷：其他业务收入

（2）结转时：

借：其他业务支出

　　贷：周转材料——包装物

3. 包装物出租（出借）的核算

1）出租（出借）包装物（一次或分次摊销）：

（1）一次摊销时：

借：其他业务成本（出租包装物）

　　销售费用（出借包装物）

　　贷：周转材料——包装物

（2）分次摊销时：

①在第一次领用新包装物时：

借：周转材料——包装物——出租（出借）

　　贷：周转材料——包装物——在库

②分次摊销时：

借：其他业务成本（出租包装物）

　　销售费用（出借包装物）

　　贷：周转材料——包装物——摊销

③摊销完毕时：

借：周转材料——包装物——摊销

　　贷：周转材料——包装物——出租（出借）

2）收到出租包装物的租金

借：库存现金（或银行存款）

　　贷：其他业务收入

3）收到出租、出借包装物的押金

借：库存现金（或银行存款）

　　贷：其他应付款

4）出租、出借包装物发生修理费用

借：其他业务成本（出租包装物）

　　销售费用（出借包装物）

　　贷：原材料、银行存款、生产成本等

5）逾期未退包装物没收的押金

借：其他应付款

　　贷：其他业务收入

　　　　应交税费——应交增值税（销项税）

4. 租赁期满，出租、出借包装物收不回，或出租、出借包装物报废

（1）借：原材料等（残料价值）

　　　贷：周转材料——包装物——出租（出借）

（2）借：其他业务成本（出租包装物：未摊销额减去残值后的金额）

　　　销售费用（出借包装物：未摊销额减去残值后的金额）

　　　贷：周转材料——包装物——摊销

（3）借：周转材料——包装物——摊销

　　　贷：周转材料——包装物——出租（出借）

二、低值易耗品的核算

（一）低值易耗品的特点和种类

低值易耗品是指企业不能作为固定资产的各种用具物品，如工具、管理用具、玻璃器皿，以及在经营过程中周转使用的包装容器等。低值易耗品按其用途可分为以下几种：

（1）一般工具，如刀具、夹具、量具、装配工具等；

（2）专用工具，如专用模具、专用卡具等；

（3）替换设备，如炼钢用的钢锭模等；

（4）管理用具，如各种家具、用具、办公用品等；

（5）劳动保护用品，如工作服、工作鞋和其他劳保用品；

（6）其他不属于以上各类的低值易耗品。

由于低值易耗品是劳动资料，可以多次参加生产经营过程而不改变其原有实物形态，在使用过程中需要维护、修理，报废时会有一定的残值，这些特点与固定资产类似；但是，低值易耗品价值低、容易损坏、更换频繁，这一点又与材料相同。为了简化核算手续，在会计处理上仍然把低值易耗品作为存货列入流动资产进行管理和核算。

（二）账务处理

1. 一次摊销法

一次摊销法指在领用周转材料时，将其实际成本一次计入有关费用科目的一种方法。按其实际成本在领用时从“低值易耗品”等科目一次转入有关费用科目，并不在账上反映其在用价值。采用这一方法时，虽对在用低值易耗品的价值在账上不加以核算，但仍应加强实物管理，对领用实物数量在领用表中进行登记，或采用以旧换新等办法，以防止丢失或挪用。

2. 五五摊销法

五五摊销法就是在周转材料领用时摊销其一半价值，在报废时再摊销其另一半价值的方法。在这种方法下，为了核算在用周转材料和周转材料的摊余价值，应在“周转材料”总账科目下，分设“周转材料——在库”“周转材料——在用”“周转材料——摊销”科目。

【例 3-13】 某企业低值易耗品采用五五摊销法进行摊销，企业管理部门本月月初领用新的低值易耗品 200 件，单位计划成本 100 元；月末报废其中 40 件，收回残料作价 200 元入库。月末经计算，本月低值易耗品的材料成本差异率为-2%。

有关账务处理如下：

（1）月初领用新低值易耗品时，先摊销其价值的一半。

借：周转材料——在用　　20 000

　　贷：周转材料——在库　　20 000

借：管理费用　　10 000

　　贷：周转材料——摊销　　10 000

（2）月末报废的 40 件低值易耗品补提 50%的摊销额。

借：管理费用　　2 000

　　贷：周转材料——摊销　　2 000

（3）收回周转材料残料价值 200 元。

借：原材料　　200

　　贷：管理费用　　200

（4）结转本月报废的 40 件低值易耗品应负担的材料成本差异为：

$$40\times100\times(-2\%)=80 \text{ 元（节约差异）}$$

借：材料成本差异——低值易耗品　　80

　　贷：管理费用　　80

（5）转销报废的 40 件低值易耗品的账面价值。

借：周转材料——摊销　　4 000

　　贷：周转材料——在用　　4 000

任务 4　委托加工物资的核算

一、委托加工物资的计价

一种物资经过加工，其实物形态、性能发生变化，使用价值也随之发生变化，而且，在其加工过程中要消耗原材料，还要发生各种费用支出等，从而使其价值相应增加。企业进行委托加工物资的核算就是要正确地反映委托加工物资的发出、加工费用的发生、加工完工以后的验收入库等，在进行核算时，首先要正确地对加工物资进行计价。

企业委托其他单位加工的物资，其实际成本应包括以下几项：

（1）加工中耗用物资的实际成本；

（2）支付的加工费用；

（3）支付的税金，包括委托加工物资负担的增值税和消费税（指属于消费税应税范围的加工物资）。

（4）支付加工物资的往返运杂费。

二、委托加工物资的核算

（一）账户设置

为了反映和监督委托加工物资增减变动及结存情况，应设置“委托加工物资”账户。该账户借方登记发给外单位加工物资的实际成本（或计划成本、或进价、或售价）、加工费用、应负担的税金和运杂费；贷方登记加工完成验收入库物资和剩余物资的实际成本；该账户期末借方余额，反映企业委托外单位加工但尚未加工完成物资的实际成本和加工物资的运杂费等。

该账户应按加工合同和受托单位设置明细账户，反映加工单位名称和加工合同号数，发出加工物资的名称、数量，发生的加工费用和运杂费，退回剩余物资的数量、实际成本，以及加工完成物资的实际成本等资料。

（二）账务处理

1. 拨付加工原材料的核算

企业发给外单位用于加工的物资，其成本应构成委托加工物资的成本，因此应按实际成本借记“委托加工物资”科目，贷记“原材料”“库存商品”等科目；按计划成本或售价核算的企业，还应同时结转材料成本差异或商品进销差价，实际成本大于计划成本的差异，借记“委托加工物资”科目，贷记“产品成本差异”或“商品进销差价”科目；实际成本小于计划成本的差异，做相反的会计分录。

2. 支付加工费和税金的核算

企业支付的加工费、应负担的运杂费、增值税等，借记“委托加工物资”“应交税费——应交增值税（进项税额）”等科目，贷记“银行存款”“应付账款”等科目。

如果企业委托加工的物资属于应税消费品，则应交纳消费税。需要交纳消费税的委托加工物资，在其收回时由受托方代收代交的消费税，应分别以下情况处理：

（1）委托加工物资收回后直接用于销售的，应将受托方代收代交的消费税计入委托加工物资的成本，借记“委托加工物资”科目，贷记“应付账款”“银行存款”等科目；

（2）委托加工物资收回后用于连续生产应税消费品的，按规定准予抵扣的，应按受托方代收代交的消费税，借记“应交税费——应交消费税”科目，贷记“应付账款”“银行存款”等科目。

3. 委托加工物资收回的核算

加工完成验收入库的物资和剩余物资，按加工收回物资的实际成本和剩余物资的实际成本，借记“原材料”“库存商品”等科目（采用计划成本或售价核算的企业，按计划成本或售价记入“原材料”“库存商品”等科目，实际成本与计划成本或售价之间的差额，记入“材料成本差异”或“商品进销差价”科目），贷记“委托加工物资”科目。

【例 3-14】甲公司委托乙公司加工 A 材料一批（属于应税消费品），甲公司拨付的用于加工的 B 材料的实际成本为 50 000 元，应支付的加工费为 40 000 元（不含增值税），消费税税率为 10%，双方适用的增值税税率为 13%，材料加工完成验收入库，日后继续用于该公司生产应税消费品，加工费和消费税均已用银行存款支付。甲公司按实际成本对原材料进行日常核算。

有关账务处理如下：

（1）发出用于委托加工的B材料。

借：委托加工物资　　50 000

　　贷：原材料——B材料　　50 000

（2）支付加工费用和税金。

消费税组成计税价格＝（材料成本+加工费）÷（1-消费税税率）

＝（50 000+40 000）÷（1-10%）

＝100 000（元）

受托方代收代交的消费税＝100 000×10%＝10 000（元）

应交纳的增值税＝40 000×13%＝5 200（元）

借：委托加工物资　　40 000

　　应交税费——应交增值税（进项税额）　　5 200

　　应交税费——应交消费税　　10 000

　　贷：银行存款　　55 200

（3）加工完成收回委托加工材料。

借：原材料——A材料　　90 000

　　贷：委托加工物资　　90 000

任务5　存货清查和期末计价

一、存货清查的方法

存货实物数量的确定，在会计上有两种盘存方法，即实地盘存制和永续盘存制。

（一）实地盘存制

实地盘存制又称定期盘存制，是指通过对期末库存存货的实物盘点，确定期末存货和当期销货成本的方法。实地盘存制无须通过账面连续记录得出期末存货，并假定除期末库存以外的存货均已出售，通过这种方法倒轧出销货成本。

计算公式：

本期减少数＝账面期初余额+本期增加数-期末实际结存数

期初存货+本期购货-期末存货＝销货成本

实地盘存制一般只用于核算那些价值低、数量不稳定、损耗大的鲜活商品。实地盘存制的优点是核算工作比较简单，工作量较小。缺点是手续不够严密，不能通过账簿随时反映和监督各项财产物资的收、发、结存情况，反映的数字不精确，仓库管理中若有多发少发、物资毁损、盗窃、丢失等情况，在账面上均无法反映，而全部隐藏在本期的发出数内，不利于存货的管理，也不利于监督检查。因此，实地盘存制只适应数量大、价值低、收发频繁的存货。

（二）永续盘存制

永续盘存制又称账面盘存制，是指根据账簿记录计算账面结存数量的方法。此法平时根据会计凭证在账簿中连续记录存货的增加和减少，并随时根据账簿记录结出账面结存数量。

计算公式：

存货账面期末余额=存货账面期初余额+本期存货增加数-本期存货减少数

从加强存货的管理、提供管理所需会计信息的角度出发，除特殊情况采用实地盘存制外，应尽量采用永续盘存制。存货的收入、发出数量平时都要根据有关的会计凭证在存货明细账中进行连续记录，并随时结算出账面结存数量，期末存货的账面结存金额根据会计主体采用的成本计算方法（如先进先出法、后进先出法、加权平均法、移动平均法等）不同分别确定。存货明细账记录中已经计算了期末清查的目的仅在于查明账实是否相符以及账实不符的原因，并通过调整账簿记录做到账实一致。

永续盘存制的优点在于可以通过存货的明细账记录，随时反映某一存货在一定会计期间内收入、发出及结存的详细情况，有利于加强对存货的管理与控制。但是，相对于实地盘存制而言，在永续盘存制下存货明细账的会计核算工作量较大，尤其是月末一次结转销售成本或耗用成本时，存货结存成本及销售或耗用成本的计算工作比较集中，采用这种方法需要将财产清查的结果同账面结存进行核对，在账实不符的情况下还需要对账面记录进行调整。

二、存货清查的核算

（一）账户设置

存货的清查，根据需要，应设置“待处理财产损溢”账户。“待处理财产损溢”账户核算公司在清查财产过程中查明的各种财产物资的盘盈、盘亏和毁损。盘盈时贷记本科目，盘亏时借记本科目。“待处理固定资产损溢”科目期末借方余额，反映公司尚未处理的各种财产物资的净损失，期末如为贷方余额，反映公司尚未处理的各种财产物资的净溢余。本科目一般无余额。

（二）存货盘盈的核算

存货的盘盈，是指存货的实际库存数大于账面数。发生盘盈时，应调增存货的账面数，使之与实际库存数一致，调增的存货，按其确定的价值记入“待处理财产损溢”科目的贷方；盘盈的存货，在报经批准后处理时，应冲减企业的“管理费用”。

【例 3-15】甲公司在财产清查中盘盈某种材料 50 公斤，该种材料目前的市场售价为 48 元/公斤。

有关账务处理如下：

借：原材料　　2 400

　　贷：待处理财产损溢——待处理流动资产损溢　　2 400

借：待处理财产损溢——待处理流动资产损溢　　2 400

　　贷：管理费用　　2 400

（三）存货盘亏的核算

存货的盘亏，是指存货的实际库存数小于账面数。发生存货的盘亏和毁损时，应调减存货的账面数，使之与实际库存数一致，调减的存货，按其成本记入“待处理财产损溢”科目的借方；盘亏和毁损的存货，在报经批准时，应根据其原因，分别以下几种情况处理：

（1）属于自然损耗产生的定额内损耗，经批准后转作管理费用；

（2）属于计量收发差错和管理不善等原因造成的存货短缺或毁损，应先扣除残料价值、可以收回的保险赔偿和过失人的赔偿，然后将净损失记入管理费用；

（3）属于自然灾害或意外事故造成的存货毁损，应先扣除残料价值和可以收回的保险赔偿，然后将净损失转作营业外支出。

知识链接

根据增值税法的规定，因自然灾害发生损失的货物的进项税额准予抵扣，已抵扣的进项税额不必作为进项税额转出；而因非正常损失的购进货物的进项税额和非正常损失的在产品、产成品所耗用的购进货物或应税劳务的进项税额，不准予从销项税额中抵扣。

【例 3-16】 甲公司为一般纳税人，由于火灾毁损一批材料，账面实际成本为 10 000 元，应转出增值税进项税额 1 300 元。

有关账务处理如下：

借：待处理财产损溢——待处理流动资产损溢	11 300	
贷：原材料		10 000
应交税费——应交增值税（进项税额转出）		1 300

经查明，公司上述毁损的材料应由过失人王明负责赔偿损失 200 元，应由保险公司赔偿 8 000 元，收回残料价值 100 元入库，其余的为无法挽回的净损失，按规定程序报经批准核销。

有关账务处理如下：

借：其他应收款——王明	200	
——保险公司	8 000	
原材料	100	
营业外支出	3 000	
贷：待处理财产损溢——待处理流动资产损溢		11 300

三、存货的期末计价

根据存货准则的规定，资产负债表日，存货应当按照成本与可变现净值孰低法计价。即当成本低于可变现净值时，存货按成本计价；当成本高于可变现净值时，存货按可变现净值计价。

可变现净值，是指在日常活动中，以存货的估计售价减去至完工时将要发生的成本、估计的销售费用以及相关税费后的金额。

根据谨慎性原则，企业应当采用成本与可变现净值孰低法对存货进行期末计价。当存货的可变现净值下跌至成本以下时，表明该存货给企业带来的未来经济利益低于其账面金额，因此应将这部分损失从资产价值中扣除，计入当期损益。在确定存货的可变现净值时，应合理确定估计售价、至完工将要发生的成本、估计的销售费用和相关税金。

（一）可变现净值低于成本的情形

1. 存货存在下列情形之一的，表明存货的可变现净值低于成本

（1）该存货的市场价格持续下跌，并且在可预见的未来无回升的希望；

（2）企业使用该原材料生产的产品的成本大于产品的销售价格；

（3）企业因产品更新换代，原有库存原材料已不适应新产品的需要，而该原材料的市场价格又低于其账面成本；

（4）因企业所提供的商品或劳务过时或消费者偏好改变而使市场的需求发生变化，导致市场价格逐渐下跌；

（5）其他足以证明该存货实质上已经发生减值的情形。

2. 存货存在下列情形之一的，表明存货的可变现净值为零

（1）已霉烂变质的存货；

（2）已过期且无转让价值的存货；

（3）生产中已不再需要，并且已无使用价值和转让价值的存货；

（4）其他足以证明已无使用价值和转让价值的存货。

（二）账户设置

为了正确核算企业的存货跌价准备，应设置“资产减值损失”和“存货跌价准备”账户。企业应在资产负债表日，根据成本与可变现净值孰低的原则确定期末存货的价值后，视具体情况进行有关账务处理。如果期末存货成本低于可变现净值，则不需做账务处理；如果期末存货成本高于可变现净值，则必须在当期确认存货跌价损失，计算出应提的准备，然后与“存货跌价准备”账户余额比较，若应提数大于已提数，应予补提；反之，应冲销部分已提数。

（三）账务处理

【例 3-17】 20×0 年 12 月 31 日，甲公司 A 商品的账面余额（成本）为 100 000 元，由于市场价格下跌，预计可变现净值为 80 000 元，由此应计提的存货跌价准备为 20 000（100 000-80 000）元。假定商品以前未计提存货跌价准备，甲公司应编制会计分录如下：

借：资产减值损失——计提的存货跌价准备　　20 000
　　贷：存货跌价准备　　20 000

20×1 年 6 月 30 日，A 商品的账面余额（成本）为 100 000 元，已计提存货跌价准备金额 20 000 元。由于市场价格有所上升，使 A 商品的预计可变现净值为 95 000 元，应转回的存货跌价准备为 15 000［（100 000-95 000）-20 000］元。甲公司应编制会计分录如下：

借：存货跌价准备　　15 000
　　贷：资产减值损失——计提的存货跌价准备　　15 000

在本例中，20×1 年 6 月 30 日，A 商品的账面余额（成本）为 100 000 元，A 商品的预计可变现净值为 95 000 元，则计提存货跌价准备金额为 5 000（100 000-95 000）元，即“存货跌价准备”科目的贷方余额应为 5 000 元，而此时 A 商品之前已计提存货跌价准备金额 20 000 元，因此应转回 15 000（5 000-20 000）元，从而使“存货跌价准备”科目的贷方余额保持在 5 000 元。

【例 3-18】 承【例 3-17】，假设 20×1 年 12 月 31 日，A 商品的账面余额（成本）为 100 000 元，已计提存货跌价准备为 5 000 元。由于市场价格持续上升，使 A 商品的预计可变现净值为 120 000 元，则应转回的存货跌价准备为 5 000［（120 000-95 000）-5 000 = 20 000>5 000］元。甲公司应编制会计分录如下：

借：存货跌价准备　　5 000
　　贷：资产减值损失——计提的存货跌价准备　　5 000

在本例中，20×1 年 12 月 31 日，A 商品的账面余额（成本）为 100 000 元，A 商品的预计可变现净值为 120 000 元，则应转回的存货跌价准备为 5 000［（120 000－100 000）>5 000］元，即"存货跌价准备"科目的贷方余额应为 0 元，而此时 A 商品之前已计提存货跌价准备为 5 000 元，因此应转回 5 000（5 000－0）元，从而使"存货跌价准备"科目的贷方余额为 0 元。

需要说明的是，尽管在 20×1 年 12 月 31 日，A 商品的账面余额（成本）为 100 000 元，A 商品的预计可变现净值为 120 000 元，高于成本 20 000 元，但由于之前（即在 20×1 年 6 月 30 日）已计提的存货跌价准备为 5 000 元，因此，应在原已计提的存货跌价准备范围内转回，而不得超出该范围。

需要强调的是，根据《企业会计准则第 1 号——存货》的规定，在资产负债表日，为生产而持有的材料等，因其生产的产成品的可变现净值高于成本的，该材料仍然应当按照成本计量；材料价格的下降表明产成品的可变现净值低于成本的，该材料应当按照可变现净值计量。也就是说，材料存货在期末通常按照成本计量，除非企业用其生产的产成品发生了跌价，并且该跌价是由材料本身的价格下跌所引发的，才需要考虑计算材料存货的可变现净值，然后将该材料的可变现净值与成本进行比较，从而确定材料存货是否发生了跌价问题。

【例 3-19】 20×0 年 12 月 31 日，甲公司 C 材料的账面金额为 120 000 元，由于市场价格下跌，预计可变现净值为 100 000 元，由此计提的存货跌价准备为 20 000 元。假设 20×1 年 3 月 31 日，C 材料的账面金额为 120 000 元，由于市场价格有所上升，使 C 材料的预计可变现净值为 115 000 元。

由于市场价格有所上升，C 材料的可变现净值有所恢复，应计提的存货跌价准备为 5 000（115 000－120 000）元，则当期应冲减已计提的存货跌价准备 15 000（5 000－20 000）元小于已计提的存货跌价准备 20 000 元，因此，应转回的存货跌价准备为 15 000 元，应做的会计分录如下：

借：存货跌价准备　　15 000

　　贷：资产减值损失——计提的存货跌价准备　　15 000

假设 20×1 年 3 月 31 日，C 材料的账面金额为 120 000 元，由于市场价格进一步上升，预计可变现净值为 131 000 元。

此时，C 材料的可变现净值有所恢复，应冲减存货跌价准备为 11 000（120 000－131 000）元，但是对 C 材料已计提的存货跌价准备为 5 000 元，因此，当期应转回的存货跌价准备为 5 000 元，而不是 11 000 元（即将对 C 材料已计提的"存货跌价准备"余额冲减至零为限），应做的会计分录如下：

借：存货跌价准备　　5 000

　　贷：资产减值损失——计提的存货跌价准备　　5 000

项目小结

存货是企业在生产经营过程中的重要资产，本项目介绍了存货的内容，存货的确认和计量，存货日常核算的实际成本法、计划成本法的简化核算方法，存货价值的期末计量。

项目四

固定资产业务核算

知识目标

1. 掌握固定资产的定义与特征，掌握固定资产确认的条件及分类；

2. 掌握固定资产的初始计量方法，掌握购入、建造、接受投资固定资产等业务的核算方法；

3. 掌握固定资产折旧的范围、折旧计算方法及会计核算方法；

4. 掌握固定资产后续支出的核算方法；

5. 掌握固定资产处置的核算方法；

6. 掌握固定资产期末清查及减值的核算方法。

能力目标

1. 能确认固定资产，对固定资产清晰分类；

2. 能核算购入、建造固定资产等业务；

3. 能正确计算和核算固定资产折旧；

4. 能核算固定资产修理、改良等后续支出业务；

5. 能核算固定资产出售、毁损、报废等处置业务；

6. 能核算固定资产盘盈、盘亏以及期末减值业务。

德育目标

1. 培养学生爱岗敬业的职业操守；

2. 培养学生的创新精神、创业意识和创新创业能力。

结构导图

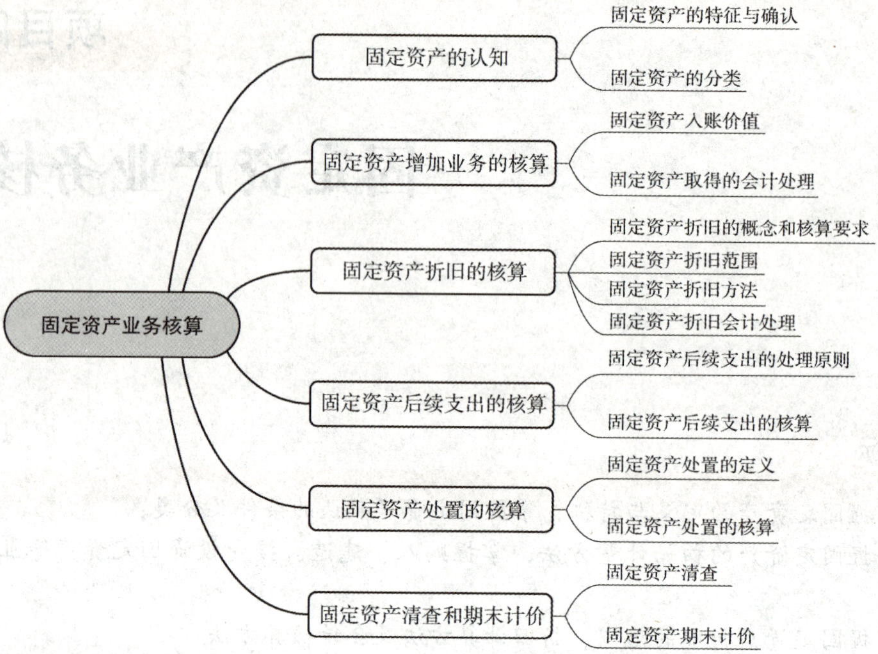

导入案例

史玉柱的“滑铁卢”

——巨人大厦

在中国40多年的改革开放浪潮下，史玉柱无疑是最具传奇色彩的标志性人物之一。1989年，他靠一款软件在三四年的时间里，将巨人公司做到了位居四通之后的中国第二大民营高科技企业；1995年，史玉柱被《福布斯》列为内地富豪第8位；1997年烂尾的珠海巨人大厦让史玉柱成了当时中国内地个人“首负”；2000年，史玉柱开始运作“脑白金”，后又以“神秘人”身份宣布清偿了巨人大厦所欠的债务；2005年，史玉柱转战网络游戏并于2007年在纽交所上市。

1994年年初，巨人大厦动工，计划3年完工，巨人集团在珠海获得了9万平方米土地，史玉柱当选中国十大改革风云人物。然而好大喜功，他要建78层当时中国第一高楼，史玉柱的欲望不断膨胀，带来了巨人崩盘的后果。初始设计18层，最后加码到78层，地基大坑一再加深，当时销售良好的脑黄金每月几千万的回款利润全部填进去也于事无补，那个吸金黑洞太大了，这成了巨人集团不能承受之重。资金链断裂，欠下诸多供货商贷款，最后被告上法院。法庭应众多中小业主要求诉前保全，给巨人大厦贴上了封条……

（资料来源：https：//www. docin. com/p-2292091610. html）

思政之窗

我们国家进入科技发展第一方阵要靠创新，一味跟跑是行不通的，必须加快科技自立自强步伐。要坚持创新在现代化建设全局中的核心地位，把创新作为一项国策，积极鼓励支持创新。创新不问“出身”，只要谁能为国家作贡献，就支持谁。

——习近平（摘自学习强国）

华为的创新故事

华为成功的秘密就是创新。创新无疑是提升企业竞争力的法宝，同时也是一条充满风险和挑战的成长之路，尤其在高新技术产业领域，创新被称为一个企业的生存之本和一个品牌的核心价值。

“不创新才是华为最大的风险。”华为总裁任正非的这句话道出了骨子里的创新精神。“回顾华为 20 多年的发展历程，我们体会到，没有创新，要在高科技行业中生存下去几乎是不可能的。在这个领域，没有喘气的机会，哪怕只落后一点点，就意味着逐渐死亡。”正是这种强烈的紧迫感驱使着华为持续创新。

（资料来源：https：//wenku. baidu. com/view/8d875d9a25c52cc58ad6beeb. html）

任务 1 固定资产的认知

固定资产是企业的主要劳动手段，是企业生产经营的物质基础，它对企业生产效率、产品成本以及产品的质量等都具有重大影响。管好用好固定资产，是提高企业经济效益的重要保证，也是会计工作的重要任务。

一、固定资产的特征与确认

（一）固定资产的定义

固定资产是指同时具有以下特征的有形资产：

（1）为生产商品、提供劳务、出租或经营管理而持有。

（2）使用寿命超过一个会计年度。

（二）固定资产的特征

从固定资产的定义看，固定资产具有以下三个特征：

1. 固定资产是为生产商品、提供劳务、出租或经营管理而持有

企业持有固定资产的目的是生产商品、提供劳务、出租或经营管理，这意味着，企业持有的固定资产是企业的劳动工具或手段，而不是直接用于出售的产品。其中出租的固定资产，是指用于出租的机器设备类固定资产，不包括以经营租赁方式出租的建筑物，后者属于企业的投资性房地产，不属于固定资产。

2. 固定资产使用寿命超过一个会计年度

通常情况下，固定资产的使用寿命是指使用固定资产的预计期间。固定资产的使用寿命超过一个会计年度，意味着固定资产属于长期资产，随着使用和磨损，通过计提折旧方式逐渐减少账面价值。

3. 固定资产为有形资产

固定资产具有实物特征，这一特征将固定资产与无形资产区别开来。有些无形资产可能同时符合固定资产的其他特征，但由于其没有实物形态，所以不属于固定资产。工业企业所持有的工具、用具、备品备件等资产，施工企业所持有的模板、挡板、架料等周转材料等资产，尽管该类资产具有固定资产的某些特征，如使用期限超过一年，也能够为企业带来经济利益，但由于数量多，单价低，考虑到成本效益原则，在实务中，通常确认为存货。

由于企业的经营内容、经营规模等情况各不相同，固定资产的标准也不可能绝对一致，企业在对固定资产进行确认时，应当按照固定资产的定义和确认条件，考虑企业自身的具体情形，制定适合本企业的固定资产目录、分类方法、每类或每项固定资产的折旧年限、折旧方法，作为固定资产核算的依据。

企业制定的固定资产目录、分类方法、每类或每项固定资产的折旧年限、折旧方法等，应当编制成册，并按照管理权限，经股东大会或董事会，或经理（厂长）会议或类似机构批准，按照规定报送有关各方备案，同时备置于企业所在地，以供有关各方查阅。上述内容一经确定报送或备置于企业所在地后，不得随意变更，如需变更，仍应按照上述程序，经批准后报送有关各方备案，并在会计报表附注中予以披露。

（三）固定资产的确认条件

某一项资产，如果要作为固定资产加以确认，首先要符合固定资产的定义；其次，还要符合固定资产确认的两个条件。

1. 与该固定资产有关的经济利益很可能流入企业

资产最基本的特征是预期能给企业带来经济利益，如果某一项资产预期不能给企业带来经济利益，就不能确认为企业的资产。对于固定资产的确认而言，如果某一项资产符合固定资产确认的其他条件，但是预期不能给企业带来经济利益，也不能将其确认为企业的固定资产。

2. 该固定资产的成本能够可靠地计量

成本能够可靠地计量，是资产确认的一项基本条件。固定资产作为企业资产的重要组成部分，要予以确认，就必须能够可靠地计量为取得该项固定资产而发生的支出。如果固定资产的成本能够可靠地计量，并同时满足其他确认条件，就可以确认；否则，企业不应加以确认。

固定资产的确认值得注意的是，固定资产的各组成部分，如果各自具有不同的使用寿命或者以不同的方式为企业提供经济利益，从而适用不同的折旧率或折旧方法时，应当单独确认为固定资产。

二、固定资产的分类

企业的固定资产根据不同的管理需要和核算要求，可以进行不同的分类，主要有以下几种分类方法：

（一）按固定资产的经济用途分类

固定资产按经济用途分类，可分为生产经营用固定资产和非生产经营用固定资产。

1. 生产经营用固定资产

这是指直接服务于企业生产、经营过程的各种固定资产，如生产经营用的厂房、机器、设备、工具、器具等。

2. 非生产经营用固定资产

这是指不直接服务于生产、经营过程的各种固定资产。如职工宿舍、食堂、浴室、娱乐场馆等使用的房屋、设备和其他固定资产。

（二）按固定资产使用情况分类

按固定资产使用情况分类，可分为使用中的固定资产、未使用的固定资产和不需用的固定资产。

1. 使用中的固定资产

这是指正在使用中的经营性和非经营性固定资产。由于季节性经营和大修理等原因，停止使用的固定资产仍属于使用中的固定资产，企业出租（经营性租赁）给其他单位使用的固定资产和内部替换使用的固定资产也属于使用中的固定资产。

2. 未使用的固定资产

这是指已经完工或已经购建的尚未正式投入使用的新增固定资产，以及经营任务变更停止使用的固定资产等。

3. 不需用的固定资产

这是指对本企业而言多余或不适用的各种固定资产。

（三）按固定资产的所有权分类

按固定资产的所有权分类，可分为自有固定资产和租入固定资产。

1. 自有固定资产

这是指企业拥有所有权可自由支配使用的固定资产。

2. 租入固定资产

这是指企业采用租赁方式从其他单位租入的固定资产，企业对租入的固定资产依照租赁合同拥有使用权，同时负有支付租金的义务，租赁期内，资产的所有权归属于出租单位。

（四）按固定资产的经济用途和使用情况综合分类

采用这种分类方法，可将企业的固定资产分为七大类：

1. 生产经营用固定资产

2. 非生产经营用固定资产

3. 租出固定资产

4. 不需用固定资产

5. 未使用固定资产

6. 土地

这是指过去已经估价入账的土地。因征地而支付的补偿费，应计入与土地有关的房屋建筑物的价值内，不单独作为土地价值入账。企业取得土地使用权发生的支出应作为无形资产入账。

知识链接

关于土地，在我国，土地归国家所有，任何企业和个人只拥有土地的使用权。注意以下几点：

①企业取得的土地使用权一般应作为“无形资产”入账，特定情况下按国家规定允许作为“固定资产”入账，这种情况目前相当少见；

②因征用土地而支付的补偿费应计入与土地有关的房屋建筑物的价值内，不单独作为土地价值入账；

③企业购入的土地使用权改变用途为出租或资本增值，则应当作为“投资性房地产”入账。

7. 融资租入固定资产

这是指企业以租赁方式租入的固定资产，在租赁期内，应视同自有固定资产进行管理。

由于企业的经营性质不同，经营规模各异，对固定资产的分类方法不可能完全一致，企业可以根据各自的具体情况、经营管理要求和会计核算的需要进行必要的分类。

任务2 固定资产增加业务的核算

一、固定资产入账价值

固定资产的入账价值是指对固定资产的初始计量，也称为固定资产的原始价值。固定资产应当按照成本进行初始计量。固定资产的成本是指企业购建某项固定资产达到预定可使用状态前所发生的一切合理的、必要的支出。这些支出既有直接发生的，如购置固定资产的价款、运杂费、包装费、保险费和安装成本等；也有间接发生的，如应予以资本化的借款利息（含溢价、折价的摊销额）及外币借款折算差额等费用。

购建固定资产达到预定可使用状态具体可以从以下几个方面进行判断：

（1）固定资产的实体建造（包括安装）工作已经全部完成或者实质上已经完成。

（2）所购建的固定资产与设计要求或合同要求相符或基本相符，即使有个别与设计或合同不相符的地方，也不影响其正常使用。

（3）继续发生在所购建固定资产上的支出金额很少或几乎不再发生。

如果所购建固定资产需要试生产或试运行，则在试生产结果表明资产能够正常生产出合格产品时，或试生产结果表明能够正常运转或营业时，应当认为资产已经达到预定可使用状态。工程达到预定可使用状态前因必须进行试运转所发生的净支出，计入工程成本。在达到预定可使用状态前，因试运转而形成的能够对外销售的产品，其发生的成本，计入在建工程成本，销售或转为库存商品时，按实际销售收入或预计售价冲减工程成本。

由于固定资产的来源渠道不同，其实际成本的具体构成内容也有差异。

（一）外购固定资产

外购固定资产的成本，包括购买价款、相关税费、使固定资产达到预定可使用状态前所发生的可归属于该项资产的运输费、装卸费、安装费和专业人员服务费等。其中，相关税费不包括按照现行增值税制度规定，可以从销项税额中抵扣的增值税进项税额。

企业作为一般纳税人，购入不需要安装的固定资产时，应按支付的购买价款、使固定资产达到预定可使用状态前所发生的可归属于该项资产的运输费、装卸费和专业人员的服务费等，作为固定资产成本，借记“固定资产”科目，取得增值税专用发票、海关完税证明或公路运费等增值税扣税凭证，并经税务机关认证可以抵扣的，应按专用发票上注明的增值税进项税额，借记“应交税费——应交增值税（进项税额）”科目，贷记“银行存款”“应付账款”等科目。

企业作为一般纳税人，购入需要安装的固定资产时，应在购入的固定资产取得成本的基础上加上安装调试成本作为入账成本。按照购入需安装的固定资产的取得成本，借记“在建工程”科目，按购入固定资产时可抵扣的增值税进项税额，借记“应交税费——应交增值税（进项税额）”科目，贷记“银行存款”“应付账款”等科目；按照发生的安装调试成本，借记“在建工程”科目，按取得的外部单位提供的增值税专用发票上注明的增值税进项税额，借记“应交税费——应交增值税（进项税额）”科目，贷记“银行存款”等科目；耗用了本单位的材料或人工的，按应承担的成本金额，借记“在建工程”科目，贷记“原材料”“应付职工薪酬”等科目。安装完成达到预定可使用状态时，由“在建工程”科目转入“固定资产”科目，借记“固定资产”科目，贷记“在建工程”科目。

企业作为小规模纳税人，购入固定资产发生的增值税进项税额应计入固定资产成本，借记“固定资产”或“在建工程”科目，不通过“应交税费——应交增值税”科目核算。

企业以一笔款项购入多项没有单独标价的固定资产，应将各项资产单独确认为固定资产，并按各项固定资产公允价值的比例对总成本进行分配，分别确定各项固定资产的成本。

（二）自行建造的固定资产

自行建造的固定资产的成本，由建造该项资产达到预定可使用状态前所发生的必要支出构成。包括工程用物资成本、人工成本、应予以资本化的固定资产借款费用、交纳的相关税费以及应分摊的其他间接费用。

对于特殊行业的特定固定资产，确定其成本时还应当考虑弃置费用。

知识链接

固定资产的弃置费用

固定资产的弃置费用是指根据国家法律和行政法规、国际公约等规定，企业承担的环境保护和生态恢复等义务所确定的支出。如油气资产、核电站核设施等的弃置和恢复环境义务。弃置费用的金额与其现值比较，通常相差较大，需要考虑货币时间价值，对于这些特殊行业的特定固定资产，企业应当根据《企业会计准则第 13 号——或有事项》，按照现值计算确定应计入固定资产成本的金额和相应的预计负债。在固定资产的使用寿命内按照预计负债的摊余成本和实际利率计算确定的利息费用，应计入财务费用。一般企业的固定资产发生的报废清理费用不属于弃置费用，应当在发生时作为固定资产处置费用处理。

（资料来源：https：//www. acc5. com/news-shuiwu/detail_ 96163. html：）

二、固定资产取得的会计处理

为了核算固定资产的增减变动，企业应设置“固定资产”科目，用以核算固定资产原价。本科目属于资产类科目，借方登记增加固定资产的原始价值；贷方登记减少固定资产的原始价值；期末余额在借方，反映企业期末拥有固定资产的原始价值总额。

（一）外购固定资产的核算

1. 购入不需要安装的固定资产

购入不需要安装的固定资产是指企业购入的固定资产不需要经过安装就可以直接交付使用。企业应按实际支付的买价、包装费、运输费、交纳的计入固定资产价值的税金等作为固定资产的入账价值，借记“固定资产”科目，贷记“银行存款”等科目。

【例 4-1】 甲公司购入一台不需要安装即可投入使用的设备，增值税专用发票上注明价款 100 000 元，增值税 13 000 元，发生运费取得的增值税专用发票上注明运费 5 000 元，增值税 450 元，发生保险费取得的增值税专用发票上注明保险费 3 000 元，增值税 180 元，甲公司为增值税一般纳税人，应编制会计分录如下：

借：固定资产	108 000	
应交税费——应交增值税（进项税额）	13 630	
贷：银行存款		121 630

【例 4-2】 3 月 1 日，甲公司向乙公司（为增值税一般纳税人）一次购进了三台不同型号且具有不同生产能力的设备 A、B、C，取得的增值税专用发票上注明的价款为 100 000 000 元，增值税为 13 000 000 元，另支付包装费 750 000 元，增值税 45 000 元，全部以银行存款转账支付。假设设备 A、B、C 的公允价值分别为 45 000 000 元、38 500 000 元和 16 500 000 元。甲公司为增值税一般纳税人，应编制会计分录如下：

（1）确定应计入固定资产成本的金额，包括购买价款、包装费：

应计入固定资产的成本 = 100 000 000+750 000 = 100 750 000（元）

（2）确定设备 A、B、C 的价值分配比例：

A 设备应分配的固定资产价值比例 =

45 000 000÷（45 000 000+38 500 000+16 500 000）×100% = 45%

B 设备应分配的固定资产价值比例 =

38 500 000÷（45 000 000 + 38 500 000+ 16 500 000）×100% = 38. 5%

C 设备应分配的固定资产价值比例 =

16 500 000÷（45 000 000 +38 500 000 + 16 500 000）×100% = 16. 5%

（3）确定 A、B、C 设备各自的成本：

A 设备的成本 = 100 750 000×45% = 45 337 500（元）

B 设备的成本 = 100 750 000×38. 5% = 38 788 750（元）

C 设备的成本 = 100 750 000×16. 5% = 16 623 750（元）

（4）甲公司应编制会计分录如下：

借：固定资产——A 设备	45 337 500	
——B 设备	38 788 750	
——C 设备	16 623 750	
应交税费——应交增值税（进项税额）	13 045 000	
贷：银行存款		113 795 000

2. 购入需要安装的固定资产

企业为增值税一般纳税人，购入的需要经过安装才能达到预定可使用状态的固定资产，应先通过“在建工程”科目核算，待安装完毕，再转入“固定资产”科目。

按照购入需安装的固定资产的取得成本，借记“在建工程”科目，按购入固定资产时可抵扣的增值税进项税额，借记“应交税费——应交增值税（进项税额）”科目，贷记“银行存款”“应付账款”等科目；按照发生的安装调试成本，借记“在建工程”科目，按取得的外部单位提供的增值税专用发票上注明的增值税进项税额，借记“应交税费——应交增值税（进项税额）”科目，贷记“银行存款”等科目；耗用了本单位的材料或人工的，按应承担的成本金额，借记“在建工程”科目、贷记“原材料”“应付职工薪酬”等科目。安装完成达到预定可使用状态时，由“在建工程”科目转入“固定资产”科目，借记“固定资产”科目，贷记“在建工程”科目。

企业作为小规模纳税人，购入固定资产发生的增值税进项税额应计入固定资产成本，借记“固定资产”或“在建工程”科目，不通过“应交税费——应交增值税”科目核算。

【例 4-3】 3 月 5 日，甲公司用银行存款购入一台需要安装的设备，取得的增值税专用发票上注明的价款为 100 000 元，增值税为 13 000 元，支付安装费并取得的增值税专用发票上注明安装费 20 000 元，增值税税率 9%，增值税 1 800 元。甲公司为增值税一般纳税人，应编制会计分录如下：

（1）购入进行安装时：

借：在建工程　　100 000

　　应交税费——应交增值税（进项税额）　　13 000

　　贷：银行存款　　113 000

（2）支付安装费时：

借：在建工程　　20 000

　　应交税费——应交增值税（进项税额）　　1 800

　　贷：银行存款　　21 800

（3）设备安装完毕交付使用时：

借：固定资产　　120 000

　　贷：在建工程　　120 000

【例 4-4】 乙公司为增值税小规模纳税人，2 月 1 日用银行存款购入一台需要安装的设备，增值税专用发票上注明的价款为 200 000 元，增值税为 26 000 元，支付安装费 10 000 元，增值税为 900 元。乙公司应编制会计分录如下：

（1）购入进行安装时：

借：在建工程　　226 000

　　贷：银行存款　　226 000

（2）支付安装费时：

借：在建工程　　10 900

　　贷：银行存款　　10 900

（3）设备安装完毕交付使用时：

借：固定资产　　236 900

　　贷：在建工程　　236 900

（二）自行建造的固定资产

企业自行建造的固定资产，应当按照建造该项资产达到预定可使用状态前所发生的必要支出，作为固定资产的成本。

企业自行建造的固定资产，应先通过“在建工程”科目核算，工程达到预定可使用状态时，再从“在建工程”科目转入“固定资产”科目。企业自行建造固定资产，主要有自营和出包两种方式，由于采用的

微课 1　自营工程

建设方式不同，其会计处理也不同。

1. 自营工程

自营工程是指企业自行组织采购工程物资、自行组织施工人员施工的建筑工程和安装工程。

购入工程物资时，按已认证的增值税专用发票上注明的价款，借记“工程物资”科目；按增值税专用发票上注明的增值税进项税额，借记“应交税费——应交增值税（进项税额）”科目，按实际支付或应付的金额，贷记“银行存款”“应付账款”等科目。

领用工程物资时，借记“在建工程”科目，贷记“工程物资”科目。

在建工程领用本企业原材料时，借记“在建工程”科目，贷记“原材料”等科目。

在建工程领用本企业生产的商品时，借记“在建工程”科目，贷记“库存商品”科目。

自营工程发生的其他费用（如分配工程人员薪酬等），借记“在建工程”科目，贷记“银行存款”“应付职工薪酬”等科目。

自营工程达到预定可使用状态时，按其成本，借记“固定资产”科目，贷记“在建工程”科目。

【例 4-5】 甲公司为增值税一般纳税人，自建仓库一幢，购入一批工程物资，增值税专用发票上注明价款 2 000 000 元，增值税为 260 000 元，已全部用于建造仓库；耗用库存原材料 500 000 元，购入时的增值税为 65 000 元；支付建筑工人工资 300 000 元。不考虑其他因素。

工程完工并达到预定可使用状态，甲公司应编制会计分录如下：

（1）购入工程物资时：

借：工程物资　　2 000 000
　　应交税费——应交增值税（进项税额）　　260 000
　　贷：银行存款　　2 260 000

（2）工程领用原材料时：

借：在建工程　　500 000
　　贷：原材料　　500 000

（3）分配工程人员薪酬时：

借：在建工程　　300 000
　　贷：应付职工薪酬　　300 000

（4）工程完工转入固定资产的成本：

借：固定资产　　2 800 000
　　贷：在建工程　　2 800 000

2. 出包工程

出包工程是指企业通过招标方式将工程项目发包给建造承包商，由建造承包商组织施工的建筑工程和安装工程。企业采用出包方式进行的固定资产工程，其工程的具体支出主要由建造承包商核算，在这种方式下，“在建工程”科目主要反映企业与建造承包商办理工程价款结算的情况，企业支付给建造承包商的工程价款作为工程成本，通过“在建工程”科目核算。

企业按合理估计的发包工程进度和合同规定向建造承包商结算的进度款，由对方开具增值税专用发票，按增值税专用发票上注明的价款，借记“在建工程”科目，按增值税专用发票上注明的增值税进项税额，借记“应交税费——应交增值税（进项税额）”科目，按应实际支付的金额，贷记“银行存款”科目。工程达到预定可使用状态时，按其成本，借记“固定资产”科目，贷记“在建工程”科目。

【例 4-6】 甲公司为增值税一般纳税人，1 月 1 日将新建厂房的工程出包给乙公司（为增值税一般纳税人）承建，按发包工程进度向乙公司结算进度款，并取得乙公司开具的增值税专用发票，注明工程款 800 000 元，税率 9%，增值税 72 000 元。12 月 1 日，工程完工后，补付工程款并取得乙公司开具的增值税专用发票，注明工程款 300 000 元，税率 9%，增值税 27 000 元。工程完工并达到预定可使用状态，甲公司应编制会计分录如下：

（1）按工程进度向乙公司结算进度款时：

借：在建工程	800 000	
应交税费——应交增值税（进项税额）	72 000	
贷：银行存款		872 000

（2）补付工程款时：

借：在建工程	300 000	
应交税费——应交增值税（进项税额）	27 000	
贷：银行存款		327 000

（3）工程完工并达到预定可使用状态时：

借：固定资产	1 100 000	
贷：在建工程		1 100 000

任务 3　固定资产折旧的核算

一、固定资产折旧的概念和核算要求

固定资产折旧，是指在固定资产的使用寿命内，按照确定的方法对应计折旧额进行的系统分摊。其中，应计折旧额是指应当计提折旧的固定资产原价扣除其预计净残值后的余额，如果已对固定资产计提减值准备，还应当扣除已计提的固定资产减值准备累计金额。使用寿命，是指企业使用固定资产的预计期间，或者该固定资产所能生产产品或提供劳务的数量。预计净残值，是指假定固定资产预计使用寿命已满并处于使用寿命终了时的预期状态，企业目前从该项资产处置中获得的扣除预计处置费用后的金额。预计净残值与固定资产原始价值的比值，称为预计净残值率。

固定资产折旧额，是指固定资产在使用过程中，由于磨损和其他原因而减少的，逐渐转移计入成本费用中的价值。这部分转移的价值，将从企业营业收入中得到补偿，转化为货币资金。

企业应当根据固定资产的性质和使用方式，合理确定固定资产的使用寿命和预计净残值，并根据科技发展等因素，选择适当的固定资产折旧方法，按照管理权限，经股东大会或董事会等类似机构批准，作为计提折旧的依据。同时，还应按照法律、行政法规的规定报送

有关各方备案，并备置于企业所在地，以供股东等有关各方查阅。固定资产的使用寿命、预计净残值和折旧方法一经选定，不得随意调整。但是，企业应当定期对固定资产的使用寿命、预计净残值和折旧方法进行复核，如果固定资产使用寿命和预计净残值的预期数与原先的估计数有重大差异，则应当相应调整固定资产使用寿命和预计净残值；如果固定资产包含的经济利益的预期实现方式有重大改变，则应当相应改变固定资产折旧方法。固定资产使用寿命、预计净残值和折旧方法的改变应当作为会计估计变更。

企业在确定固定资产的使用寿命时，主要应考虑下列因素：

（1）该资产的预计生产能力或实物产量。

（2）该资产的有形损耗，如设备在使用中发生磨损、房屋建筑物受到自然侵蚀等。

（3）该资产的无形损耗，如因新技术的出现而使现有的资产技术水平相对陈旧、市场需求变化使产品过时等。

（4）法律或者类似规定对资产使用的限制。

二、固定资产折旧范围

确定固定资产折旧范围，要从空间和时间两个方面加以考虑。从空间范围上确定哪些固定资产应当计提折旧，哪些固定资产不计提折旧；从时间范围上确定应计提折旧的固定资产什么时间开始计提折旧，什么时间停止计提折旧。

根据企业会计准则的规定，企业所持有的固定资产，除以下情况外，都应计提折旧：

（1）已提足折旧但仍继续使用的固定资产。

（2）单独计价入账的土地。

上述提足折旧，是指已经提足该项固定资产应提的折旧总额。

已达到预定可使用状态的固定资产，如果尚未办理竣工决算手续，应当按照估计价值暂估入账，并按规定计提折旧；待办理竣工决算手续后，再按照实际成本调整原来的暂估价值，但不需要对原已计提的折旧额进行调整。

企业对固定资产进行更新改造时，应将更新改造固定资产的账面价值转入在建工程，处于更新改造过程中而停止使用的固定资产，因其已转为在建工程，因此不计提折旧，待更新改造项目达到预定可使用状态转为固定资产后，再按重新确定的固定资产原价、尚可使用寿命和折旧方法等计提折旧。

因进行大修理而停用的固定资产，应当照提折旧，计提的折旧额计入相关资产的成本或当期损益。

企业应当按月计提固定资产的折旧，并根据固定资产的用途分别计入相关资产的成本或当期费用。企业在计提固定资产折旧时，当月增加的固定资产，当月不提折旧，从下月起计提折旧；当月减少的固定资产，当月仍计提折旧，从下月起停止计提折旧。固定资产提足折旧后，不管能否继续使用，均不再提取折旧；提前报废的固定资产，也不再补提折旧。

三、固定资产折旧方法

企业应当根据与固定资产有关的经济利益的预期实现方式，合理选择固定资产折旧方法。企业可以选择的固定资产折旧方法包括年限平均法、工作量法、加速折旧法（双倍余额递减法和年数总和法）。固定资产折旧方法一经确定，不得随意变更。

微课 2 影响固定资产折旧的因素

（一）年限平均法

年限平均法又称直线法，是指将固定资产的折旧额均衡地分摊到各期的一种方法。采用这种方法计算的每期折旧额均是等额的。计算公式为：

年折旧率＝（1−预计净残值率）÷预计使用年限

月折旧率＝年折旧率÷12

月折旧额＝固定资产原价×月折旧率

【例 4−7】甲企业有一厂房，原价为 2 000 000 元，预计可使用 20 年，按照有关规定，该厂房报废时的净残值率为 2%，该厂房折旧率和折旧额的计算如下：

年折旧率＝（1−2%）÷20＝4.9%

月折旧率＝4.9%÷12＝0.41%

月折旧额＝2 000 000 ×0.41%＝8 200（元）

上述折旧率是按个别固定资产单独计算的，称为个别折旧率，即某项固定资产在一定期间的折旧额与该项固定资产原价的比率。此外，还有分类折旧率和综合折旧率。

分类折旧率是指固定资产分类折旧额与该类固定资产原价的比率。采用这种方法，应先将性质、结构和使用年限接近的固定资产分为一类，再按类计算平均折旧率，用该折旧率对该类固定资产计提折旧。如将房屋和建筑物划分为一类，将机器设备划分为一类。分类折旧率的计算公式为：

某类固定资产年分类折旧率＝该类固定资产年折旧额之和÷该类固定资产原价之和

采用分类折旧率计算固定资产折旧，其优点是计算方法简单，但准确性比用个别折旧率计算差。

综合折旧率是指某一期间企业全部固定资产折旧额与全部固定资产原价的比率，其计算公式为：

固定资产年综合折旧率＝各项固定资产年折旧额之和÷各项固定资产原价之和

与采用个别折旧率和分类折旧率计算固定资产折旧相比，采用综合折旧率计算固定资产折旧，其计算结果的准确性较差。

采用年限平均法计算固定资产折旧，虽然具有简便易行等优点，但这种方法没有考虑各期使用强度的差异，不同年限提供的经济效益不同以及维修费用不断增加等因素。一般来讲，固定资产在使用前期带来的经济利益较多，而在使用后期带来的经济利益较少；固定资产的维修费用将随着其使用时间的延长而不断增大。因此，这种方法适用于固定资产在各个使用期间的磨损较均衡的情况。

（二）工作量法

工作量法是指根据实际工作量计提折旧额的一种方法。工作量可用行驶里程、工作小时以及产品产量等表示，这种方法弥补了年限平均法只注重使用时间、不考虑使用强度的缺点，其计算公式为：

每一工作量折旧额＝固定资产原价×（1−净残值率）÷预计总工作量

某项固定资产月折旧额＝该项固定资产当月工作量×每一工作量折旧额

【例 4−8】甲企业有运输卡车一辆，该卡车的原始价值为 300 000 元，预计净残值 12 000 元，预计总行驶里程 500 000 千米，本月行驶 4 000 千米。该卡车的月折旧额计算如下：

单位里程折旧额＝（300 000－12 000）÷500 000＝0.576（元/千米）

本月折旧额＝4 000×0.576＝2 304（元）

采用工作量法的优点是固定资产的折旧额与其磨损程度相符，因而分摊较为合理。缺点是只注重固定资产的使用程度，而忽略了其自然侵蚀的影响。这种方法适用于固定资产在各个使用期间的磨损程度不均衡的情况。一般适用于企业专业车队的客运货运汽车、大型设备等的折旧计算。

（三）加速折旧法

加速折旧法也称为快速折旧法或递减折旧法，其特点是在固定资产有效使用年限的前期多提折旧，后期少提折旧，从而相对加快折旧的速度，以使固定资产成本在有效使用年限中加快得到补偿。

1. 双倍余额递减法

双倍余额递减法是指在不考虑固定资产净残值的情况下，根据每期期初固定资产账面价值和双倍的直线法折旧率计算固定资产折旧的一种方法。计算公式为：

年折旧率＝2÷预计的折旧年限×100%

月折旧率＝年折旧率÷12

月折旧额＝固定资产账面净值×月折旧率

由于双倍余额递减法计算时不考虑固定资产的净残值，为了保证寿命期内各期计提的折旧额合计数与固定资产的应提折旧总额相等，应当在固定资产折旧年限到期以前两年内，将固定资产的净值扣除预计净残值后的余额平均摊销。

【例 4-9】 甲企业有一项固定资产的原价为 200 000 元，预计使用年限为 5 年，预计净残值为 8 000 元，按双倍余额递减法计提折旧，每年的折旧额计算如下：

双倍直线折旧率＝2÷5×100%＝40%

第一年应提的折旧额＝200 000×40%＝80 000（元）

第二年应提的折旧额＝(200 000－80 000)×40%＝48 000（元）

第三年应提的折旧额＝(120 000－48 000)×40%＝28 800（元）

从第四年起改按年限平均法计提折旧。

第四年、第五年每年的年折旧额＝(43 200－8 000)÷2＝17 600（元）

知识链接

由于双倍余额递减法不考虑固定资产的残值收入，因此，在应用这种方法时，必须注意不能把固定资产的账面折余价值降低到它的预计残值收入以下。实行双倍余额递减法计提折旧的固定资产，应当在其折旧年限到期以前两年内，将固定资产净值扣除预计净残值后的余额平均摊销。

2. 年数总和法

年数总和法，是指将固定资产的原值减去净残值后的差额乘以一个逐年递减的分数计算每年的折旧额，这个分数的分子代表固定资产尚可使用年限的年数，分母代表使用年数的逐年数字总和。计算公式为：

年折旧率＝尚可使用年数÷预计使用年限的年数总和×100%

月折旧率＝年折旧率÷12

月折旧额=（固定资产原价-预计净残值）×月折旧率

【例 4-10】 甲企业有一项固定资产的原价为 200 000 元，预计使用年限为 5 年，预计净残值为 8 000 元，采用年数总和法计算的各年折旧额如表 4-1 所示。

表 4-1　各年折旧额计算表（年数总和法）

年份	尚可使用年限/年	原值-预计净残值/元	年折旧率	年折旧额/元	累计折旧额/元
1	5	192 000	5/15	64 000	64 000
2	4	192 000	4/15	51 200	115 200
3	3	192 000	3/15	38 400	153 600
4	2	192 000	2/15	25 600	179 200
5	1	192 000	1/15	12 800	192 000

四、固定资产折旧的会计处理

为了核算固定资产计提的累计折旧情况，企业应设置“累计折旧”科目，本科目属于资产类科目，是“固定资产”科目的备抵科目。贷方登记企业按月计提的折旧额，借方登记固定资产减少时转销的累计折旧额，期末余额在贷方，反映期末现有固定资产的累计折旧总额。

企业每月计提固定资产折旧时，应以月初计提折旧的固定资产为依据。企业各月计提折旧时，可以在上月计提折旧的基础上，对上月固定资产的增减情况进行调整后计算当月应计提的折旧额。本月应计提折旧额的计算公式为：

本月固定资产应计提折旧额=上月固定资产应计提折旧额+上月增加的固定资产应计提折旧额-上月减少的固定资产应计提折旧额

企业按月计提固定资产折旧时，应按固定资产的用途，借记“制造费用”“销售费用”“管理费用”“其他业务成本”等科目，贷记“累计折旧”科目。

【例 4-11】 甲公司 9 月的固定资产折旧汇总计算表如表 4-2 所示。

表 4-2　固定资产折旧汇总计算表

元

使用部门	上月固定资产应计提折旧额	加：上月增加的固定资产应计提折旧额	减：上月减少的固定资产应计提折旧额	本月固定资产应计提折旧额
A 车间	28 350	1 250		29 600
B 车间	42 000		1 700	40 300
C 车间	24 150			24 150
车间合计	94 500	1 250	1 700	94 050
企业管理部门	4 050	250		4 300
对外出租	2 400			2 400
合计	100 950	1 500	1 700	100 750

根据表4-2，本月计提折旧应编制会计分录如下：

借：制造费用　94 050
　　管理费用　4 300
　　其他业务成本　2 400
　贷：累计折旧　100 750

已计提减值准备的固定资产，应当按照该固定资产的账面价值以及尚可使用寿命重新计算折旧率和折旧额。

任务4　固定资产后续支出的核算

固定资产的后续支出，是指固定资产在使用过程中发生的更新改造支出、修理费等。

一、固定资产后续支出的处理原则

与固定资产有关的更新改造等后续支出，符合固定资产确认条件的，应当计入固定资产成本，同时将被替换部分的账面价值扣除；与固定资产有关的修理费用等后续支出，不符合固定资产确认条件的，应当计入当期损益。

二、固定资产后续支出的核算

固定资产发生可资本化后续支出时，应通过“在建工程”科目核算，同时将被替换部分的账面价值从该固定资产账面价值中扣除；不满足固定资产确认条件的后续支出，应当在发生时计入当期损益。

固定资产发生可资本化后续支出时，企业应将该固定资产的原价、已计提的累计折旧和减值准备转销。将固定资产的账面价值转入在建工程，借记“在建工程”“累计折旧”“固定资产减值准备”等科目，贷记“固定资产”科目。发生可资本化后续支出时，借记“在建工程”科目，发生后续支出取得增值税专用发票的，按增值税专用发票上注明的增值税进项税额，借记“应交税费——应交增值税（进项税额）”科目，按实际支付的金额，贷记“银行存款”等科目。发生后续支出的固定资产达到预定可使用状态时，借记“固定资产”科目，贷记“在建工程”科目。

企业生产车间（部门）和行政管理部门的固定资产发生不可资本化的后续支出，比如，固定资产日常修理费用及其可抵扣的增值税进项税额，应借记“管理费用”“应交税费——应交增值税（进项税额）”科目，贷记“银行存款”等科目；企业专设销售机构的固定资产发生不可资本化的后续支出，比如，固定资产日常修理费用及其可抵扣的增值税进项税额，应借记“销售费用”“应交税费——应交增值税（进项税额）”科目，贷记“银行存款”等科目。

【例4-12】甲公司为增值税一般纳税人，20×0年12月购入一条生产线，总价80 000 000元（含发动机），发动机当时的购价为5 000 000元。20×9年6月末公司决定更换一部性能更为先进的发动机。公司以银行存款购入新发动机一台，增值税专用发票上注明的购买价为7 000 000元，增值税为910 000元；另支付安装费用并取得增值税专用发票，注明安装费

100 000 元，增值税税率 9%，增值税 9 000 元。假定生产线的年折旧率为 3%，不考虑预计净残值的影响，替换下的老发动机报废且无残值收入。甲公司应编制会计分录如下：

（1）20×9 年 6 月末生产线的累计折旧金额 = 80 000 000×3%×8.5 = 2 040 000（元），将固定资产转入在建工程：

借：在建工程　59 600 000
　　累计折旧　20 400 000
　　贷：固定资产　80 000 000

（2）购入并安装新发动机：

借：工程物资　7 000 000
　　应交税费——应交增值税（进项税额）　910 000
　　贷：银行存款　7 910 000

借：在建工程　7 000 000
　　贷：工程物资　7 000 000

（3）支付安装费用：

借：在建工程　100 000
　　应交税费——应交增值税（进项税额）　9 000
　　贷：银行存款　109 000

（4）20×9 年 6 月末老发动机的账面价值为：

5 000 000－5 000 000×3%×8.5 = 3 725 000（元）

终止确认老发动机的账面价值：

借：营业外支出——非流动资产处置损失　3 725 000
　　贷：在建工程　3 725 000

（5）新发动机安装完毕，投入使用，固定资产的入账价值为：

59 600 000+7 000 000+100 000－3 725 000 = 62 975 000（元）

借：固定资产　62 975 000
　　贷：在建工程　62 975 000

【例 4-13】 甲公司为增值税一般纳税人，4 月 1 日对生产车间使用的设备进行日常修理，发生维修费并取得增值税专用发票，注明修理费 10 000 元，增值税税率 13%，增值税 1 300 元。甲公司应编制会计分录如下：

借：管理费用　10 000
　　应交税费——应交增值税（进项税额）　1 300
　　贷：银行存款　11 300

【例 4-14】 甲公司为增值税一般纳税人，6 月 1 日对管理部门使用的设备进行日常修理，发生修理费并取得增值税专用发票，注明修理费 3 000 元，增值税税率 13%，增值税 390 元。甲公司应编制会计分录如下：

借：管理费用　3 000
　　应交税费——应交增值税（进项税额）　390
　　贷：银行存款　3 390

任务5 固定资产处置的核算

一、固定资产处置的定义

固定资产处置，即固定资产的终止确认，包括固定资产的出售、报废、毁损、对外投资、非货币性资产交换、债务重组等。

企业在生产经营过程中，对那些不适用或不需用的固定资产，可以通过对外出售的方式进行处置。对那些由于使用而不断磨损直至最终报废，或由于技术进步等原因发生提前报废，或者由于遭受自然灾害等非常损失发生毁损的固定资产应及时进行清理。企业对外进行非货币性交易、投资、抵债、捐赠等转出固定资产，也属于固定资产的处置。

企业的固定资产由于各种原因进行处置时，一般应通过“固定资产清理”科目进行核算。该科目借方反映转入清理的固定资产的净值、发生的清理费用等，贷方反映出售固定资产的价款、残料价值和变价收入以及应由保险公司或过失人赔偿的损失。期末余额反映企业尚未清理完毕的固定资产价值及清理净收益。

二、固定资产处置的核算

微课3 固定资产处置

企业出售、报废、毁损等减少的固定资产，其会计核算一般经过以下几个步骤：

（一）固定资产转入清理

出售、报废和毁损的固定资产转入清理时，按固定资产账面价值，借记“固定资产清理”“应交税费——应交增值税（进项税额）”科目，按已计提的折旧，借记“累计折旧”科目，按已计提的减值准备，借记“固定资产减值准备”科目，按固定资产账面原价，贷记“固定资产”科目。

（二）结算清理费用

固定资产清理过程中发生的清理费用以及可抵扣的增值税进项税额，借记“固定资产清理”“应交税费——应交增值税（进项税额）”科目，贷记“银行存款”科目。

（三）收回出售固定资产的价款、残料价值和变价收入等

企业收回出售固定资产的价款和税款，借记“银行存款”科目，按增值税专用发票上注明的价款，贷记“固定资产清理”科目，按增值税专用发票上注明的增值税销项税额，贷记“应交税费——应交增值税（销项税额）”科目。残料入库，按残料价值，借记“原材料”等科目，贷记“固定资产清理”科目。

（四）确认应收责任单位（或个人）赔偿损失

应由保险公司或过失人赔偿毁损的固定资产的损失时，应冲减清理支出，借记“其他应收款”科目，贷记“固定资产清理”科目。

（五）结转清理净损益

因固定资产处置方式的不同，分别适用不同的处理方法：

（1）因固定资产已丧失使用功能或因自然灾害发生毁损等原因而报废清理产生的利得或损失应计入营业外收支。

借：营业外支出——非常损失（自然灾害等非正常原因）

　　贷：固定资产清理

借：营业外支出——非流动资产处置损失（正常原因）

　　贷：固定资产清理

如为净收益：

借：固定资产清理

　　贷：营业外收入——非流动资产处置利得

（2）因出售、转让等原因产生的固定资产处置利得或损失应计入资产处置损益。

借：资产处置损益

　　贷：固定资产清理（或相反分录）

【例 4-15】 甲公司有一台生产用设备，因使用期满经批准报废。该设备的原价为 280 000 元，已计提折旧 200 000 元，未计提减值准备。在清理过程中，以银行存款支付清理费用 5 000 元，残料出售收入为 7 000 元，增值税为 910 元。甲公司对该固定资产进行清理的会计处理如下：

（1）固定资产转入清理：

借：固定资产清理	80 000	
累计折旧	200 000	
贷：固定资产		280 000

（2）支付清理费用：

借：固定资产清理	5 000	
贷：银行存款		5 000

（3）残料变价收入：

借：银行存款	7 910	
贷：固定资产清理		7 000
应交税费——应交增值税（销项税额）		910

（4）结转固定资产清理损失：

借：营业外支出	78 000	
贷：固定资产清理		78 000

【例 4-16】 甲企业将一幢旧办公楼出售，办公楼原价 5 000 000 元，已计提折旧 2 000 000 元，出售的收入为 4 000 000 元，增值税税率为 9%，增值税为 360 000 元，款项已存入银行。甲企业出售该办公楼编制会计分录如下：

（1）固定资产转入清理：

借：固定资产清理	3 000 000	
累计折旧	2 000 000	
贷：固定资产		5 000 000

（2）收到出售价款和税款时：

借：银行存款　　4 360 000

　　贷：固定资产清理　　4 000 000

　　　　应交税费——应交增值税（销项税额）　　360 000

（3）结转固定资产清理净收益：

借：固定资产清理　　1 000 000

　　贷：资产处置损益　　1 000 000

【例 4-17】 甲公司为增值税一般纳税人，因遭受台风袭击毁损一座仓库，该仓库原价 3 000 000 元，已计提折旧 1 000 000 元，未计提减值准备。其残料估计价值 40 000 元，残料已办理入库。发生清理费用并取得增值税专用发票，注明的装卸费为 20 000 元，增值税为 1 800 元，全部款项以银行存款支付。收到保险公司理赔款 1 000 000 元，存入银行。假定不考虑其他相关税费。甲公司应编制会计分录如下：

（1）将毁损的仓库转入清理时：

借：固定资产清理　　2 000 000

　　累计折旧　　1 000 000

　　贷：固定资产　　3 000 000

（2）残料入库时：

借：原材料　　40 000

　　贷：固定资产清理　　40 000

（3）支付清理费用时：

借：固定资产清理　　20 000

　　应交税费——应交增值税（进项税额）　　1 800

　　贷：银行存款　　21 800

（4）确认并收到保险公司理赔款项时：

借：其他应收款　　1 000 000

　　贷：固定资产清理　　1 000 000

借：银行存款　　1 000 000

　　贷：其他应收款　　1 000 000

（5）结转毁损固定资产损失时：

借：营业外支出——非常损失　　980 000

　　贷：固定资产清理　　980 000

任务 6　固定资产清查和期末计价

一、固定资产清查

固定资产清查是指对固定资产的质量与数量所进行的清查与核对。企业应对固定资产定期或者至少每年年末实地盘点一次，对发生盘盈、盘亏的固定资产应填制固定资产盘盈盘亏报告表。清查固定资产的损溢，应及时查明原因，并按规定程序报批处理。

（一）固定资产盘盈

企业盘盈的固定资产应作为前期差错通过“以前年度损益调整”账户进行核算。按盘盈固定资产的重置成本确定其入账价值，借记“固定资产”科目，贷记“以前年度损益调整”科目。由于以前年度调整而增加的所得税费用，借记“以前年度损益调整”科目，贷记“应交税费——应交所得税”科目；将以前年度损益调整科目余额转入留存收益时，借记“以前年度损益调整”科目，贷记“盈余公积”“利润分配——未分配利润”科目。

【例 4-18】 甲企业为增值税一般纳税人，1 月 8 日在财产清查过程中发现，两年前购入的一台设备尚未入账，重置成本为 40 000 元。假定甲企业按净利润的 10%提取法定盈余公积，不考虑相关税费及其他因素的影响。甲企业的账务处理如下：

（1）发现盘盈时：

借：固定资产　　40 000

　　贷：以前年度损益调整　　40 000

（2）结转为留存收益时：

借：以前年度损益调整　　40 000

　　贷：盈余公积——法定盈余公积　　3 000

　　　　利润分配——未分配利润　　37 000

知识链接

以前年度损益调整结转后，不需要调整以前年度的会计报表。仅调整本年度会计报表相关项目的年初数，但对外提供比较会计报表时，应当调整会计报表相关的年初数和上年同期数。

（二）固定资产盘亏

企业在进行固定资产清查时，发生的短缺称为固定资产盘亏。对于发生的固定资产盘亏，按盘亏固定资产的账面价值，借记“待处理财产损溢”科目，借记“累计折旧”科目，按已计提的减值准备，借记“固定资产减值准备”科目，按盘亏固定资产的原价，贷记“固定资产”科目。盘亏固定资产批准转销时，借记“营业外支出——盘亏损失”科目，贷记“待处理财产损溢”科目。

【例 4-19】 甲公司盘亏机器设备一台，账面原始价值为 110 000 元，已计提折旧 40 000 元，购入时的增值税为 14 300 元。报有关部门批准后，将盘亏固定资产的账面价值转为营业外支出。

根据上述资料，企业编制有关会计分录如下：

（1）盘亏固定资产：

借：待处理财产损溢　　70 000

　　累计折旧　　40 000

　　贷：固定资产　　110 000

（2）转出不可抵扣的进项税额时：

借：待处理财产损溢　　14 300

　　贷：应交税费——应交增值税（进项税额转出）　　14 300

（3）报经有关部门批准后：

借：营业外支出——盘亏损失　　84 300

　　贷：待处理财产损溢　　84 300

二、固定资产期末计价

为了客观、真实、准确地反映期末固定资产的实际价值，企业在资产负债表日，应合理地确定固定资产的期末价值。固定资产价值的再确认，就是确定固定资产在期末或一定时点的可收回金额。

（一）固定资产减值准备的概念及确认条件

所谓固定资产减值准备，是指由于固定资产市价持续下跌，或技术陈旧、损坏、长期闲置等原因导致其可收回金额低于其账面价值的，应当将可收回金额低于其账面价值的差额作为固定资产减值准备，并计入当期损益。可收回金额是指资产的销售净价与预期从该资产的持续使用和使用寿命结束时的处置中形成的现金流量的现值两者之中的较高者。其中，销售净价是指资产的销售价格减去处置资产所发生的相关税费后的余额；账面价值是指固定资产原值扣减已计提累计折旧和固定资产减值准备后的净额。

（二）固定资产减值准备的账务处理

企业应设置“固定资产减值准备”账户，贷方反映提取的减值准备数，借方反映转销的固定资产减值准备，贷方余额反映企业已计提折旧但尚未转销的固定资产减值准备。企业发生固定资产减值时，借记“资产减值损失——固定资产减值损失”科目，贷记“固定资产减值准备”科目。固定资产减值损失一经确认，在以后会计期间不得转回。

微课4　企业可能发生减值准备的迹象

【例4-20】 12月31日，甲公司有一台设备存在可能发生减值的迹象。该设备账面原值800 000元，已计提折旧300 000元，经确认该设备可收回金额400 000元。以前年度未对该设备计提过减值准备。

对该设备的账务处理如下：

资产减值=(800 000−300 000)−400 000=100 000（元）

借：资产减值损失——固定资产减值损失　　100 000

　　贷：固定资产减值准备　　100 000

项目小结

固定资产是企业在生产经营过程中必备的劳动资料，本项目介绍了固定资产的确认和计量、固定资产的取得、固定资产折旧、固定资产后续支出、固定资产处置和固定资产减值的会计处理原则、方法及其相关的会计处理。

项目五

无形资产业务核算

知识目标

1. 掌握无形资产的特征及内容；
2. 了解其他资产的主要内容；
3. 掌握无形资产取得、摊销、处置、减值的核算方法；
4. 掌握长期待摊费用的核算方法。

能力目标

1. 能识别无形资产；
2. 能核算无形资产取得、摊销、处置、减值业务；

德育目标

1. 培养学生认真负责、精益求精的会计工作态度；
2. 培养学生积极主动、富有创造性的会计工作态度。

结构导图

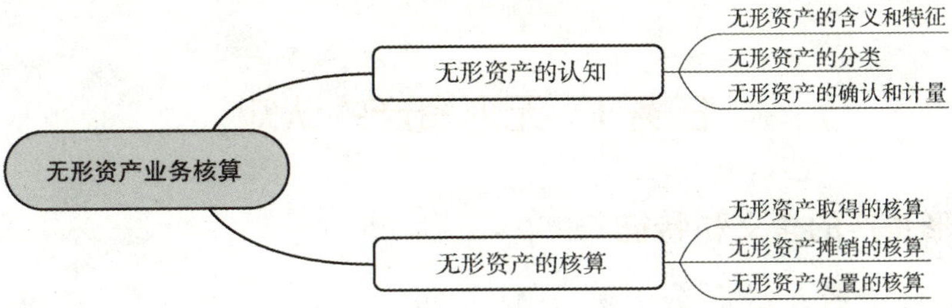

导入案例

袁隆平农业高科技股份有限公司有一项重要的无形资产，那就是我国著名科学家袁隆平研发的杂交水稻技术。袁隆平先生是我国中科院院士，世界著名的“杂交水稻之父”，其一生致力于杂交水稻技术研究，杂交水稻技术作为一项重要的无形资产，为解决我国人民的吃饭问题发挥了举足轻重的作用。袁老在2019年国庆前夕被授予了“共和国勋章”。

（资料来源：学习强国）

思政之窗

习近平论伟大抗疫精神

中国人民在抗日战争的壮阔进程中孕育出伟大抗战精神，向世界展示了天下兴亡、匹夫有责的爱国情怀，视死如归、宁死不屈的民族气节，不畏强暴、血战到底的英雄气概，百折不挠、坚韧不拔的必胜信念。伟大抗疫精神，是中国人民弥足珍贵的精神财富，将永远激励中国人民克服一切艰难险阻，为实现中华民族伟大复兴而奋斗。

习近平（摘自学习强国）

1. 爱国精神

无形资产的确认——超级计算机技术。

2020年新年开局，一场突如其来的新冠肺炎疫情席卷全国，给人民生命安全和经济社会发展带来严峻考验。在这场不能输的战争中，广州科技力量精锐尽出。在国家超级计算广州中心，“天河二号”超级计算机以每秒最高10亿亿次的超强算力，助力筛选出能抑制病毒的小分子药物，搭建“15秒诊断”的新冠肺炎CT影像智能诊断平台，建立新冠肺炎病患时空轨迹数据库——以大国重器之力，与时间赛跑，与死神战斗。

2. 爱岗敬业，强化服务

无形资产的计量——抗击新冠肺炎疫情的感人故事。

新冠肺炎疫情发生以来，中国外文局认真贯彻落实习近平总书记有关疫情防控工作的重要讲话精神和党中央、国务院的决策部署，按照国家新闻出版署“进一步加强出版服务，助力打赢疫情防控阻击战”的通知要求，充分发挥外文局局属出版社特长，精心策划了一系列战“疫”图书选题与活动，从图书出版、新媒体和数字产品等多角度发力，推进融合出版，对外讲好抗击疫情故事，对内提供多种形式的文化产品和服务，为夺取战“疫”胜利贡献力量。

任务1　无形资产的认知

一、无形资产的含义和特征

（一）无形资产的含义

无形资产是指企业拥有或者控制的没有实物形态的可辨认非货币性资产。其主要包括专利权、非专利技术、商标权、著作权、土地使用权、特许权等。

（二）无形资产的特征

无形资产具有三个主要特征：

1. 不具有实物形态

无形资产是不具有实物形态的非货币性资产，它不像固定资产、存货等资产，具有实物形态。

2. 具有可辨认性

资产满足下列条件之一的，符合无形资产定义中的可辨认性标准：

（1）能够从企业中分离或者划分出来，并能单独或者与相关合同、资产或负债一起，用于出售、转移、授予许可、租赁或者交换。

（2）源自合同性权利或其他法定权利，无论这些权利是否可以从企业或其他权利和义务中转移或者分离。

3. 属于非货币性长期资产

无形资产属于非货币性资产，且能够在多个会计期间为企业带来经济利益。无形资产的使用年限在一年以上，其价值将在各个受益期间逐渐摊销。

二、无形资产的分类

（一）按经济内容分类

1. 专利权

专利权是指国家专利主管机关依法授予发明创造专利申请人对其发明创造在法定期限内所享有的专有权利，包括发明专利权、实用新型专利权和外观设计专利权。企业持有专利可以降低成本，或者提高产品质量，或者将其转让出去能获得转让收入。

企业从外单位购入的专利权，应按实际支付的价款作为专利权的成本。企业自行开发并按法律程序申请取得的专利权，应按照《企业会计准则第6号——无形资产》确定的金额作为成本。

2. 非专利技术

非专利技术即专有技术，是指先进的、未公开的、未申请专利、可以带来经济效益的技术及诀窍。主要内容包括以下几项：

（1）工业专有技术，即在生产上已经采用，仅限于少数人知道，不享有专利权或发明权的生产、装配、修理、工艺或加工方法的技术知识。

（2）商业（贸易）专有技术，即具有保密性质的市场情报、原材料价格情报以及用户、竞争对象的情况和有关知识。

（3）管理专有技术，即生产组织的经营方式、管理方式、培训职工方法等保密知识。

非专利技术并不是专利法的保护对象，专有技术所有人依靠自我保密的方式来维持其独占权，可以用于转让和投资。

企业的非专利技术，有些是自己开发研究的，有些是根据合同规定从外部购入的。如果是企业自己开发研究的，应将符合《企业会计准则第6号——无形资产》规定的开发支出资本化条件的，确认为无形资产。对于从外部购入的非专利技术，应将实际发生的支出予以资本化，作为无形资产入账。

3. 商标权

商标是用来辨认特定的商品或劳务的标记。商标权是指专门在某类指定的商品或产品上使用特定的名称或图案的权利。《中华人民共和国商标法》明确规定，经商标局核准注册的商标为注册商标，商标注册人享有商标专用权，受法律的保护。

企业为宣传自创并已注册登记的商标而发生的相关费用，应在发生时直接计入当期损益。

企业如果购买他人的商标，一次性支出费用较大，可以将购入商标的价款、支付的手续费及有关费用确认为商标权的成本。

4. 著作权

著作权又称版权，是指作者对其创作的文学、科学和艺术作品依法享有的某些特殊权利。著作权包括两方面的权利，即精神权利（人身权利）和经济权利（财产权利）。前者指作品署名、发表作品、确认作者身份、保护作品的完整性、修改已经发表的作品等各项权利，包括作品署名权、发表权、修改权和保护作品完整权；后者指以出版、表演、广播、展览、录制唱片、摄制影片等方式使用作品以及因授权他人使用作品而获得经济利益的权利。

5. 土地使用权

土地使用权是指国家准许某一企业或单位在一定期间内对国有土地享有开发、利用、经营的权利。根据《中华人民共和国土地管理法》的规定，我国实行土地的社会主义公有制，即全民所有制和劳动群众集体所有制。任何单位和个人不得侵占、买卖或者以其他形式非法转让土地。土地使用权可以依法转让，企业取得土地使用权，应将取得时发生的支出资本化，作为土地使用权的成本，计入无形资产成本。

6. 特许权

特许权又称经营特许权、专营权，是指企业在某一地区经营或销售某种特定商品的权利或是一家企业接受另一家企业使用其商标、商号、技术秘密等的权利。前者一般是由政府机构授权，准许企业使用或在一定地区享有经营某种业务的特权，如水、电、邮电通信等专营权、烟草专卖权等；后者指企业间依照签订的合同，有限期或无限期使用另一家企业的某些权利，如连锁店分店使用总店的名称等。

（二）按取得方式分类

1. 自行研发的无形资产

自行研发的无形资产，是指企业内部研究开发项目满足资本化的无形资产。企业自创商誉以及内部产生的品牌、报刊名等，不应确认为无形资产。

2. 外来的无形资产

外来的无形资产，是指企业根据合同规定从外部购入的无形资产。

（三）按有无期限分类

1. 有期限的无形资产

有期限的无形资产，是指有法律或合同规定的最长有效期限的无形资产，例如专利权等。

2. 无期限的无形资产

无期限的无形资产，是指没有具体的有效期限的无形资产，例如无限期的特许权。

知识链接

商　誉

商誉是指能在未来期间为企业经营带来超额利润的潜在经济价值，或一家企业预期的获利能力超过可辨认资产正常获利能力（如社会平均投资回报率）的资本化价值，例如企业所处地理位置的优势，或是由于经营效率高、历史悠久、人员素质高等多种原因，与同行企业比较，可以获得超额利润。商誉是企业整体价值的组成部分。

商誉不是无形资产。无形资产是指企业拥有或者控制的没有实物形态的可辨认非货币性资产。商誉的存在无法与企业自身分离，不具有可辨认性。

（资料来源：https：//baike. so. com/doc/2783000-2937439. html）

三、无形资产的确认和计量

（一）无形资产的确认条件

无形资产应当在符合定义的前提下，同时满足下列两个确认条件时，才能予以确认：

1. 与该无形资产有关的经济利益很可能流入企业

作为无形资产确认的项目，必须满足其所产生的经济利益很可能流入企业这一条件。通常情况下，无形资产产生的未来经济利益可能包括在销售商品、提供劳务的收入当中，或者企业使用该项无形资产而减少或节约了成本，或者体现在获得的其他利益当中。如生产加工企业在生产工序中使用了某种知识产权，使其降低了未来生产成本。

在会计实务中，要确定无形资产所创造的经济利益是否很可能流入企业，需要运用职业判断。在进行这种职业判断时，需要对无形资产在预计使用寿命内可能存在的各种经济因素作出合理估计，并且应当有确凿的证据支持。如企业是否有足够的人力资源、高素质的管理队伍、相关的硬件设备、相关的原材料等来配合无形资产为企业创造经济利益。同时，更为重要的是关注一些外界因素的影响，如是否存在与该无形资产相关的新技术、新产品冲击，或依据其生产的产品是否存在市场等。在进行判断时，企业管理层应对在无形资产的预计使用寿命内存在的各种因素作出最稳健的估计。

2. 该无形资产的成本能够可靠地计量

成本能够可靠地计量是确认资产的一项基本条件，对于无形资产而言，这个条件显得更为重要。如企业内部产生的品牌、报刊名、刊头、客户名单和实质上类似项目的支出，由于不能与整个业务开发成本区分开来，成本无法可靠计量，不应确认为无形资产。

（二）无形资产的计量

1. 外购无形资产的成本

外购无形资产的成本，包括购买价款、相关税费以及直接归属于使该项资产达到预定用途所发生的其他支出。其中，直接归属于使该项资产达到预定用途所发生的其他支出包括使无形资产达到预定用途所发生的专业服务费用、测试无形资产是否能够正常发挥作用的费用等，但不包括为引入新产品进行宣传发生的广告费、管理费用及其他间接费用，也不包括在无形资产已经达到预定用途以后发生的费用。

购买无形资产的价款超过正常信用条件而延期支付的，实质上具有融资性质，无形资产的成本应以购买价款的现值为基础确定。实际支付的价款与购买价款的现值之间的差额作为未确认融资费用，并应在付款期间内采用实际利率法进行摊销。其摊销金额除满足借款费用资本化条件应当计入无形资产成本外，均应当在信用期间内确认为财务费用，计入当期损益。

2. 投资者投入的无形资产

投资者投入无形资产的成本，应当按照投资合同或协议约定的价值确定，但合同或协议约定价值不公允的，应按无形资产的公允价值入账。

3. 接受捐赠的无形资产

接受捐赠的无形资产，其入账价值分以下三种情况进行确定：

（1）捐赠方提供了有效凭证的，根据有效凭证上标明的金额以及相关税费进行确定；

（2）捐赠方没有提供有效凭证的，且存在同类或类似无形资产的活跃市场的，根据同类或类似无形资产存在的活跃市场价格以及相关税费进行确定；

（3）捐赠方没有提供有效凭证的，且不存在同类或类似无形资产的活跃市场的，根据捐赠的无形资产的未来现金流量进行确定。

4. 企业自行研究开发无形资产的成本

企业自行研究开发的无形资产，根据开发阶段符合资本化支出的相关成本，以及依法发生的注册费、律师费等费用确定其成本；研究阶段的相关费用化支出应确认为当期费用。

任务 2　无形资产的核算

一、无形资产取得的核算

为了反映和监督无形资产的取得、摊销和处置等情况，企业应当设置“无形资产”“累计摊销”等科目进行核算。

“无形资产”科目核算企业持有的无形资产成本，借方登记取得无形资产的成本，贷方登记处置无形资产、转出无形资产的账面余额，期末借方余额，反映企业无形资产的成本。“无形资产”科目应当按照无形资产的项目设置明细科目进行核算。

微课 1　无形资产的核算科目

“累计摊销”科目核算企业对使用寿命有限的无形资产计提的累计摊销，该科目属于“无形资产”的调整科目。“累计摊销”科目的贷方登记企业计提的无形资产摊销，借方登记处置无形资产、转出无形资产的累计摊销，期末贷方余额，反映企业无形资产的累计摊销额。

（一）外购无形资产

外购无形资产的成本包括购买价款、相关税费以及直接归属于使该项资产达到预定用途所发生的其他支出。其中，相关税费不包括按照现行增值税制度规定，可以从销项税额中抵扣的增值税进项税额。外购无形资产，取得增值税专用发票的，按注明的增值税进项税额，借记“应交税费——应交增值税（进项税额）”科目；取得增值税普通发票的，按照注明的价税合计金额作为无形资产的成本，其进项税额不可抵扣。

【例 5-1】甲公司为增值税一般纳税人，购入一项非专利技术，取得的增值税专用发票上注明的价款为 300 000 元，增值税税率 6%，增值税 18 000 元，以银行存款支付。

甲公司应编制会计分录如下：

借：无形资产——非专利技术	300 000	
应交税费——应交增值税（进项税额）	18 000	
贷：银行存款		318 000

（二）自行研究开发无形资产的会计处理

微课 2　自行研发无形资产的核算

1. 研究阶段和开发阶段的划分

对于企业自行进行的研究开发项目，应当区分研究阶段与开发阶段分别进行核算。在实际工作中，关于研究与开发阶段的具体划分，企业应当根据自身实际情况以及相关信息加以判断。

1）研究阶段

研究，是指为获取并理解新的科学或技术知识等进行的有计划的调查。研究活动的例子包括以下几种：

（1）意在获取知识而进行的活动；

（2）研究成果或其他知识的应用研究、评价和最终选择；

（3）材料、设备、产品、工序、系统或服务替代品的研究；

（4）新的或经改进的材料、设备、产品、工序、系统或服务的可能替代品的配制、设计、评价和最终选择等。

研究阶段基本上是探索性的，是为进一步的开发活动进行资料及相关方面的准备，已经进行的研究活动将来是否会转入开发，开发后是否会形成无形资产等均具有较大的不确定性。在这一阶段一般不会形成阶段性成果。

2）开发阶段

开发，是指在进行商业性生产或使用前，将研究成果或其他知识应用于某项计划或设计中，以生产出新的或具有实质性改进的材料、装置、产品等。开发活动的例子包括以下几种：

（1）生产前或使用前的原型和模型的设计、建造和测试；

（2）含新技术的工具、夹具、模具和冲模的设计；

（3）不具有商业性生产经济规模的试生产设施的设计、建造和运营；

（4）新的或经改造的材料、设备、产品、工序、系统或服务所选定的替代品的设计、建造和测试等。

相对于研究阶段而言，开发阶段应当是已完成研究阶段的工作，在很大程度上具备了形成一项新产品或新技术的基本条件。

2. 开发阶段有关支出资本化的条件

企业内部研究开发项目开发阶段的支出，需同时满足下列条件的，才能确认为无形资产：

（1）完成该无形资产以使其能够使用或出售在技术上具有可行性；

（2）具有完成该无形资产并使用或出售的意图；

（3）无形资产产生经济利益的方式，包括能够证明运用该无形资产生产的产品存在市场或无形资产自身存在市场，无形资产将在内部使用的，应当证明其有用性；

（4）有足够的技术、财务资源和其他资源支持，以完成该无形资产的开发，并有能力使用或出售该无形资产；

（5）归属于该无形资产开发阶段的支出能够可靠地计量。

3. 内部开发无形资产的计量

内部开发活动形成的无形资产，其成本由可直接归属于该无形资产的创造、生产并使该无形资产能够以管理层预定的方式运作的所有必要支出组成。可直接归属成本包括开发该无形资产时耗费的材料费、劳务成本、注册费、在开发该无形资产过程中使用的其他专利权和特许权的摊销、按照借款费用的处理原则可以资本化的利息支出等。在开发无形资产过程中发生的除上述可直接归属于无形资产开发活动之外的其他销售费用、管理费用等间接费用，无形资产达到预定用途前发生的可辨认的无效和初始运作损失，为运行该无形资产发生的培训支出等，不构成无形资产的开发成本。

值得强调的是，内部开发无形资产的成本仅包括在满足资本化条件的时点至无形资产达到预定用途前发生的支出总和，对于同一项无形资产在开发过程中达到资本化条件之前已经费用化计入当期损益的支出不再进行调整。

4. 内部研究开发费用的会计处理

企业内部研究开发项目所发生的支出应区分研究阶段支出和开发阶段支出。

企业自行开发无形资产发生的研发支出，不满足资本化条件的，借记“研发支出——费用化支出”科目，满足资本化条件的，借记“研发支出——资本化支出”科目，贷记“原材料”“银行存款”“应付职工薪酬”等科目。自行研究开发无形资产发生的支出取得增值税专用发票可抵扣的进项税额，借记“应交税费——应交增值税（进项税额）”科目。研究开发项目达到预定用途形成无形资产的，应当按照“研发支出——资本化支出”科目的余额，借记“无形资产”科目，贷记“研发支出——资本化支出”科目。期末，应将“研发支出——费用化支出”科目归集的金额转入“管理费用”科目，借记“管理费用”科目，贷记“研发支出——费用化支出”科目。

企业如果无法可靠区分研究阶段的支出和开发阶段的支出，应将发生的研发支出全部费用化，计入当期损益。

【例 5-2】 甲公司自行研究、开发一项技术，截至20×1 年 12 月 31 日，发生研发支出合计 1 000 000 元，经测试，该项研发活动完成了研究阶段，从 20×2 年 1 月 1 日进入开发阶段。20×2 年共发生开发支出 500 000 元，假定符合《企业会计准则第 6 号——无形资产》规定的开发支出资本化的条件，取得的增值税专用发票上注明的增值税为 65 000 元。20×2 年 11 月 30 日，该项研发活动结束，最终开发出一项非专利技术。

甲公司应编制会计分录如下：

20×1 年发生的研发支出：

借：研发支出——费用化支出　　1 000 000
　　贷：银行存款　　1 000 000

20×1 年 12 月 31 日，结转研究阶段的支出：

借：管理费用　　1 000 000
　　贷：研发支出——费用化支出　　1 000 000

20×2 年，确认符合资本化条件的开发支出：

借：研发支出——资本化支出　　500 000
　　应交税费——应交增值税（进项税额）　　65 000
　　贷：银行存款等　　565 000

20×2 年 11 月 30 日，该项研发完成并形成无形资产：

借：无形资产　　500 000
　　贷：研发支出——资本化支出　　500 000

（三）投资者投入的无形资产

【例 5-3】甲公司取得股东投入的一宗土地使用权，取得时，土地使用权的公允价值为 9 000 万元。假定不考虑相关税费。

甲公司取得土地使用权和地上建筑物的账务处理如下：

借：无形资产——土地使用权	9 000
贷：实收资本	9 000

（四）接受捐赠的无形资产

【例 5-4】甲公司接受乙公司捐赠一项专利技术，该专利技术存在的活跃市场价格为 100 万元。假定不考虑相关税费。

甲公司接受该捐赠专利技术的账务处理如下：

借：无形资产——专利技术	100
贷：营业外收入	100

二、无形资产摊销的核算

无形资产的后续计量以其使用寿命为基础。企业应当于取得无形资产时分析判断其使用寿命。无形资产的使用寿命是有限的，应当估计该使用寿命的年限或者构成使用寿命的产量等类似计量单位数量；无法预见无形资产为企业带来未来经济利益期限的，应当视为使用寿命不确定的无形资产。

（一）无形资产使用寿命的确定

（1）源自合同性权利或其他法定权利取得的无形资产，其使用寿命通常不应超过合同性权利或其他法定权利的期限。

微课 3　无形资产摊销的核算

如企业以支付土地出让金的方式取得一块土地 50 年的使用权，如果企业准备持续持有且在 50 年期间内没有计划出售，则该项土地使用权预期为企业带来未来经济利益的期间为 50 年。但如果企业使用资产的预期期限短于合同性权利或其他法定权利规定的期限，则应当按照企业预期使用的期限来确定其使用寿命。如企业取得的某项实用新型专利权，法律规定的保护期限为 10 年，企业预计运用该项实用新型专利权所生产的产品在未来 6 年内会为企业带来经济利益，则该项专利权的预计使用寿命为 6 年。

如果合同性权利或其他法定权利能够在到期时因续约等而延续，当有证据表明企业续约不需要付出重大成本时，续约期才能够包括在使用寿命的估计中。下列情况下，一般说明企业无须付出重大成本即可延续合同性权利或其他法定权利：

①有证据表明合同性权利或法定权利将被重新延续，如果在延续之前需要第三方同意，则还需有第三方将会同意的证据；

②有证据表明为获得重新延续所必需的所有条件将被满足，以及企业为延续持有无形资产所付出的成本相对于预期从重新延续中流入企业的未来经济利益相比不具有重要性。

如果企业为延续无形资产持有期间而付出的成本与预期从重新延续中流入企业的未来经济利益相比具有重要性，则从本质上来看是企业获得了一项新的无形资产。

（2）没有明确的合同或法律规定无形资产的使用寿命的，企业应当综合各方面因素判断，如聘请相关专家进行论证、与同行业的情况进行比较以及参考企业的历史经验等，来确定无形资产为企业带来未来经济利益的期限。

(3) 企业经过上述努力仍确实无法合理确定无形资产为企业带来经济利益的期限的，才能将其作为使用寿命不确定的无形资产。

如企业取得了一项在过去几年中市场份额领先的畅销产品的商标，该商标按照法律规定还有5年的使用寿命，但是在保护期届满时，企业可每10年以较低的手续费申请延期，同时有证据表明企业有能力申请延期。此外，有关的调查表明，根据产品生命周期、市场竞争等方面的情况综合判断，该商标将在不确定的期间内为企业带来现金流量。综合各方面的情况，该商标可视为使用寿命不确定的无形资产。又如，企业通过公开拍卖取得一项出租车运营许可，按照所在地的规定，以现有出租车运营许可权为限，不再授予新的运营许可权，而且在旧的出租车报废以后，有关的运营许可权可用于新的出租车。企业估计在有限的未来，将持续经营出租车行业。对于该运营许可权，由于其能为企业带来未来经济利益的期限从目前情况来看，无法可靠地估计，因而应将其视为使用寿命不确定的无形资产。

（二）无形资产使用寿命的复核

企业至少应当于每年年度终了，对使用寿命有限的无形资产的使用寿命进行复核。如果有证据表明无形资产的使用寿命与以前估计不同的，应当改变其摊销期限，并按照会计估计变更进行处理。如企业使用的某项专利权，原预计使用寿命为10年，使用至第3年年末时，该企业计划再使用2年即不再使用，为此，在第3年年末，企业应当变更该项无形资产的使用寿命，并作为会计估计变更进行处理。

企业应当在每个会计期末对使用寿命不确定的无形资产的使用寿命进行复核。如果有证据表明该无形资产的使用寿命是有限的，应当作为会计估计变更进行处理，并按照使用寿命有限的无形资产的处理原则进行会计处理。

（三）使用寿命有限的无形资产的摊销

使用寿命有限的无形资产，应以成本减去累计摊销额和资产减值损失后的余额进行后续计量。使用寿命不确定的无形资产不需要摊销。这里仅重点介绍使用寿命有限的无形资产摊销的处理。使用寿命有限的无形资产，应在其预计的使用寿命内采用系统合理的方法对应摊销金额进行摊销。

1. 应摊销金额

无形资产的应摊销金额，是指其成本扣除预计残值后的金额。已计提减值准备的无形资产，还应扣除已计提的无形资产减值准备累计金额。无形资产的残值一般为零，但下列情况除外：

(1) 有第三方承诺在无形资产使用寿命结束时购买该无形资产；

(2) 可以根据活跃市场得到预计残值信息，并且该市场在无形资产使用寿命结束时很可能存在。

无形资产的残值意味着，在其经济寿命结束之前，企业预计将会处置该无形资产，并且从该处置中获得利益。估计无形资产的残值应以资产处置时的可收回金额为基础，此时的可收回金额是指在预计出售日，出售一项使用寿命已满且处于类似使用状况下，同类无形资产预计的处置价格（扣除相关税费）。残值确定以后，在持有无形资产的期间内，至少应于每年年末进行复核，预计其残值与原估计金额不同的，应按照会计估计变更进行处理。如果无形资产的残值重新估计以后高于其账面价值，则无形资产不再摊销，直至残值降至低于账面价值时再恢复摊销。

2. 摊销期和摊销方法

无形资产的摊销期自其可供使用（即其达到预定用途）时起至终止确认时止。企业选择的无形资产摊销方法，应根据与无形资产有关的经济利益的预期消耗方式作出决定，并一致地运用于不同会计期间。具体摊销方法包括直线法、产量法等，受技术陈旧因素影响较大的专利权和专有技术等无形资产，可采用类似固定资产加速折旧的方法进行摊销；有特定产量限制的特许经营权或专利权，应采用产量法进行摊销；无法可靠确定其预期消耗方式的，应当采用直线法进行摊销。

由于收入可能受到投入、生产过程和销售等因素的影响，这些因素与无形资产有关经济利益的预期消耗方式无关，因此，企业通常不应以包括使用无形资产在内的经济活动所产生的收入为基础进行摊销，但是，下列极其有限的情况除外：

（1）企业根据合同约定确定无形资产固有的根本性限制条款（如无形资产的使用时间、使用无形资产生产产品的数量或因使用无形资产而应取得固定的收入总额）的，当该条款为因使用无形资产而应取得固定的收入总额时，取得的收入可以成为摊销的合理基础，如企业获得勘探开采黄金的特许权，且合同明确规定该特许权在销售黄金的收入总额达到某固定的金额时失效。

（2）有确凿的证据表明收入的金额和无形资产经济利益的消耗是高度相关的。

企业采用车流量法对高速公路经营权进行摊销的，不属于以包括使用无形资产在内的经济活动产生的收入为基础的摊销方法。

企业至少应当于每年年度终了，对使用寿命有限的无形资产的使用寿命及摊销方法进行复核，如果有证据表明无形资产的使用寿命及摊销方法与以前估计不同，应当改变其摊销期限和摊销方法，并按照会计估计变更进行会计处理。

3. 使用寿命有限的无形资产摊销的会计处理

无形资产的摊销金额一般应当计入当期损益，但如果某项无形资产是专门用于生产某种产品或其他资产的，其所包含的经济利益是通过转入所生产的产品或其他资产中实现的，则该无形资产的摊销金额应当计入相关资产的成本。例如，一项专门用于生产某种产品的专利技术，其摊销金额应构成所生产产品成本的一部分，计入制造该产品的制造费用。

【例 5–5】 甲公司从外单位购得一项新专利技术用于产品生产，支付价款 500 000 元，款项已支付。该项专利技术使用期限为 10 年，假定这项无形资产的净残值为 0，并按年采用直线法摊销。

甲公司的账务处理如下：

取得无形资产时：

借：无形资产——专利权	500 000	
贷：银行存款		500 000

按年摊销时：

借：制造费用——专利权摊销	50 000	
贷：累计摊销		50 000

（四）使用寿命不确定的无形资产的后续计量

根据可获得的相关信息判断，有确凿证据表明无法合理估计其使用寿命的无形资产，才能作为使用寿命不确定的无形资产。对于使用寿命不确定的无形资产，在持有期间内不需要进行摊销，但应当至少在每个会计期末按照有关规定进行减值测试。如经减值测试表明已发生减值，则需要计提相应的减值准备，具体的账务处理是借记“资产减值损失”科目，贷记“无形资产减值准备”科目。

三、无形资产处置的核算

无形资产的处置，主要是指无形资产对外出售、出租、捐赠，应予转销并终止确认。

（一）无形资产出售

企业出售无形资产，表明企业放弃该无形资产的所有权，应将所取得的价款与该无形资产账面价值的差额作为资产处置利得或损失，计入当期损益。应当注意的是，企业出售无形资产确认其利得的时点，应按照收入确认中的相关原则进行确定。

出售无形资产时，应按实际收到的金额等，借记“银行存款”等科目；按已计提的累计摊销额，借记“累计摊销”科目；原已计提减值准备的，借记“无形资产减值准备”科目；按应支付的相关税费及其他费用，贷记“应交税费”“银行存款”等科目；按其账面余额，贷记“无形资产”科目；按其差额，贷记或借记“资产处置损益”科目。

【例 5-6】甲企业为增值税一般纳税人，出售一项专利权，不含税价款为 100 000 元，应交纳的增值税为 6 000 元（适用增值税税率为 6%，不考虑其他税费）。该专利权成本为 70 000 元，出售时已摊销金额为 5 000 元，已计提的减值准备为 3 000 元。

甲企业的账务处理如下：

借：银行存款	106 000	
累计摊销	5 000	
无形资产减值准备	3 000	
贷：无形资产——专利权		70 000
应交税费——应交增值税（销项税额）		6 000
资产处置损益		38 000

（二）无形资产出租

企业让渡无形资产使用权并收取租金，在满足收入确认条件的情况下，应确认相关的收入和费用。

出租无形资产取得租金收入时，借记“银行存款”等科目，贷记“其他业务收入”等科目；摊销租出无形资产的成本和发生与转让有关的各种税费支出时，借记“其他业务成本”“税金及附加”等科目，贷记“累计摊销”“应交税费”等科目。

【例 5-7】甲公司将某商标权出租给乙公司使用，每年收取租金 150 000 元，在出租期间内甲公司不再使用该商标权。甲公司对该商标权采用直线法摊销，每年摊销额为 120 000 元。假定甲公司为一般纳税人，适用增值税税率为 6%，且不考虑增值税以外的其他相关税费。

（1）甲公司每年取得租金收入的账务处理如下：

借：银行存款	159 000	
贷：其他业务收入——出租商标权		150 000
应交税费——应交增值税（销项税额）		9 000

（2）甲公司每年对该商标权进行摊销的账务处理如下：

借：其他业务成本——商标权摊销　　120 000

　贷：累计摊销　　120 000

（三）无形资产报废

如果无形资产预期不能为企业带来未来经济利益，如某无形资产已被其他新技术所替代或超过法律保护期，不能再为企业带来经济利益的，则不再符合无形资产的定义，应将其报废并予以转销，其账面价值转入当期损益（营业外支出）。

【例 5–8】甲企业的一项无形资产成本为 1 000 000 元，采用直线法进行摊销，预计使用期限为 10 年，已摊销 6 年，期间没有减值，残值为 0，因技术革新予以转销。假定不考虑其他相关因素，甲企业的账务处理如下：

借：营业外支出——处置非流动资产损失　　400 000

　　累计摊销　　600 000

　贷：无形资产　　1 000 000

项目小结

无形资产是工业企业在正常生产经营过程中一项重要的非流动资产。本项目对无形资产的确认、分类和无形资产的取得、摊销、处置等的相关知识点和具体账务处理方法进行了详细介绍，并以企业经济业务为主，重点介绍了企业自行研发无形资产的核算过程，让学习者在实际工作中能正确确认无形资产，并对无形资产业务进行核算。

项目六

金融资产业务核算

知识目标

1. 掌握以公允价值计量且其变动计入当期损益的金融资产的确认、计量和会计处理；

2. 掌握以摊余成本计量的金融资产的确认、计量和会计处理；

3. 掌握以公允价值计量且其变动计入其他综合收益的金融资产的确认、计量和会计处理。

能力目标

1. 能正确核算以公允价值计量且其变动计入当期损益的金融资产取得、持有、处置等业务；

2. 能正确核算以摊余成本计量的金融资产取得、持有、处置等业务；

3. 能正确核算以公允价值计量且其变动计入其他综合收益的金融资产取得、持有、处置等业务。

德育目标

1. 以"金边"债券——中国国债为例，展开家国情怀教育，激发爱国情感；

2. 结合会计实践中广泛存在的信用危机，唤起职业责任，塑造会计精神，弘扬诚信友善的社会主义核心价值观。

结构导图

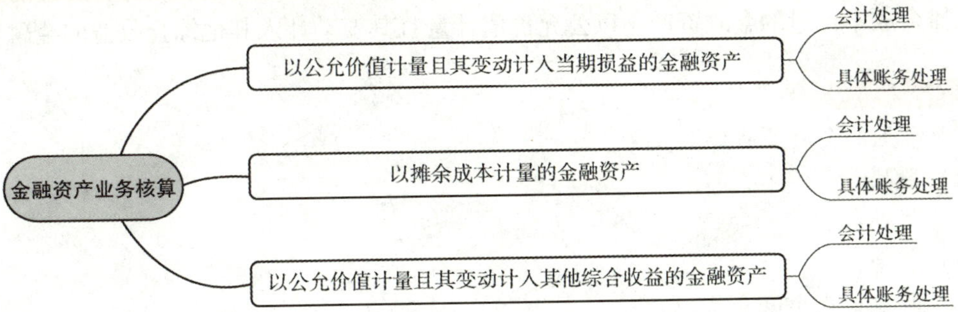

导入案例

特别国债，是指为服务特定政策、支持特定项目而发行的国债。

受疫情影响，我国财政收入下行，支出压力上升。为了应对疫情对经济的冲击，目前各国已相继出台超强财政刺激政策。对我国来说，有相对优势的特别国债可成为积极财政政策新的开源可选项，弥补财政支出不足，发挥财政政策逆周期调节作用。

根据《关于2019年中央和地方预算执行情况与2020年中央和地方预算草案的报告》，抗疫特别国债发行规模为10 000亿元，发行期限以10年期为主，与中央国债统筹发行。抗疫特别国债强调抗疫，发行对象和范围面向机构投资者和个人投资者。尤其是对于公众发行抗疫特别国债，有利于全国人民团结一心抗疫，凝聚战胜疫情的信心和决心。

（资料来源：人民网-人民日报）

思政之窗

1. 培养独立思考的能力与自律能力，养成良好的理财习惯

股神巴菲特说：“在别人贪婪时我恐惧，在别人恐惧时我贪婪。”这句话的本质目的是让投资者保持理性思维，不盲目受外界情绪的影响，不追涨杀跌。这个道理虽然浅显易懂，但执行起来却非常困难。有些人由于对收支缺乏合理的安排和规划，造成资金短缺，甚至会因暂时的资金困难或过度消费掉进“套路贷”的陷阱而遭受巨大损失。所以，要学习金融资产的确认与计量，培养良好的心态与严格的自律能力，有助于合理规划收支、理性消费、科学理财，使自己成为对家庭、对社会都具有积极正能量的人。

2. 爱国情怀

联合国贸易和发展会议此前发布的《全球投资趋势监测报告》显示，2020年中国吸引全球外国直接投资总额逆势增长4%，达1 630亿美元，成为全球最大外资流入国，在全球吸引外资所占比例大幅提升，高达19%。一些外资企业负责人表示，在疫情持续蔓延、世界经济严重衰退的背景下，中国经济率先恢复增长，让大家坚定了继续投资中国的信心。

任务1　以公允价值计量且其变动计入当期损益的金融资产

在企业全部资产中，库存现金、银行存款、应收账款、应收票据、贷款、其他应收款、

应收利息、债券投资、股票投资、基金投资及衍生金融资产等统称为金融资产。根据企业管理金融资产的业务模式和金融资产的合同现金流量特征，《企业会计准则第22号——金融工具确认和计量》将金融资产划分为三种：以公允价值计量且其变动计入当期损益的金融资产、以摊余成本计量的金融资产、以公允价值计量且其变动计入其他综合收益的金融资产。

知识链接

企业常见的金融产品如下：

(1) 股票；

(2) 债券；

(3) 基金；

(4) 其他衍生金融产品。

以公允价值计量且其变动计入当期损益的金融资产设置“交易性金融资产”科目核算，它是企业为了近期内出售而持有的金融资产，企业以赚取差价为目的。

交易性金融资产预期能在短期内变现以满足日常经营的需要，因此，在资产负债表中作为流动资产列示。

一、以公允价值计量且其变动计入当期损益的金融资产的会计处理

为了反映和监督交易性金融资产的取得、收取现金股利或利息、出售等情况，企业应当设置“交易性金融资产”“公允价值变动损益”“投资收益”等科目进行核算。

微课1　金融资产的分类

微课2　交易性金融资产的科目

“交易性金融资产”科目核算企业分类为以公允价值计量且其变动计入当期损益的金融资产。“交易性金融资产”科目的借方登记交易性金融资产的取得成本，资产负债表日其公允价值高于账面余额的差额，以及出售交易性金融资产时结转公允价值低于账面余额的变动金额；贷方登记资产负债表日其公允价值低于账面余额的差额，以及企业出售交易性金融资产时结转的成本和公允价值高于账面余额的变动金额。企业应当按照交易性金融资产的类别和品种，分别设置“成本”“公允价值变动”等明细科目进行核算。“公允价值变动损益”科目核算企业交易性金融资产等的公允价值变动而形成的应计入当期损益的利得或损失。“公允价值变动损益”科目的借方登记资产负债表日企业持有的交易性金融资产等的公允价值低于账面余额的差额；贷方登记资产负债表日企业持有的交易性金融资产等的公允价值高于账面余额的差额。

“投资收益”科目核算企业持有交易性金融资产等期间内取得的投资收益以及出售交易性金融资产等实现的投资收益或投资损失，借方登记企业取得交易性金融资产时支付的交易费用、出售交易性金融资产等发生的投资损失，贷方登记企业持有交易性金融资产等期间内取得的投资收益以及出售交易性金融资产等实现的投资收益。“投资收益”科目应当按照投资项目设置明细科目进行核算。

二、以公允价值计量且其变动计入当期损益的金融资产的具体账务处理

（一）取得时的具体账务处理

企业取得交易性金融资产时，应当按照该金融资产取得时的公允价值作为其初始入账金

额。金融资产的公允价值，应当以市场交易价格为基础确定。

企业取得交易性金融资产所支付价款中包含的已宣告但尚未发放的现金股利或已到付息期但尚未领取的债券利息，应当单独确认为应收项目。

微课3　交易性金融资产的账务处理——取得

企业取得交易性金融资产所发生的相关交易费用应当在发生时计入当期损益，冲减投资收益，发生交易费用取得增值税专用发票的，进项税额经认证后可从当月销项税额中扣除。交易费用是指可直接归属于购买、发行或处置金融工具的增量费用。增量费用是指企业没有发生购买、发行或处置相关金融工具的情形就不会发生的费用，包括支付给代理机构、咨询公司、券商、证券交易所、政府有关部门等的手续费、佣金、相关税费以及其他必要支出，不包括债券溢价、折价、融资费用、内部管理成本和持有成本等与交易不直接相关的费用。

企业取得交易性金融资产，应当按照该金融资产取得时的公允价值，借记“交易性金融资产——成本”科目，按照发生的交易费用，借记“投资收益”科目，发生交易费用取得增值税专用发票的，按其注明的增值税进项税额，借记“应交税费——应交增值税（进项税额）”科目，按照实际支付的金额，贷记“其他货币资金”等科目。

下面以股票为例：

【例 6-1】 A 公司为增值税一般纳税人，20×1 年 6 月 1 日，A 公司购入 B 上市公司股票 100 000 股，该笔股票投资在购买日的公允价值为 20 000 000 元，另支付相关交易费用 50 000 元，取得的增值税专用发票上注明的增值税为 3 000 元。A 公司将其划分为交易性金融资产。A 公司应编制会计分录如下：

借：交易性金融资产——成本	20 000 000	
投资收益	50 000	
应交税费——应交增值税（进项税额）	3 000	
贷：其他货币资金——存出投资款		20 053 000

【例 6-2】 A 公司为增值税一般纳税人，20×1 年 6 月 1 日，A 公司购入 B 上市公司股票 100 000 股，该笔股票投资在购买日的公允价值为 20 000 000 元（其中包含已宣告但尚未发放的现金股利 1 200 000 元），另支付相关交易费用 50 000 元，取得的增值税专用发票上注明的增值税为 3 000 元。A 公司将其划分为交易性金融资产。A 公司应编制会计分录如下：

借：交易性金融资产——成本　　（20 000 000−1 200 000）	18 800 000	
应收股利	1 200 000	
投资收益	50 000	
应交税费——应交增值税（进项税额）	3 000	
贷：其他货币资金——存出投资款		20 053 000

上述两个案例中“交易性金融资产——成本”金额不同，当取得的交易性金融资产中包含已宣告但尚未发放的现金股利或已到期但尚未领取的利息时，应计入“应收股利”或“应收利息”科目。

（二）持有期间获得的投资收益的具体账务处理

企业持有交易性金融资产期间对于被投资单位宣告发放的现金股利或已到付息期但尚未领取的债券利息，应当确认为应收项目，并计入投资收益，即借记“应收股利”或“应收利息”科目，贷记“投资收益”科目；实际收到款项时作为冲减应收项目处理，即借记“其他货币资金”等科目，贷记“应收股利”或“应收利息”科目。

微课 4　交易性金融资产的账务处理——收取现金股利或利息

需要强调的是，企业只有在同时满足三个条件时，才能确认交易性金融资产所取得的股利或利息收入并计入当期损益：一是企业收取股利或利息的权利已经确立（例如被投资单位已宣告）；二是与股利或利息相关的经济利益很可能流入企业；三是股利或利息的金额能够可靠计量。

下面以股票为例：

【例 6-3】 承接【例 6-2】，20×1 年 7 月 15 日，A 公司收到 B 上市公司之前尚未发放的现金股利 1 200 000 元，并存入银行。假定不考虑相关税费。A 公司应编制会计分录如下：

借：其他货币资金——存出投资款　　1 200 000

　　贷：应收股利　　1 200 000

【例 6-4】 承接【例 6-3】，20×1 年 9 月 30 日，B 上市公司宣告发放现金股利，A 公司可分得的现金股利为 1 500 000 元。假定不考虑相关税费。

A 公司应编制会计分录如下：

借：应收股利　　1 500 000

　　贷：投资收益　　1 500 000

（三）在资产负债表日的具体账务处理

资产负债表日，交易性金融资产应当按照公允价值计量，公允价值与账面余额之间的差额计入当期损益。

企业应当在资产负债表日按照交易性金融资产公允价值高于其账面余额的差额，借记“交易性金融资产——公允价值变动”科目，贷记“公允价值变动损益”科目；公允价值低于其账面余额的差额作相反的会计分录，借记“公允价值变动损益”科目，贷记“交易性金融资产——公允价值变动”科目。

微课 5　交易性金融资产的账务处理——期末计价

下面以股票为例：

【例 6-5】 承接【例 6-2】【例 6-3】【例 6-4】，20×1 年 6 月 30 日，A 公司持有 B 上市公司股票的公允价值为 18 300 000 元；20×1 年 12 月 31 日，A 公司持有 B 上市公司股票的公允价值为 19 800 000 元。不考虑相关税费和其他因素。

A 公司应编制会计分录如下：

（1）20×1 年 6 月 30 日，确认 B 上市公司股票的公允价值变动损益时：

借：公允价值变动损益　　500 000

　　贷：交易性金融资产——公允价值变动　　（18 300 000−18 800 000）500 000

（2）20×1 年 12 月 31 日，确认 B 上市公司股票的公允价值变动损益时：

借：交易性金融资产——公允价值变动　　（19 800 000−18 300 000）1 500 000

　　贷：公允价值变动损益　　1 500 000

（四）出售时的具体账务处理

企业出售交易性金融资产时，应当将该金融资产出售时的公允价值与其账面余额之间的差额作为投资损益进行会计处理。

企业出售交易性金融资产，应当按照实际收到的金额，借记“其他货币资金”等科目，按照该金融资产的账面余额的成本部分，贷记“交易性金融资产——成本”科目，按照该金融资产的账面余额的公允价值变动部分，贷记或借记“交易性金融资产——公允价值变动”科目，按照其差额，贷记或借记“投资收益”科目。

微课6　交易性金融资产的账务处理——处置

下面以股票为例：

【例6-6】 承接【例6-2】【例6-3】【例6-4】【例6-5】，20×2年5月31日，A公司出售所持有的全部B上市公司股票，价款为20 500 000元。不考虑相关税费和其他因素。

A公司应编制会计分录如下：

借：其他货币资金——存出投资款　　20 500 000
　　贷：交易性金融资产——成本　　18 800 000
　　　　　　　　　　——公允价值变动　　（1 500 000-500 000）1 000 000
　　　　投资收益　　（差额=20 500 000-18 800 000-1 000 000）700 000

（五）转让交易性金融资产应交增值税的具体账务处理

金融商品转让按照卖出价扣除买入价（不需要扣除已宣告未发放现金股利和已到付息期未领取的利息）后的余额作为销售额计算增值税，即转让金融商品按盈亏相抵后的余额为销售额。若相抵后出现负差，可结转下一纳税期，与下期转让金融商品销售额互抵，但年末时仍出现负差的，不得转入下一会计年度。

转让金融资产当月月末，如产生转让收益，则按应纳税额，借记“投资收益”等科目，贷记“应交税费——转让金融商品应交增值税”科目；如产生转让损失，则按可结转下月抵扣税额，借记“应交税费——转让金融商品应交增值税”科目，贷记“投资收益”等科目。

年末，如果“应交税费——转让金融商品应交增值税”科目有借方余额，说明本年度的金融商品转让损失无法弥补，且本年度的金融资产转让损失不可转入下一年度继续抵减转让金融资产的收益，应将“应交税费——转让金融商品应交增值税”科目的借方余额转出。因此，应借记“投资收益”等科目，贷记“应交税费——转让金融商品应交增值税”科目。

【例6-7】 承接【例6-2】【例6-3】【例6-4】【例6-5】【例6-6】，计算该项业务转让金融商品应交增值税。

A公司转让金融商品应交增值税=（20 500 000-20 000 000）÷（1+6%）×6%=28 301.89（元）

A公司应编制会计分录如下：

借：投资收益　　28 301.89
　　贷：应交税费——转让金融商品应交增值税　　28 301.89

（六）综合举例——债券

【例6-8】 C公司为增值税一般纳税人，20×1年6月1日，C公司购入D公司发行的公司债券，支付价款21 000 000元（其中包含已到付息期但尚未领取的债券利息500 000元），另支付交易费用60 000元，取得的增值税专用发票上注明的增值税为1 800元。该债券面值为20 000 000元，年利率为6%。C公司将其划分为交易性金融资产。

C公司应编制会计分录如下：

借：交易性金融资产——成本 20 500 000
　应收利息 500 000
　投资收益 60 000
　应交税费——应交增值税（进项税额） 1 800
　贷：其他货币资金——存出投资款 21 061 800

在本例中，C 公司取得交易性金融资产所支付价款 21 000 000 元中包含的已到付息期但尚未领取的债券利息 500 000 元，应当记入“应收利息”科目。

【例 6-9】 承接【例 6-8】20×1 年 6 月 30 日，C 公司收到该笔债券利息 500 000 元。假定不考虑其他相关税费和因素。

C 公司应编制会计分录如下：

借：其他货币资金——存出投资款 500 000
　贷：应收利息 500 000

【例 6-10】 承接【例 6-9】20×1 年 12 月 31 日，C 公司根据该债券面值 20 000 000 元和年利率为 6%，确认获得债券利息 700 000 元。假定不考虑其他相关税费和因素。

C 公司应编制会计分录如下：

借：应收利息 700 000
　贷：投资收益 700 000

【例 6-11】 承接【例 6-8】【例 6-9】【例 6-10】，20×1 年 6 月 30 日，C 公司持有的 D 公司债券的公允价值为 21 000 000 元；20×1 年 12 月 31 日，C 公司持有的 D 公司债券的公允价值为 20 000 000 元。假定不考虑相关税费和其他因素。

C 公司应编制会计分录如下：

（1）20×1 年 6 月 30 日，确认 D 公司债券的公允价值变动损益时：

借：交易性金融资产——公允价值变动 （21 000 000−20 500 000）500 000
　贷：公允价值变动损益 500 000

（2）20×1 年 12 月 31 日，确认 D 公司债券的公允价值变动损益时：

借：公允价值变动损益 1 000 000
　贷：交易性金融资产——公允价值变动 （20 000 000−21 000 000）1 000 000

【例 6-12】 承接【例 6-8】【例 6-9】【例 6-10】【例 6-11】，20×2 年 5 月 31 日，C 公司出售了所持有的全部 D 公司债券，售价为 19 000 000 元。假定不考虑相关税费和其他因素。

C 公司应编制会计分录如下：

借：其他货币资金——存出投资款 19 000 000
　交易性金融资产——公允价值变动 （1 000 000−500 000）500 000
　投资收益 （差额=20 500 000−19 000 000−500 000）1 000 000
　贷：交易性金融资产——成本 20 500 000

任务 2　以摊余成本计量的金融资产

一、以摊余成本计量的金融资产的会计处理

以摊余成本计量的金融资产的会计处理，主要包括该金融资产实际利率的计算、摊余成

本的确定、持有期间的收益确认及将其处置时损益的处理。

知识链接

金融资产符合下列条件的，应当分类为以摊余成本计量的金融资产：

(1) 企业管理该金融资产的业务模式是以收取合同现金流量为目标。

(2) 该金融资产的合同条款规定，在特定日期产生的现金流量，仅为支付的本金和以未偿付的本金金额为基础的利息。

(一) 实际利率法

实际利率法，是指计算金融资产的摊余成本以及将利息收入或利息费用分摊计入各会计期间的方法。

实际利率，是指将金融资产在预计存续期的估计未来现金流量，折现为该金融资产账面余额（不考虑减值）或该金融负债摊余成本所使用的利率。在确定实际利率时，应当在考虑金融资产所有合同条款的基础上估计预期现金流量，但不应当考虑预期信用损失。

合同各方之间支付或收取的、属于实际利率组成部分的各项费用、交易费用及溢价或折价等，应当在确定实际利率时予以考虑。

(二) 摊余成本

金融资产的摊余成本，应当以该金融资产的初始确认金额经下列调整后的结果确定：

(1) 扣除已偿还的本金。

(2) 加上或减去采用实际利率法将该初始确认金额与到期日金额之间的差额进行摊销形成的累计摊销额。

(3) 扣除计提的累计信用减值准备（仅适用于金融资产）。

企业对以摊余成本计量的金融资产和以公允价值计量且其变动计入其他综合收益的金融资产计提信用减值准备时，应当采用预期信用损失法。在预期信用损失法下，减值准备的计提不以减值的实际发生为前提，而是以未来可能的违约事件造成损失的期望值来计量当前（资产负债表日）应当确认的减值准备。

二、以摊余成本计量的金融资产的具体账务处理

(一) 取得时的具体账务处理

企业取得的以摊余成本计量的债权投资，应按该投资的面值，借记“债权投资——成本”科目，按支付的价款中包含的已到付息期但尚未领取的利息，借记“应收利息”科目，按实际支付的金额，贷记“银行存款”等科目，按其差额，借记或贷记“债权投资——利息调整”科目。

(二) 持有期间的具体账务处理

资产负债表日，以摊余成本计量的债权投资为分期付息、一次还本债券投资的，应按票面利率计算确定的应收未收利息，借记“应收利息”科目，按该金融资产摊余成本和实际利率计算确定的利息收入，贷记“投资收益”科目，按其差额，借记或贷记“债权投资——利息调整”科目。

以摊余成本计量的债权投资为一次还本付息债券投资的，应按票面利率计算确定的应收

未收利息，借记“债权投资——应计利息”科目，按该金融资产摊余成本和实际利率计算确定的利息收入，贷记“投资收益”科目，按其差额，借记或贷记“债权投资——利息调整”科目。

（三）处置时的具体账务处理

出售以摊余成本计量的债权投资，应按实际收到的金额，借记“银行存款”等科目，按其账面余额，贷记“债权投资——成本、应计利息”科目，贷记或借记“债权投资——利息调整”科目，按其差额，贷记或借记“投资收益”科目。已计提信用减值准备的，还应同时结转信用减值准备。

企业持有的以摊余成本计量的应收款项、贷款等的账务处理原则，与债权投资大致相同，企业可使用“应收账款”“贷款”等科目进行核算。

【例 6-13】 20×1 年 1 月 1 日，A 公司支付价款 1 156 万元（含交易费用）从证券交易所购入 B 公司同日发行的 5 年期公司债券，该债券市场实际利率为 10%，债券票面价值总额为 1 250 万元，票面年利率为 8%，于每年年末支付本年度债券利息（即每年利息为 100 万元），本金在债券到期时一次性偿还。A 公司将该债券分类为以摊余成本计量的金融资产。

（1）计算摊余成本（保留 2 位小数）如表 6-1 所示：

①期初摊余成本＝上期期末摊余成本。

②第 1~4 期各期实际利息收入＝期初摊余成本×市场实际利率（10%）。

第 5 期实际利息收入（尾数调整）＝当期实际利息收入+本金－当期期初摊余成本。

③第 1~4 期各期现金流入＝票面面值（1 250）×票面利率（8%）。

第 5 期现金流入＝票面面值（1 250）×票面利率（8%）+本金（到期一次性偿还1 250）。

④期末摊余成本＝当期期初摊余成本+当期实际利息收入－当期现金流入。

表 6-1 计算摊余成本 万元

期数	期初摊余成本	当期实际利息收入	当期现金流入	期末摊余成本
第 1 期：20×1 年 12 月 31 日	1 156	115. 6	100	1 171. 6
第 2 期：20×2 年 12 月 31 日	1 171. 6	117. 16	100	1 188. 76
第 3 期：20×3 年 12 月 31 日	1 188. 76	118. 88	100	1 207. 64
第 4 期：20×4 年 12 月 31 日	1 207. 64	120. 76	100	1 228. 4
第 5 期：20×5 年 12 月 31 日	1 228. 4	121. 6 ＝100+1 250−1 228. 4	100+1 250	0

（2）A 公司应编制会计分录如下：

①20×1 年 1 月 1 日，购入 B 公司债券。

借：债权投资——成本　　1 156

　　贷：银行存款　　1 156

②第 1 期，20×1 年 12 月 31 日，确认 B 公司债券实际利息收入、收到债券利息。

借：应收利息 100

  债权投资——利息调整 （115.6-100）15.6

  贷：投资收益 115.6

借：银行存款 100

  贷：应收利息 100

③第 2 期，20×2 年 12 月 31 日，确认 B 公司债券实际利息收入、收到债券利息。

借：应收利息 100

  债权投资——利息调整 （117.16-100）17.16

  贷：投资收益 117.16

借：银行存款 100

  贷：应收利息 100

④第 3 期，20×3 年 12 月 31 日，确认 B 公司债券实际利息收入、收到债券利息。

借：应收利息 100

  债权投资——利息调整 （118.88-100）18.88

  贷：投资收益 118.88

借：银行存款 100

  贷：应收利息 100

⑤第 4 期，20×4 年 12 月 31 日，确认 B 公司债券实际利息收入、收到债券利息。

借：应收利息 100

  债权投资——利息调整 （120.76-100）20.76

  贷：投资收益 120.76

借：银行存款 100

  贷：应收利息 100

⑥20×5 年 12 月 31 日，确认 B 公司债券实际利息收入、收到债券利息和本金。

借：应收利息 100

  债权投资——利息调整 （121.6-100）21.6

  贷：投资收益 121.6

借：银行存款 100

  贷：应收利息 100

借：银行存款 1 250

  贷：债权投资——成本 1 250

注意：各期债权投资利息调整合计为 94（1 250-1 156）万元，账户“债权投资——利息调整”借方发生额合计为 94 万元。

任务 3 以公允价值计量且其变动计入其他综合收益的金融资产

一、以公允价值计量且其变动计入其他综合收益的金融资产的会计处理

以公允价值计量且其变动计入其他综合收益的金融资产的会计处理，与以公允价值计量

且其变动计入当期损益的金融资产的会计处理存在类似之处，如均要求按公允价值进行后续计量。但是，也有一些不同之处，以公允价值计量且其变动计入其他综合收益的金融资产所产生的利得或损失，除减值损失或利得和汇兑损益外，均应当计入其他综合收益，直至该金融资产终止确认或被重分类。但是，采用实际利率法计算的该金融资产的利息应当计入当期损益。终止确认时，之前计入其他综合收益的累计利得或损失应当从其他综合收益中转出，计入当期损益。

知识链接

金融资产同时符合下列条件的，应当分类为以公允价值计量且其变动计入其他综合收益的金融资产：

（1）企业管理该金融资产的业务模式，既以收取合同现金流量为目标，又以出售该金融资产为目标。

（2）该金融资产的合同条款规定，在特定日期产生的现金流量，仅为支付的本金和以未偿付的本金金额为基础的利息。

（资料来源：摘自《企业会计准则》）

二、以公允价值计量且其变动计入其他综合收益的金融资产的具体账务处理

（一）取得时的具体账务处理

企业取得以公允价值计量且其变动计入其他综合收益的金融资产，应按该金融资产投资的面值，借记“其他债权投资——成本”科目，按支付的价款中包含的已到付息期但尚未领取的利息，借记“应收利息”科目，按实际支付的金额，贷记“银行存款”等科目，按其差额，借记或贷记“其他债权投资——利息调整”科目。

（二）持有期间的具体账务处理

资产负债表日，以公允价值计量且其变动计入其他综合收益的金融资产为分期付息、一次还本债券投资的，应按票面利率计算确定的应收未收利息，借记“应收利息”科目，按债券的摊余成本和实际利率计算确定的利息收入，贷记“投资收益”科目，按其差额，借记或贷记“其他债权投资——利息调整”科目。

以公允价值计量且其变动计入其他综合收益的金融资产为一次还本付息债券投资的，应按票面利率计算确定的应收未收利息，借记“其他债权投资——应计利息”科目，按债券的摊余成本和实际利率计算确定的利息收入，贷记“投资收益”科目，按其差额，借记或贷记“其他债权投资——利息调整”科目。

资产负债表日，以公允价值计量且其变动计入其他综合收益的金融资产的公允价值高于其账面余额的差额，借记“其他债权投资——公允价值变动”科目，贷记“其他综合收益——其他债权投资公允价值变动”科目；公允价值低于其账面余额的差额作相反的会计分录。

确定以公允价值计量且其变动计入其他综合收益的金融资产发生减值的，应按减记的金额，借记“信用减值损失”，贷记“其他综合收益——信用减值准备”科目。

（三）处置时的具体账务处理

出售以公允价值计量且其变动计入其他综合收益的金融资产，应按实际收到的金额，借

记“银行存款”等科目，按其账面余额，贷记“其他债权投资——成本”“应计利息”科目，贷记或借记“其他债权投资——公允价值变动”“利息调整”科目；按应从其他综合收益中转出的公允价值累计变动额，借记或贷记“其他综合收益——其他债权投资公允价值变动”科目；按应从其他综合收益转出的信用减值准备累计金额，借记“其他综合收益——信用减值准备”科目，按其差额，贷记或借记“投资收益”科目。

【例 6-14】 20×1 年 1 月 1 日，A 公司支付价款 1 156 万元（含交易费用）从证券交易所购入 B 公司同日发行的 5 年期公司债券，该债券市场实际利率为 10%，债券票面价值总额为 1 250 万元，票面年利率为 8%，于每年年末支付本年度债券利息（即每年利息为 100 万元），本金在债券到期时一次性偿还。A 公司将该债券分类为以公允价值计量且其变动计入其他综合收益的金融资产。其他资料如下：

①20×1 年 12 月 31 日，B 公司债券的公允价值为 1 200 万元（不含利息）。

②20×2 年 12 月 31 日，B 公司债券的公允价值为 1 300 万元（不含利息）。

③20×3 年 12 月 31 日，B 公司债券的公允价值为 1 250 万元（不含利息）。

④20×4 年 12 月 31 日，B 公司债券的公允价值为 1 200 万元（不含利息）。

⑤20×5 年 1 月 31 日，A 公司通过公开市场出售了全部 B 公司债券，取得价款 1 260 万元。

（1）计算公允价值变动额（保留 2 位小数）如表 6-2 所示：

①当期已收回的本金 = 当期现金流入 - 当期实际利息收入。

②当期公允价值变动额 = 当期公允价值 - 当期摊余成本余额 - 上期公允价值变动累计金额。

③公允价值变动累计金额 = 上期公允价值变动累计金额 + 当期公允价值变动额。

表 6-2　计算公允价值变动额　　万元

期数	当期现金流入	当期实际利息收入	当期已收回的本金	当期摊余成本余额	当期公允价值	当期公允价值变动额	公允价值变动累计金额
20×1 年 1 月 1 日				1 156	1 156	0	0
第 1 期：20×2 年 12 月 31 日	100	115.6	-15.6	1 171.6	1 200	28.4	28.4
第 2 期：20×3 年 12 月 31 日	100	117.16	-17.16	1 188.76	1 300	82.84	111.24
第 3 期：20×4 年 12 月 31 日	100	118.88	-18.88	1 207.64	1 250	-68.88	42.36
第 4 期：20×5 年 12 月 31 日	100	120.76	-20.76	1 228.4	1 200	-70.76	-28.4

（2）A 公司应编制会计分录如下：

①20×1 年 1 月 1 日，购入 B 公司债券。

借：其他债权投资——成本　　1 250

　贷：银行存款　　1 156

　　　其他债权投资——利息调整　　94

②20×1 年 12 月 31 日，确认 B 公司债券实际利息收入、公允价值变动，收到债券利息。

借：应收利息　　100

　其他债权投资——利息调整　　15.6

　贷：投资收益　　115.6

借：银行存款　　100

　贷：应收利息　　100

借：其他债权投资——公允价值变动　　28.4

　贷：其他综合收益——其他债权投资公允价值变动　　28.4

③20×2 年 12 月 31 日，确认 B 公司债券实际利息收入、公允价值变动，收到债券利息。

借：应收利息　　100

　其他债权投资——利息调整　　17.16

　贷：投资收益　　117.16

借：银行存款　　100

　贷：应收利息　　100

借：其他债权投资——公允价值变动　　82.84

　贷：其他综合收益——其他债权投资公允价值变动　　82.84

④20×3 年 12 月 31 日，确认 B 公司债券实际利息收入、公允价值变动，收到债券利息。

借：应收利息　　100

　其他债权投资——利息调整　　18.88

　贷：投资收益　　118.88

借：银行存款　　100

　贷：应收利息　　100

借：其他综合收益——其他债权投资公允价值变动　　68.88

　贷：其他债权投资——公允价值变动　　68.88

⑤20×4 年 12 月 31 日，确认 B 公司债券实际利息收入、公允价值变动，收到债券利息。

借：应收利息　　100

　其他债权投资——利息调整　　20.76

　贷：投资收益　　120.76

借：银行存款　　100

　贷：应收利息　　100

借：其他综合收益——其他债权投资公允价值变动　　70.76

　贷：其他债权投资——公允价值变动　　70.76

⑥20×5 年 1 月 31 日，确认出售 B 公司债券实现的损益。

借：银行存款　　1 260

　其他债权投资——利息调整　　21.6

　　　　　　——公允价值变动　　28.4

　贷：其他债权投资——成本　　1 250

　　其他综合收益——其他债权投资公允价值变动　　28.4

　　投资收益　　31.36

项目小结

本项目对以公允价值计量且其变动计入当期损益的金融资产、以摊余成本计量的金融资产、以公允价值计量且其变动计入其他综合收益的金融资产的确认和计量进行了介绍，并以企业经济业务为主，重点介绍了金融资产的账务处理，让学习者在实际工作中能正确对金融资产进行分类、确认与计量。

项目七

负债业务核算

知识目标

1. 掌握短期借款的取得、计息、归还的账务处理流程和核算方法；
2. 掌握长期借款的取得、计息、归还的账务处理流程和核算方法；
3. 掌握应付票据计息、归还的账务处理流程和核算方法；
4. 掌握职工薪酬的账务处理流程和核算方法；
5. 掌握各种税费的账务处理流程和核算方法；
6. 掌握应付及预收款项的账务处理流程和核算方法。

能力目标

1. 能准确地计算与填制、审核借款利息费用计算表；
2. 能核算短期借款的取得、计息、归还本息等业务；
3. 能核算长期借款的取得、计息、归还本息等业务；
4. 能核算职工薪酬业务；
5. 能核算各种税费的金额；
6. 能核算应付票据、应付及预收款项等业务。

德育目标

1. 提高学生对诚信的重视度，让学生珍惜个人信用、传承诚信精神；

2. 引导学生做一个自觉纳税、守法守纪的好公民，培养学生诚实守信的会计职业道德，弘扬诚信的社会主义核心价值观。

3. 培养学生静以修身、俭以养德的品质，让学生养成量入为出的习惯，防止铺张浪费。

结构导图

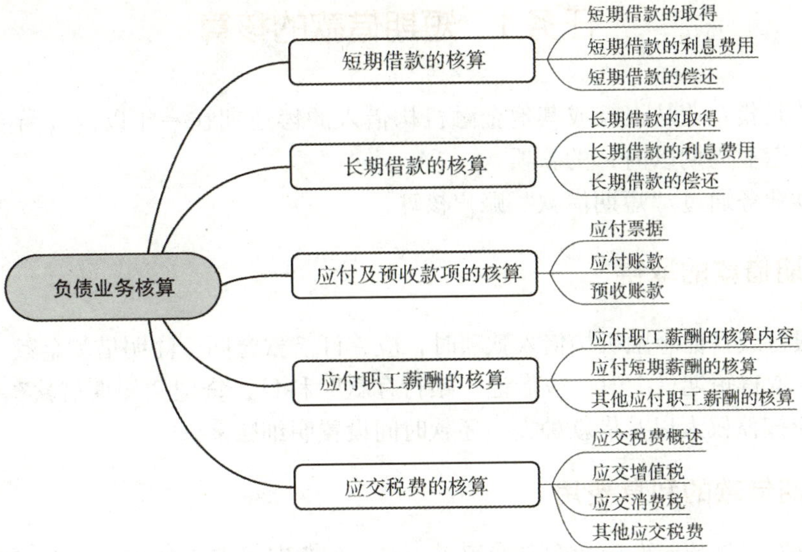

导入案例

江龙控股集团资金链断裂

江龙控股集团（以下简称江龙控股）是一家集研发、生产、加工和销售于一体的大型印染企业。2006年9月7日在新加坡股票交易所上市交易，股票名称为“中国印染”，首发1.13亿股，募集资金约5亿元人民币。然而在2008年7、8月份，江龙控股却突然出现了资金链断裂的危险。江龙控股展开了一系列自救行动，政府也积极介入协调，以帮助江龙控股走出资金困境。然而种种努力并未能改变江龙控股资金链断裂的命运，江龙控股成为倒在资金链上的又一个纺织制造业大户。

（资料来源：https：//wenku. baidu. com/view/b537cadcf605cc1755270722192e453611665b58. html）

思政之窗

只有奋斗的人生才称得上幸福的人生。奋斗是艰辛的，艰难困苦、玉汝于成，没有艰苦，就不是真正的奋斗，我们要勇于在艰苦奋斗中净化灵魂、磨炼意志、坚定信念。奋斗是长期的，前人栽树、后人乘凉，伟大事业需要几代人、十几代人持续奋斗。奋斗是曲折的，“为有牺牲多壮志，敢教日月换新天”，要奋斗就会有牺牲，我们始终要发扬大无畏精神和无私奉献精神。

——习近平（摘自学习强国）

潘序伦先生创立立信会计师事务所，在中国的注册会计师史上留下了光辉夺目的一页，潘先生一生看重真诚与信用，他几十年身体力行、率先垂范。潘先生认为立信是做人的重要准则，也是会计的职业道德，“立信，乃会计之本。没有信用，也就没有会计”，忠于会计事业务必立信。早在1928年，潘先生就提出“信以立志、信以守身、信以处事、信以待人、毋忘立信、当必有成”的立信准则，并把它作为办理各项会计事业的训条，要求立信会计师事务所同仁共勉。

（资料来源：https：//zhidao. baidu. com/question/1897492130958387540. html）

任务 1 短期借款的核算

短期借款是指企业从银行或其他金融机构借入的偿还期在一年以内（特殊情况下在超过一年的一个营业周期以内）的款项。

短期借款业务通过“短期借款”账户核算。

一、短期借款的取得

企业从银行或其他金融机构借入款项时，应签订借款合同，注明借款金额、借款利率和还款时间等。取得短期借款时，应借记“银行存款”科目，贷记“短期借款”科目。“短期借款”科目应按债权人以及借款种类、还款时间设置明细账。

二、短期借款的利息费用

企业取得短期借款而发生的利息费用，一般应作为财务费用处理，计入当期损益。企业核算利息费用的方法一般有以下两种：

（一）预提法

按照权责发生制原则，当月应负担的利息费用，即使在当月没有支付，也应作为当月的利息费用处理，应计算当月的利息费用数额，进行预提，借记“财务费用”科目，贷记“应付利息”科目。在实际支付利息的月份，借记“应付利息”科目，贷记“银行存款”科目。

【例 7-1】甲公司于 1 月 1 日向银行借入一笔生产经营用短期借款，借款共计 120 000 元，期限为 9 个月，年利率为 4%。根据与银行签署的借款协议，该项借款的本金到期后一次归还；利息分月预提，按季支付。甲公司的会计处理如下：

（1）1 月 1 日借入短期借款：

借：银行存款	120 000	
贷：短期借款		120 000

（2）1 月末，计提 1 月份应计利息：

借：财务费用	400	
贷：应付利息		400

本月应计提的利息 = 120 000×4%÷12 = 400（元）

2 月末计提 2 月份利息费用的处理与 1 月份相同。

（3）3 月末支付第一季度银行借款利息：

借：财务费用	400	
应付利息	800	
贷：银行存款		1 200

第二、三季度的会计处理同上。

(4) 10月1日偿还银行借款本金：

借：短期借款 120 000

　　贷：银行存款 120 000

(二) 直接摊销法

在短期借款的数额不多、各月负担的利息费用数额不大的情况下，也可以采用简化的核算方法，即于实际支付利息的月份，将其全部作为当月的财务费用处理，借记“财务费用”科目，贷记“银行存款”科目。一般来说，企业的会计报表应于年末（或6月末，下同）对外报送，采用这种方法，不会对年度会计报表提供的会计信息产生影响。但在年末，如果有应由本年负担但尚未支付的借款利息，应予预提，否则会影响年度所得税的计算。

【例7-2】 甲公司1月1日向银行借入一笔生产经营用短期借款，借款共计1 200元，期限为3个月，年利率为4%。根据与银行签署的借款协议，该项借款的本金到期后一次归还；利息不予预提，到期一次支付。甲公司的会计处理如下：

(1) 1月1日借入短期借款：

借：银行存款 1 200

　　贷：短期借款 1 200

(2) 4月1日偿还银行借款本金及利息：

借：短期借款 1 200

　　财务费用 12

　　贷：银行存款 1 212

本年应付利息 = 1 200×4%÷12×3 = 12（元）

三、短期借款的偿还

企业在短期借款到期偿还借款本金时，应借记“短期借款”科目，贷记“银行存款”科目。

任务2 长期借款的核算

长期借款是指企业从银行或其他金融机构借入的偿还期在一年以上的款项。

为了全面核算长期借款的增减变动等情况，企业应设置“长期借款”科目，取得长期借款应记入该科目贷方，偿还长期借款则记入该科目借方。

按照权责发生制，企业应分期确认长期借款的利息。企业取得的长期借款，通常是到期一次支付利息的，因而应付未付的借款利息与本金一样，属于非流动负债，应贷记“长期借款”科目。确认的利息费用则应根据借款的用途等情况，确定应予费用化还是资本化，分别借记“财务费用”或“在建工程”等科目。

一、长期借款的取得

企业借入长期借款，应按实际收到的金额，借记“银行存款”科目，贷记“长期借款”科目 。

【例7-3】 甲公司为增值税一般纳税人，1月28日从银行借入资金4 000 000元，借款期限为 3 年，年利率为 8.4%（到期一次还本付息，不计复利），所借款项已存入银行。

甲公司的有关会计分录如下：

借：银行存款	4 000 000	
贷：长期借款		4 000 000

二、长期借款的利息费用

长期借款计算确定的利息费用，应当按以下原则计入有关成本、费用：

属于筹建期间的，计入管理费用；属于生产经营期间的，计入财务费用。如果长期借款用于购建固定资产的，在固定资产尚未达到预定可使用状态前，所发生的应当资本化的利息支出，计入在建工程成本；固定资产达到预定可使用状态后发生的利息支出，以及按规定不予资本化的利息支出，计入财务费用。

按照权责发生制，企业应分期确认长期借款的利息。企业取得长期借款，通常是到期一次支付利息的，因而应付未付的借款利息与本金一样，属于非流动负债，应记入“长期借款”科目。长期借款（分期付息）按合同利率计算确定的应付未付利息，借记“在建工程”“制造费用”“财务费用”“研发支出”等科目，贷记“长期借款”科目。

【例 7-4】 承上例，甲公司于 2 月 28 日计提长期借款利息。

2 月 28 日计提的长期借款利息 = 4 000 000×8.4%÷12 = 28 000（元）

该公司的有关会计分录如下：

借：财务费用	28 000	
贷：长期借款		28 000

以后三年每月月末预提利息的会计分录同上。

三、长期借款的偿还

企业归还长期借款的本金时，应按归还的金额，借记“长期借款 ”科目，贷记“银行存款”科目 。

【例 7-5】 承上例，甲公司到期还款时，偿还该笔银行借款本息。

该公司的有关会计分录如下：

借：财务费用	28 000	
长期借款	4 980 000	
贷：银行存款		5 008 000

任务 3　应付及预收款项的核算

一、应付票据

应付票据是指企业采用商业汇票结算方式延期付款购入货物应付的票据款。在我国，商业汇票的付款期限最长为 6 个月，因而应付票据即短期应付票据。

（一）商业汇票的签付

商业汇票结算方式是一种延期付款的结算方式。企业采用商业汇票结算方式购入货物，应向供货单位签付已承兑的商业汇票。企业也可以签付商业汇票，用以抵偿应付账款。商业汇票按承兑人分类，可以分为商业承兑汇票和银行承兑汇票两种；按是否带息分类，可以分为不带息商业汇票和带息商业汇票两种。

1. 不带息商业汇票

企业签付不带息的商业汇票，不论是商业承兑汇票还是银行承兑汇票，其到期价值即为票面价值。按照重要性原则，应付票据应按业务发生时的金额即票面价值入账。企业取得结算凭证并签付商业汇票后，应按票面价值借记“原材料”“应交税费”等科目，贷记“应付票据”科目。企业向银行申请承兑支付的手续费，应计入财务费用。

【例 7-6】 甲公司为增值税一般纳税人，于 2 月 6 日开出并承兑一张面值为 56 500 元、期限 5 个月的不带息商业承兑汇票，用以采购一批材料，材料已收到，原材料按计划成本核算。增值税专用发票上注明的材料价款为 50 000 元，增值税为 6 500 元。该公司的有关会计分录如下：

借：材料采购　　50 000
　　应交税费——应交增值税（进项税额）　　6 500
　　贷：应付票据　　56 500

2. 带息商业汇票

企业签付带息的商业汇票，不论是商业承兑汇票还是银行承兑汇票，其到期价值为票面价值与应计利息之和。在这种情况下，其票面价值为应付票据的现值，应付票据仍应按业务发生时的金额即票面价值（亦即现值）入账。企业取得结算凭证并签付商业汇票后，应按结算凭证上注明的价款借记“原材料”“应交税费”等科目，按商业汇票的票面价值贷记“应付票据”科目。企业向银行申请承兑支付的手续费，应计入财务费用。

【例 7-7】 3 月 1 日，甲公司开出带息商业汇票一张，面值 320 000 元，用于抵付其前欠乙公司的货款。该票据票面利率 6%，期限为 3 个月，该公司的有关会计分录如下：

借：应付账款——乙公司　　320 000
　　贷：应付票据　　320 000

（二）带息商业汇票的利息费用

带息商业汇票利息费用的核算，一般有以下几种方法：

1. 按月计提

这种方法适用于票面价值较大、利息费用较多的商业汇票利息费用的核算。采用这种方法，应于每月月末计算当月应付的商业汇票利息费用，计入财务费用，借记“财务费用”科目，贷记“应付利息”科目。

【例 7-8】 承【例 7-7】，3 月 31 日，甲公司计算开出带息应付票据应计利息。该公司的有关会计分录如下：

借：财务费用　　1 600
　　贷：应付利息　　1 600

3 月份应计提的应付票据利息 $=320\ 000\times6\%\div12=1\ 600$（元）

甲公司 4 月末和 5 月末的会计处理同上。

2. 到期计提

这种方法适用于票面价值较小、利息费用较少且签发日与到期日在同一个会计年度的商业汇票利息费用的核算。采用这种方法，每月月末不需要计提利息费用，而是在到期日一次计算确认全部利息费用，计入财务费用。

到期单独确认利息费用，应借记“财务费用”科目，贷记“应付利息”科目；付款时，应借记“应付票据”“应付利息”科目，贷记“银行存款”科目。

到期与付款等一并进行账务处理，应按商业汇票的票面价值，借记“应付票据”科目，按全部应计利息，借记“财务费用”科目，按商业汇票的票面价值与应计利息之和，贷记“银行存款”或“应付账款”科目。

（三）商业汇票的到期

企业签付的商业汇票到期时，应无条件支付票据款。由于企业筹集付款资金的方法和能力有所不同，到期时可能会出现有能力支付票据款和无力支付票据款两种情况。

1. 有能力支付票据款

在商业汇票到期时，如果企业有能力支付票据款，则企业的开户银行在收到商业汇票付款通知时，无条件支付票据款。企业在收到开户银行的付款通知时，核销应付票据。

支付不带息的票据款时，应借记“应付票据”科目，贷记“银行存款”科目。

支付带息的票据款时，应按商业汇票账面价值，借记“应付票据”科目；按已计提的利息，借记“应付利息”科目；按尚未计提的应计利息，借记“财务费用”科目；按实际支付的票据款，贷记“银行存款”科目。

【例 7-9】 3 月 1 日，甲公司开出带息商业汇票一张，面值 300 000 元，用于抵付其前欠丙公司的货款。该票据票面利率 6%，期限为 3 个月，6 月 1 日，商业承兑汇票到期，甲公司以银行存款全额支付到期票款和 3 个月的票据利息（利息到期一次计提）。该公司的有关会计分录如下：

借：应付票据	300 000	
财务费用	4 500	
贷：银行存款		304 500

该商业承兑汇票到期应偿还的金额 = 本金 + 利息 = 300 000+300 000×6%÷12×3 = 304 500（元）

2. 无力支付票据款

在商业汇票到期时，如果企业无力支付票据款，则应根据不同承兑人承兑的商业汇票作不同的处理。

采用商业承兑汇票进行结算，承兑人即为付款人。如果付款人无力支付票据款，银行将把商业承兑汇票退还给收款人，由收付款双方协商解决。由于商业汇票已经失效，付款人应将应付票据款转为应付账款，应付的利息也应计入应付账款。

如果是不带息的商业汇票，企业应按票面价值借记“应付票据”科目，贷记“应付账款”科目。如果是带息的商业汇票，企业应借记“应付票据”“应付利息”“财务费用”科目，贷记“应付账款”科目。

【例 7-10】 承【例 7-9】，6 月 1 日，带息商业承兑汇票到期，丙公司无力支付票款，应将应付票据的账面余额和相关利息转入“应付账款”科目。该公司的会计分录如下：

借：应付票据	300 000	
财务费用	4 500	
贷：应付账款		304 500

采用银行承兑汇票进行结算，承兑人为承兑银行。如果付款人无力支付票据款，承兑银行将代为支付票据款，并将其转为对付款人的逾期贷款。由于商业汇票已经失效，付款人应将应付票据款转为短期借款，应付的利息也应计入短期借款。如果是不带息的商业汇票，企业应按票面价值借记“应付票据”科目，贷记“短期借款”科目；如果是带息的商业汇票，企业应借记“应付票据”“应付利息”“财务费用”科目，贷记“短期借款”科目。企业支付的罚息，应计入财务费用。

【例 7-11】承【例 7-9】，假设甲公司开出的是银行承兑汇票。6 月 1 日，带息银行承兑汇票到期，丙公司无力支付票款，则将应付票据的账面余额和相关利息转入“短期借款”科目。该公司的会计分录如下：

借：应付票据　　300 000
　　财务费用　　4 500
　　贷：短期借款　　304 500

二、应付账款

应付账款是指企业在正常的生产经营过程中因购进货物或接受劳务应在一年以内偿付的债务，属于流动负债。

（一）应付账款的入账时间

从理论上讲，应付账款的入账时间应为结算凭证取得的时间。因为在赊购情况下，企业在取得结算凭证的同时可以取得货物，也就意味着取得了该项货物的产权，应在确认资产的同时确认负债。

（1）在货物与发票账单同时到达的情况下，应付账款一般待货物验收入库后，才按发票账单等登记入账。这主要是为了确认所购货物的品种、数量及质量是否与合同条款相符，以免因先入账而在验收入库时发现购入物资错、漏、破损等问题再进行调账的情况。

（2）在货物与发票账单非同时到达，且两者间隔较长时间的情况下，应付账款的入账时间以收到发票账单为准。但对于货物已到，发票账单在月末仍未到达的情况，为了在资产负债表上客观反映企业所拥有的资产和承担的债务，月末编制资产负债表时，企业应将所购货物和应付账款估价入账。

（二）应付账款的入账价格

企业确认应付账款时，应借记有关科目，贷记“应付账款”科目；偿付应付账款时，应借记“应付账款”科目，贷记“银行存款”等科目。

如果应付账款中含有现金折扣，其入账价值的确定方法按总价法进行处理。

总价法的特点是购进的货物和应付账款均按结算凭证中的价格入账，借记“原材料”“应交税费”等科目，贷记“应付账款”科目。企业在折扣期内支付了货款，取得了现金折扣，则将其视为提前付款取得的利息收入，冲减财务费用，按应付账款的总价借记“应付账款”科目，按实际支付的价款贷记“银行存款”科目，按取得的现金折扣贷记“财务费用”科目；如果未取得现金折扣，按总价支付货款时，应借记“应付账款”科目，贷记“银行存款”科目。

【例 7-12】甲公司 1 月 2 日从丙公司购入一批原材料并已验收入库。取得的增值税专用发票上注明该批材料的价款为 1 000 000 元，增值税为 130 000 元。按照购货协议的规定，现金折扣条件为“2/10，1/20，*n*/30”。甲公司的有关会计分录如下：

借：原材料　　1 000 000
　　应交税费——应交增值税（进项税额）　　130 000
　　贷：应付账款——丙公司　　1 130 000

假如甲公司于 1 月 10 日支付货款给丙公司，则甲公司的有关会计分录如下：

$$1\ 000\ 000\times 2\% = 20\ 000\text{（元）}$$

借：应付账款　　1 000 000
　　贷：银行存款　　980 000
　　　　财务费用　　20 000

三、预收账款

预收账款是指企业按照合同规定向购货单位预收的款项。与应付账款不同，预收账款所形成的负债不是以货币偿付，而是以货物偿付。

预收账款情况不多的，也可不设“预收账款”科目，将预收的款项直接记入“应收账款”科目的贷方。

【例 7-13】甲公司为增值税一般纳税人。1 月 3 日，甲公司与乙公司签订供货合同，向其出售一批产品，货款金额共计 100 000 元，应交增值税 13 000 元。根据购货合同的规定，乙公司在购货合同签订后一周内，应当向甲公司预付货款 60 000 元，剩余货款在交货后付清。1 月 9 日，甲公司收到乙公司交来的预付货款 60 000 元并存入银行，1 月 19 日，甲公司将货物发到乙公司并开出增值税专用发票，乙公司验收后付清了剩余货款。

甲公司有关的会计分录如下：

（1）1 月 9 日，收到乙公司交来的预付货款 60 000 元：

借：银行存款　　60 000
　　贷：预收账款——乙公司　　60 000

（2）1 月 19 日，按合同规定，向乙公司发出货物：

借：预收账款——乙公司　　113 000
　　贷：主营业务收入　　100 000
　　　　应交税费——应交增值税（销项税额）　　13 000

（3）收到乙公司补付的货款：

借：银行存款　　53 000
　　贷：预收账款——乙公司　　53 000

任务 4　应付职工薪酬的核算

一、应付职工薪酬的核算内容

应付职工薪酬是指职工为企业提供服务后，企业应当支付给职工的各种形式的报酬或补偿。

职工主要是指与企业订立劳动合同的所有人员，含全职、兼职和临时职工，也包括虽未与企业订立劳动合同但由企业正式任命的人员。未与企业订立劳动合同或未由企业正式任命，但向企业提供的服务与职工提供的服务类似的人员，也属于职工的范畴，包括通过企业与劳务中介公司签订用工合同而向企业提供服务的人员。

职工薪酬是指企业为获得职工提供的服务或与职工解除劳动关系而给予的各种形式的报酬或补偿。职工薪酬包括短期薪酬、离职后福利、辞退福利和其他长期职工福利。企业提供给职工配偶、子女、受赠养人、已故员工遗属及其他受益人等的福利，也属于职工薪酬。

（一）短期薪酬

短期薪酬是指企业在职工提供相关服务的年度报告期间结束后 12 个月内需全部予以支付的职工薪酬。短期薪酬具体包括职工工资、奖金、津贴和补贴，职工福利费，医疗保险费、工伤保险费和生育保险费等社会保险费，住房公积金，工会经费和职工教育经费，短期带薪缺勤，短期利润分享计划，非货币性福利以及其他短期薪酬。

（二）离职后福利

离职后福利是指企业为获得职工提供的服务而在职工退休或与企业解除劳动关系后，提供的各种形式的报酬和福利。

（三）辞退福利

辞退福利是指企业在职工劳动合同到期之前解除与职工的劳动关系，或者为鼓励职工自愿接受裁减而给予职工的补偿。

（四）其他长期职工福利

其他长期职工福利是指除短期薪酬、离职后福利、辞退福利之外所有的职工薪酬，包括长期带薪缺勤、长期残疾福利、长期利润分享计划等。

为了反映职工薪酬的发放和提取情况，应设置“应付职工薪酬”科目进行核算，该科目应按照职工薪酬的类别设置明细科目。

二、应付短期薪酬的核算

（一）应付工资

1. 工资总额

工资总额是指企业在一定时期内实际支付给职工的劳动报酬总数。企业的工资总额一般由计时工资、计件工资、奖金、津贴和补贴、加班加点工资和特殊情况下支付的工资六个部分组成。

2. 工资结算

工资结算包括工资的计算和工资的发放。为了便于进行工资结算，企业应编制工资结算汇总表。工资结算汇总表应按照职工类别和工资总额构成项目分别反映。

【例 7-14】 甲公司 11 月份的工资结算汇总表如表 7-1 所示。

表 7-1 工资结算汇总表

元

项目	应付工资	代扣款项			应发现金
		社会保险费	个人所得税	合计	
生产工人	400 000	60 000	15 000	75 000	325 000
车间管理人员	25 000	4 000	1 000	5 000	20 000
企业管理人员	140 000	30 000	5 000	35 000	105 000
销售人员	33 000	6 000	1 000	7 000	26 000
在建工程人员	45 000	10 000	2 000	12 000	33 000
合计	643 000	110 000	24 000	134 000	509 000

为了反映企业与职工的工资结算情况，应在“应付职工薪酬”科目下设置“工资”明细科目。

企业在发放工资之前，应按照应发现金合计数提取现金，借记“库存现金”科目，贷记“银行存款”科目。

实际发放工资时，按照实发工资数额，借记“应付职工薪酬——工资”科目，贷记“库存现金”科目。

如果企业将应发给职工的工资通过银行转账方式直接转入职工的银行账户，则不必提取现金，应按照实发工资数额。借记“应付职工薪酬——工资”科目，贷记“银行存款”科目。

结转代扣社会保险费和住房公积金时，借记“应付职工薪酬——工资”科目，贷记“其他应付款”等科目。

结转代扣个人所得税时，借记“应付职工薪酬——工资”科目，贷记“应交税费”科目。

实际交纳社会保险费和住房公积金以及个人所得税时，借记“其他应付款”“应交税费”科目，贷记“银行存款”等科目。

【例 7-15】 承【例 7-14】，甲公司 11 月份根据有关的工资结算业务，编制会计分录如下：

（1）通过银行转账方式，实际发放工资 509 000 元。

借：应付职工薪酬　　509 000

　　贷：银行存款　　509 000

（2）结转代扣款 134 000 元。

借：应付职工薪酬——工资　　134 000

　　贷：其他应付款——应付社会保险费等　　110 000

　　　　应交税费——应交个人所得税　　24 000

（3）交纳由职工个人负担的社会保险费等 110 000 元。

借：其他应付款——应付社会保险费等　　110 000

　　贷：银行存款　　110 000

（4）交纳个人所得税 24 000 元。

借：应交税费——应交个人所得税　　24 000

　　贷：银行存款　　24 000

3. 工资分配

工资分配是指将企业发放的工资，于月末按照用途进行分配。企业进行工资分配时，应按照工资的用途分别记入有关科目。

生产工人的工资借记“生产成本”科目；

车间管理人员的工资借记“制造费用”科目；

销售人员的工资，借记“销售费用”科目；

在建工程人员的工资，借记“在建工程”科目；

自行开发无形资产人员的工资，借记“研发支出”科目；

其他人员的工资，借记“管理费用”科目；

职工工资总额，贷记“应付职工薪酬——工资”科目。

为了便于进行工资分配的核算，企业应编制工资分配汇总表。

【例 7-16】承【例 7-15】，甲公司 11 月份的工资分配汇总表如表 7-2 所示（工资额按上月出勤和产量记录计算）。

表 7-2　工资分配汇总表　　元

应借科目	生产工人	车间管理人员	企业管理人员	销售人员	在建工程人员	合计
生产成本	400 000					400 000
制造费用		25 000				25 000
管理费用			140 000			140 000
销售费用				33 000		33 000
在建工程					45 000	45 000
合　计	400 000	25 000	140 000	33 000	45 000	643 000

根据工资分配汇总表，甲公司编制会计分录如下：

借：生产成本　　400 000

　　制造费用　　25 000

　　管理费用　　140 000

　　销售费用　　33 000

　　在建工程　　45 000

　　贷：应付职工薪酬——工资　　643 000

（二）应付福利费

在我国，企业职工从事生产经营活动除领取劳动报酬外，还享受一定的福利补助，如职工生活困难补助费等。为了反映职工福利的支付与分配情况，应在“应付职工薪酬”科目下设置“职工福利”明细科目。

1. 应付福利费的支出

企业发生福利费支出时，应借记“应付职工薪酬——职工福利”科目，贷记有关科目。

2. 应付福利费的分配

月末，企业应按照用途对发生的职工福利费进行分配。企业分配职工福利费时，应借记“生产成本”“制造费用”“管理费用”“销售费用”“在建工程”“研发支出”等科目，贷记“应付职工薪酬——职工福利”科目。

【7-17】 甲公司11月份用现金支付生产工人福利费5 000元，编制会计分录如下：

（1）支付福利费。

借：应付职工薪酬——职工福利	5 000
贷：库存现金	5 000

（2）月末分配福利费。

借：生产成本	5 000
贷：应付职工薪酬——职工福利	5 000

（三）应付医疗、工伤和生育等社会保险费以及住房公积金

1. 医疗、工伤和生育等社会保险费以及住房公积金的计提

医疗、工伤和生育等社会保险费是按国家规定由企业和职工共同负担的费用，住房公积金是指按照国家规定由企业和职工共同负担用于解决职工住房问题的资金。职工负担的医疗、工伤和生育等社会保险费以及住房公积金属于职工薪酬的范畴，这里所说的医疗、工伤和生育等社会保险费以及住房公积金，是指企业负担的医疗、工伤和生育等社会保险费以及住房公积金。为了反映企业负担的医疗、工伤和生育等社会保险费以及住房公积金的提取和交纳情况，应在“应付职工薪酬”科目下设置“社会保险费”和“住房公积金”明细科目。

应由企业负担的医疗、工伤和生育等社会保险费以及住房公积金，应在职工为其提供服务的会计期间，根据职工工资的一定比例计算，并按照规定的用途进行分配，借记“生产成本”“制造费用”“管理费用”“销售费用”“在建工程”“研发支出”等科目，贷记“应付职工薪酬——社会保险费（或住房公积金）”科目。

2. 医疗、工伤和生育等社会保险费以及住房公积金的交纳

企业交纳应由企业负担的医疗、工伤和生育等社会保险费以及住房公积金时，借记“应付职工薪酬”科目，贷记“银行存款”科目。

【例7-18】 承【例7-14】，甲公司根据国家规定的计提标准，计算应由企业负担的向社会保险机构交纳的社会保险费（不含基本养老保险费和失业保险费）共计117 500元，按规定标准计提住房公积金70 730元。编制会计分录如下：

（1）计提应由企业负担的医疗、工伤和生育等社会保险费。

借：生产成本	117 095	
制造费用	7 318	
管理费用	40 983	
销售费用	9 660	
在建工程	13 174	
贷：应付职工薪酬——社会保险费		117 500
——住房公积金		70 730

生产成本=（117 500+70 730）×（400 000÷643 000）=117 095（元）

制造费用=（117 500+70 730）×（25 000÷643 000）= 7 318（元）

管理费用=（117 500+70 730）×（140 000÷643 000）= 40 983（元）

销售费用=（117 500+70 730）×（33 000÷643 000）= 9 660（元）

在建工程=（117 500+70 730）-（117 095+7 318+40 983+9 660）= 13 174（元）

（2）交纳应由企业负担的医疗、工伤和生育等社会保险费。

借：应付职工薪酬——社会保险费　117 500

　　　　　　　——住房公积金　70 730

　贷：银行存款　188 230

（四）应付工会经费和职工教育经费

1. 应付工会经费

工会经费是指按照国家规定由企业负担的用于工会活动方面的经费。为了反映工会经费的提取和使用情况，应在“应付职工薪酬”科目下设置“工会经费”明细科目。

企业计提工会经费时，应根据职工工资的一定比例计算，并按职工工资的用途进行分配，借记“生产成本”“制造费用”“管理费用”“销售费用”“在建工程”“研发支出”等科目，贷记“应付职工薪酬——工会经费”科目。

企业划拨工会经费时，应借记“应付职工薪酬——工会经费”科目，贷记“银行存款”科目。

【例 7-19】甲公司工会独立核算，11 月按照职工工资总额的 2%计提工会经费，其中，按照生产工人工资计提 8 000 元，按照车间管理人员工资计提 500 元，按照行政管理人员工资计提 2 800 元，按照销售人员工资计提 660 元，按照在建工程人员工资计提 900 元，合计 12 860 元。编制会计分录如下：

（1）计提工会经费。

借：生产成本　8 000

　　制造费用　500

　　管理费用　2 800

　　销售费用　660

　　在建工程　900

　　贷：应付职工薪酬——工会经费　12 860

（2）划拨工会经费。

借：应付职工薪酬——工会经费　12 860

　　贷：银行存款　12 860

2. 应付职工教育经费

职工教育经费是指按国家规定由企业负担的用于职工教育培训方面的经费。为了反映职工教育经费的提取和使用情况，应在“应付职工薪酬”科目下设置“职工教育经费”明细科目。

企业的职工教育经费，一般由企业按每月工资总额的 8%计提，按职工工作的性质进行分配，借记“生产成本”“制造费用”“管理费用”“销售费用”“在建工程”“研发支出”等科目，贷记“应付职工薪酬——职工教育经费”科目；实际支付时，借记“应付职工薪酬——职工教育经费”科目，贷记“银行存款”等科目。

【例 7-20】甲公司 11 月按照职工工资总额的 8%计提职工教育经费，其中，按照生产工人工资计提 32 000 元，按照车间管理人员工资计提 2 000 元，按照行政管理人员工资计提 11 200 元，按照销售人员工资计提 2 640 元，按照在建工程人员工资计提 3 600 元。

编制会计分录如下：

（1）支付职工教育经费 51 440 元。

借：应付职工薪酬——职工教育经费	51 440	
贷：银行存款		51 440

（2）分配职工教育经费 51 440 元。

借：生产成本	32 000	
制造费用	2 000	
管理费用	11 200	
销售费用	2 640	
在建工程	3 600	
贷：应付职工薪酬——工会经费		51 440

（五）应付短期带薪缺勤

短期带薪缺勤是指企业支付工资或提供补偿的职工缺勤，包括年休假、病假、短期伤残、婚假、产假、丧假、探亲假等。短期带薪缺勤分为累积带薪缺勤和非累积带薪缺勤。

1. 累积带薪缺勤

累积带薪缺勤是指带薪缺勤权利可以结转下期的带薪缺勤，本期尚未用完的带薪缺勤权利可以在未来期间使用。例如，某职工每年可以享受 10 天带薪休假，当年由于工作任务较重，未能按时休假，如果该企业规定当年未休假的时间可以递延一年，则当年未休假的时间属于累积带薪缺勤。

为了反映累积带薪缺勤的提取和使用情况，应在“应付职工薪酬”科目下设置“累积带薪缺勤”明细科目，职工当期未享受带薪缺勤而在未来可以享受带薪缺勤的情况下，增加了当期为企业提供的服务。因此，企业应当在职工提供服务从而增加了其未来享有的带薪缺勤权利时，确认与累积带薪缺勤相关的职工薪酬，并以累积未行使权利而增加的预期支付金额计量，计入当期成本费用，借记“生产成本”“制造费用”“管理费用”“销售费用”“在建工程”“研发支出”等科目，贷记“应付职工薪酬——累积带薪缺勤”科目。

职工在未来期间实际享受前期带薪缺勤时，由于该期间职工未提供服务，应冲减该期间的成本费用，借记“应付职工薪酬——累积带薪缺勤”科目，贷记“生产成本”“制造费用”“管理费用”“销售费用”“在建工程”“研发支出”等科目。

2. 非累积带薪缺勤

非累积带薪缺勤是指带薪缺勤权利不能结转下期的带薪缺勤，本期未用完的带薪缺勤权利将予以取消，并且职工离开企业时也无权获得现金支付。例如，某职工每年可以享受 10 天带薪休假，当年由于工作任务较重，未能按时休假，如果该企业规定当年未休假的时间不能递延，则当年未休假的时间属于非累积带薪缺勤。

企业应当在职工实际发生带薪缺勤的会计期间确认与非累积带薪缺勤相关的职工薪酬，这部分职工薪酬属于前述应付工资的范畴。

【例 7-21】甲公司 20×1 年有一名生产工人按照规定每年可以享受 5 天带薪休假，由于工作任务较重，该职工当年未能带薪休假，公司规定，可以将未享受的带薪休假时间通延到20×2 年，该职工的日工资为 300 元。编制会计分录如下：

（1）20×1 年确认应付带薪缺勤薪酬 1 500（300×5）元。

借：生产成本　　1 500

　　贷：应付职工薪酬——累积带薪缺勤　　1 500

（2）20×2 年该职工实际享受了上年未享受的带薪休假。

借：应付职工薪酬——累积带薪缺勤　　1 500

　　贷：生产成本　　1 500

（六）应付利润分享计划

利润分享计划是指因职工提供服务而与职工达成的基于利润或其他经营成果提供薪酬的协议。为了反映利润分享计划的提取和发放情况，应在“应付职工薪酬”科目下设置“利润分享计划”明细科目。

企业确认职工利润分享计划薪酬时，应借记“生产成本”“制造费用”“管理费用”“销售费用”“在建工程”“研发支出”等科目，贷记“应付职工薪酬——利润分享计划”科目。

在企业实际发放利润分享计划薪酬时，应借记“应付职工薪酬——利润分享计划”科目，贷记“银行存款”等科目。

（七）应付非货币性福利

1. 非货币性福利的支付

非货币性福利是指企业以非货币性资产支付给职工的薪酬，主要包括企业以自己的产品或其他有形资产发放给职工作为福利，向职工无偿提供自己拥有的资产供其使用，以及为职工无偿提供类似医疗保健服务等。为了反映非货币性福利的支付与分配情况，应在“应付职工薪酬”科目下设置“非货币性福利”明细科目。

企业以其生产的产品作为非货币性福利提供给职工的，应当作为正常产品销售处理，按照该产品的公允价值确定非货币性福利金额，借记“应付职工薪酬——非货币性福利”科目，贷记“主营业务收入”“应交税费——应交增值税（销项税额）”科目；同时结转产品销售成本，借记“主营业务成本”科目，贷记“库存商品”科目。

企业无偿向职工提供住房等资产使用的，应当根据该住房每期应计提的折旧确定非货币性福利金额，借记“应付职工薪酬——非货币性福利”科目，贷记“累计折旧”等科目。租赁住房等资产供职工无偿使用的，应当根据每期应付的租金确定非货币性福利金额，借记“应付职工薪酬——非货币性福利”科目，贷记“银行存款”等科目。

2. 非货币性福利的分配

企业应按照用途对实际发生的非货币性福利进行分配。企业分配非货币性福利时，应借记“生产成本”“制造费用”“管理费用”“销售费用”“在建工程”“研发支出”等科目，贷记“应付职工薪酬——非货币性福利”科目。

三、其他应付职工薪酬的核算

（一）离职后福利

职工离职后还将享受待业、养老保险、企业年金等福利。离职后福利计划是指企业与职工就离职后福利达成的协议，或者企业为向职工提供离职后福利制定的规章或办法等。企业应将离职后福利计划分类为设定提存计划和设定受益计划。

1. 设定提存计划

设定提存计划是指向独立的基金缴存固定费用后，企业不再承担进一步支付义务的离职后福利计划，主要包括企业负担的待业、养老等社会保险费。为了反映设定提存计划的提取和支付情况，应在“应付职工薪酬”科目下设置“设定提存计划”明细科目。企业应当在职工为其提供服务的会计期间，将根据设定提存计划计算的应缴存金额确认为负债，并计入当期成本费用，企业设定提存计划的会计核算方法与前述医疗、工伤、生育等社会保险费的核算方法相同，这里不再赘述。

2. 设定受益计划

设定受益计划是指除设定提存计划以外的离职后福利计划。企业应当计量设定受益计划所产生的义务，并确定相关义务的归属期间。为了反映设定受益计划的提取和发放情况，应在“应付职工薪酬”科目下设置“设定受益计划”明细科目。企业应当将设定受益计划所产生的义务予以折现，以确定设定受益计划义务的现值和当期服务成本。

企业确认设定受益计划产生的应付职工薪酬，应借记“生产成本”等科目，贷记“应付职工薪酬——设定受益计划”科目，并于年末确认相关的利息费用，借记“财务费用”等科目，贷记“应付职工薪酬——设定受益计划”科目。

如果职工在离职后将长期享有设定受益计划，企业应采用保险精算的方法对设定受益计划的应付职工薪酬进行重新计量。企业重新计量设定受益计划应付职工薪酬所产生变动的金额，应计入其他综合收益，借记或贷记“应付职工薪酬——设定受益计划”科目，贷记“其他综合收益”科目。企业确认的这部分其他综合收益，在后续会计期间不允许转回至损益，但企业可以将其转为期初留存。企业实际支付设定受益计划职工薪酬时，应借记“应付职工薪酬——设定受益计划”科目，贷记“银行存款”等科目。

企业在某一职工的设定受益计划结束时应当进行设定受益计划结算，确认一项结算的利得或损失，借记或贷记“应付职工薪酬——设定受益计划”科目，贷记“营业外收入”或借记“营业外支出”科目。同时，将原确认的其他综合收益转为期初留存收益，借记或贷记“其他综合收益”科目，贷记或借记“盈余公积”“利润分配——未分配利润”科目。

（二）应付辞退福利

辞退福利是指企业在职工劳动合同到期之前解除与职工的劳动关系，或者为鼓励职工自愿接受裁减而给予职工的补偿。为了反映辞退福利的提取和支付情况，应在“应付职工薪酬”科目下设置“辞退福利”明细科目。

1. 辞退福利的提取

辞退福利通常采取解除劳动关系时一次性支付补偿的方式，也有通过提高退休后养老金或其他离职后福利标准的方式，或者将职工薪酬的工资部分支付到辞退后未来某一期末。企业应当按照辞退计划条款的规定，合理预计并确认辞退福利产生的应付职工薪酬，计入当期损益。

由于被辞退职工不再能给企业带来任何经济利益，辞退福利应当计入当期费用，而不计入资产成本。企业应当根据已确定的辞退福利，借记“管理费用”科目，贷记“应付职工薪酬——辞退福利”科目。

2. 辞退福利的支付

企业实际支付辞退福利时，应借记“应付职工薪酬——辞退福利”科目，贷记“银行存款”等科目。

（三）应付其他长期职工福利

其他长期职工福利是指除了前述各项职工薪酬以外的长期职工福利，主要包括长期带薪缺勤、长期利润分享计划和长期残疾福利等。为了反映其他长期职工福利的提取和支付情况，应在“应付职工薪酬”科目下设置“其他长期职工福利”明细科目。

1. 应付其他长期职工福利的提取

企业确认的长期带薪缺勤、长期利润分享计划等，应当按照前述带薪缺勤、利润分享计划的有关规定进行会计处理。

长期辞退福利水平如果取决于职工提供服务期间长短的，企业应当在职工提供服务的期间确认应付长期残疾福利义务，计量时应当考虑长期残疾福利支付的可能性和预期支付的期限；长期残疾福利与职工提供服务期间长短无关的，企业应当在导致职工长期残疾的事件发生的当期确认应付长期残疾福利义务。

一般来说，企业确认的应付其他长期福利，偿付期在一年以上的，应当按照一定的折现率折现，借记有关成本费用科目，贷记“应付职工薪酬——其他长期职工福利”科目；并于年末确认相关的利息费用，借记“财务费用”等科目，贷记“应付职工薪酬——其他长期职工福利”科目。

2. 应付其他长期职工福利的支付

企业实际支付应付其他长期职工福利时，应借记“应付职工薪酬——其他长期职工福利”科目，贷记“银行存款”等科目。

任务5　应交税费的核算

一、应交税费概述

企业根据税法规定应交纳的各种税费包括增值税、消费税、企业所得税、城市维护建设税、资源税、环境保护税、土地增值税、房产税、车船税、城镇土地使用税、教育费附加、矿产资源补偿费、印花税、耕地占用税、契税、车辆购置税等。

企业应通过“应交税费”科目，核算各种税费金额。该科目贷方登记应交的各种税费等，借方登记实际已交的税费；期末余额一般在贷方，反映企业尚未交的税费，期末余额如在借方，反映企业多交或尚未抵扣的税费。本科目按应交税费项目设置明细科目进行明细核算。

企业代扣代交的个人所得税，也通过“应交税费”科目核算，而企业应交的印花税、耕地占用税等不需要预计应交的税金，不通过“应交税费”科目核算，而是通过“税金及附加”科目核算。

二、应交增值税

（一）增值税概述

1. 增值税征税范围和纳税义务人

增值税是以商品（含应税劳务、应税行为）在流转过程中实现的增值额作为计税依据而征收的一种流转税。按照我国现行增值税制度的规定，在我国境内销售货物、加工修理修配劳务、服务、无形资产和不动产以及进口货物的企业、单位和个人为增值税的纳税人。其中，服务是指提供交通运输服务、建筑服务、邮政服务、电信服务、金融服务、现代服务、生活服务。

根据经营规模大小及会计核算水平的健全程度，增值税纳税人分为一般纳税人和小规模纳税人。

一般纳税人是指年应税销售额超过财政部、国家税务总局规定标准的增值税纳税人。小规模纳税人是指年应税销售额未超过规定标准，并且会计核算不健全，不能够提供准确税务资料的增值税纳税人。

2. 增值税的计税方法

计算增值税的方法分为一般计税方法和简易计税方法。

1）一般计税方法

增值税的一般计税方法，是指先按当期销售额和适用的税率计算出销项税额，然后以该销项税额对购进项目支付的税款（即进项税额）进行抵扣，间接算出当期的应纳税额。应纳税额的计算公式为：

应纳税额＝当期销项税额－可抵扣进项税额

公式中的当期销项税额是指纳税人当期销售货物、加工修理修配劳务、服务、无形资产和不动产时按照销售额和增值税税率计算并收取的增值税税额。其中，销售额是指纳税人销售货物、加工修理修配劳务、服务、无形资产和不动产向购买方收取的全部价款和价外费用，但是不包括收取的销项税额。当期销项税额的计算公式为：

当期销项税额＝销售额×增值税税率

当期进项税额是指纳税人购进货物、加工修理修配劳务、服务、无形资产或者不动产，支付或者负担的增值税税额。下列进项税额准予从销项税额中抵扣：

（1）从销售方取得的增值税专用发票（含税控机动车销售统一发票，下同）上注明的增值税税额。

（2）海关进口增值税专用缴款书上注明的增值税税额。

（3）购进农产品，除取得增值税专用发票或者海关进口增值税专用缴款书外，按照农产品收购发票或者销售发票上注明的农产品买价和9%的扣除率计算的进项税额；如用于生产销售或委托加工13%税率货物的农产品，按照农产品收购发票或者销售发票上注明的农产品买价和10%的扣除率计算的进项税额。

（4）从境外单位或者个人处购进服务、无形资产或者不动产，从税务机关或者扣缴义务人处取得的解缴税款的完税凭证上注明的增值税税额。

（5）一般纳税人支付的道路、桥、闸通行费，凭取得的通行费发票上注明的收费金额和规定的方法计算的可抵扣的增值税进项税额。

当期销项税额小于当期进项税额不足抵扣时，其不足部分可以结转下期继续抵扣。

一般纳税人采用的税率分为13%、9%、6%和零税率。

一般纳税人销售货物、劳务、有形动产租赁服务或者进口货物，税率为13%。

一般纳税人销售或者进口粮食等农产品、食用植物油、食用盐、自来水、暖气、冷气、热水、煤气、石油液化气、天然气、二甲醚、沼气、居民用煤炭制品、图书、报纸、杂志、音像制品、电子出版物、饲料、化肥、农药、农机、农膜以及国务院及其有关部门规定的其他货物，税率为9%；

提供交通运输、邮政、基础电信、建筑、不动产租赁服务，销售不动产，转让土地使用权，税率为9%；其他应税行为，税率为6%。

一般纳税人出口货物，税率为零；但是，国务院另有规定的除外。境内单位和个人发生的跨境应税行为，税率为零，具体范围由财政部和国家税务总局另行规定。

2）简易计税方法

增值税的简易计税方法是指按照销售额与征收率的乘积计算应纳税额，不得抵扣进项税额。应纳税额的计算公式为：

$$应纳税额=销售额\times征收率$$

公式中的销售额不包括其应纳税额，如果纳税人采用销售额和应纳税额合并定价的方法，应按照公式销售额=含税销售额÷（1+征收率）还原为不含税销售额计算。

增值税一般纳税人计算增值税大多采用一般计税方法；小规模纳税人一般采用简易计税方法；一般纳税人发生财政部和国家税务总局规定的特定应税销售行为，也可以选择简易计税方法，但是不得抵扣进项税额。

采用简易计税方法的增值税征收率为3%，国家另有规定的除外。

（二）一般纳税人的账务处理

1. 增值税核算应设置的会计科目

为了核算企业应交增值税的发生、抵扣、交纳、退税及转出等情况，增值税一般纳税人应当在“应交税费”科目下设置“应交增值税”“未交增值税”“预交增值税”“待抵扣进项税额”“待认证进项税额”“待转销进项税额”“增值税留抵税额”“简易计税”“转让金融商品应交增值税”“代扣代交增值税”等明细科目。

（1）“应交增值税”明细科目，核算一般纳税人进项税额、销项税额抵减，已交税金、转出未交增值税、减免税款、出口抵减内销产品应纳税额，销项税额、出口退税、进项税额转出、转出多交增值税等情况。该明细账设置以下专栏：

①“进项税额”专栏，记录一般纳税人购进货物、加工修理修配劳务、服务、无形资产或不动产而支付或负担的、准予从当期销项税额中抵扣的增值税税额；

②“销项税额抵减”专栏，记录一般纳税人按照现行增值税制度规定因扣减销售额而减少的销项税额；

③“已交税金”专栏，记录一般纳税人当月已交纳的应交增值税税额；

④“转出未交增值税”和“转出多交增值税”专栏，分别记录一般纳税人月度终了转出当月应交未交或多交的增值税税额；

⑤“减免税款”专栏，记录一般纳税人按现行增值税制度规定准予减免的增值税税额；

⑥“出口抵减内销产品应纳税额”专栏，记录实行“免、抵、退”办法的一般纳税人

按规定计算的出口货物的进项税额抵减内销产品的应纳税额；

⑦“销项税额”专栏，记录一般纳税人销售货物、加工修理修配劳务、服务、无形资产或不动产应收取的增值税税额；

⑧“出口退税”专栏，记录一般纳税人出口货物、加工修理修配劳务、服务、无形资产按规定退回的增值税税额；

⑨“进项税额转出”专栏，记录一般纳税人购进货物、加工修理修配劳务、服务、无形资产或不动产等发生非正常损失以及因其他原因而不应从销项税额中抵扣、按规定转出的进项税额。

(2)“未交增值税”明细科目，核算一般纳税人月度终了从“应交增值税”或“预交增值税”明细科目转入当月应交未交、多交或预交的增值税税额，以及当月已交以前期间未交的增值税税额。

(3)“预交增值税”明细科目，核算一般纳税人转让不动产、提供不动产经营租赁服务、提供建筑服务、采用预收款方式销售自行开发的房地产项目等，以及其他按现行增值税制度规定应预交的增值税税额。

(4)“待抵扣进项税额”明细科目，核算一般纳税人已取得增值税扣税凭证并经税务机关认证，按照现行增值税制度规定准予以后期间从销项税额中抵扣的进项税额。

(5)“待认证进项税额”明细科目，核算一般纳税人由于未经税务机关认证而不得从当期销项税额中抵扣的进项税额。包括一般纳税人已取得增值税扣税凭证、按照现行增值税制度规定准予从销项税额中抵扣，但尚未经税务机关认证的进项税额；一般纳税人已申请稽核但尚未取得稽核相符结果的海关缴款书进项税额。

(6)“待转销项税额”明细科目，核算一般纳税人销售货物、加工修理修配劳务、服务、无形资产或不动产，已确认相关收入（或利得）但尚未发生增值税纳税义务而于以后期间确认为销项税额的增值税税额。

(7)“简易计税”明细科目，核算一般纳税人采用简易计税方法发生的增值税计提、扣减、预交、交纳等业务。

(8)“转让金融商品应交增值税”明细科目，核算增值税纳税人转让金融商品发生的增值税税额。

(9)“代扣代交增值税”明细科目，核算纳税人购进在境内未设经营机构的境外单位或个人在境内的应税行为代扣代交的增值税。

2. 取得资产、接受劳务或服务

(1) 一般纳税人购进货物、加工修理修配劳务、服务、无形资产或者不动产，按应计入相关成本费用或资产的金额，借记“材料采购”“在途物资”“原材料”“库存商品”“生产成本”“无形资产”“固定资产”“管理费用”等科目，按当月已认证的可抵扣增值税税额，借记“应交税费——应交增值税（进项税额）”科目，按当月未认证的可抵扣增值税税额，借记“应交税费——待认证进项税额”科目，按应付或实际支付的金额，贷记“应付账款”“应付票据”“银行存款”等科目。购进货物等发生的退货，应根据税务机关开具的红字增值税专用发票编制相反的会计分录，如原增值税专用发票未做认证，应将发票退回并作相反的会计分录。

企业购进农产品，除取得增值税专用发票或者海关进口增值税专用缴款书外，按照农产品收购发票或者销售发票上注明的农产品买价和 9%的扣除率计算的进项税额；购进用于生产销售或委托加工 13%税率货物的农产品，按照农产品收购发票或者销售发票上注明的农产品买价和 10%的扣除率计算的进项税额，借记“应交税费——应交增值税（进项税额）”科目，按农产品买价扣除进项税额后的差额，借记“材料采购”“在途物资”“原材料”“库存商品”等科目，按照实际支付的价款，贷记“应付账款”“应付票据”“银行存款”等科目。

【例 7-22】甲公司为增值税一般纳税人，销售商品适用的增值税税率为 13%，原材料按实际成本核算，销售商品价格为不含增值税的价格。6 月份发生交易或事项以及相关的会计分录如下：

①1 日，购入原材料一批，增值税专用发票上注明的价款为 240 000 元，增值税为 31 200 元，材料尚未到达，全部款项已用银行存款支付。

借：在途物资　240 000
　　应交税费——应交增值税（进项税额）　31 200
　贷：银行存款　271 200

②4 日，收到 1 日购入的原材料并验收入库，实际成本总额为 240 000 元。同日，与运输公司结清运输费用，增值税专同发票上注明的运输费用为 5 000 元，增值税为 450 元，运输费用和增值税已用转账支票付讫。

借：原材料　245 000
　　应交税费——应交增值税（进项税额）　450
　贷：银行存款　5 450
　　　在途物资　240 000

③10 日，购入不需要安装的生产设备一台，增值税专用发票上注明的价款为 60 000 元，增值税为 7 800 元，款项尚未支付。

借：固定资产　60 000
　　应交税费——应交增值税（进项税额）　7 800
　贷：应付账款　67 800

④12 日，购入农产品一批，农产品收购发票上注明的买价为 100 000 元，规定的扣除率为 9%，货物尚未到达，价款已用银行存款支付。

借：在途物资　100 000
　　应交税费——应交增值税（进项税额）　9 000
　贷：银行存款　109 000

⑤25 日，企业管理部门委托外单位修理机器设备，取得对方开具的增值税专用发票上注明的修理费用为 10 000 元，增值税为 1 300 元，款项已用银行存款支付。

借：管理费用　10 000
　　应交税费——应交增值税（进项税额）　1 300
　贷：银行存款　11 300

⑥25 日，该公司购进的一幢简易办公楼作为固定资产核算，并投入使用。已取得增值税专用发票并经税务机关认证，增值税专用发票上注明的价款为 1 500 000 元，增值税为 135 000 元，全部款项已用银行存款支付。不考虑其他相关因素。

借：固定资产　　1 500 000
　　应交税费——应交增值税（进项税额）　　135 000
　　贷：银行存款　　1 635 000

（2）货物等已验收入库但尚未取得增值税扣税凭证。

企业购进的货物等已到达并验收入库，但尚未收到增值税扣税凭证并未付款的，应在月末按货物清单或相关合同协议上的价格暂估入账，不需要将增值税的进项税额暂估入账。下月初，用红字冲销原暂估入账金额，待取得相关增值税扣税凭证并经认证后，按应计入相关成本费用或资产的金额，借记“原材料”“库存商品”“固定资产”“无形资产”等科目，按可抵扣的增值税，借记“应交税费——应交增值税（进项税额）”科目，按应付或实际支付的金额，贷记“应付账款”“应付票据”“银行存款”等科目。

【例 7-23】 6 月 30 日，甲公司购进原材料一批已验收入库，但尚未收到增值税扣税凭证，款项也未支付。随货同行的材料清单列明的原材料销售价格为 260 000 元。甲公司应编制会计分录如下：

借：原材料　　260 000
　　贷：应付账款　　260 000

下月初，用红字冲销原暂估入账金额：

借：原材料　　[260 000]
　　贷：应付账款　　[260 000]

7 月 5 日，取得的相关增值税专用发票上注明的价款为 260 000 元，增值税为 33 800 元，增值税专用发票已经认证。全部款项以银行存款支付。甲公司应编制会计分录如下：

借：原材料　　260 000
　　应交税费——应交增值税（进项税额）　　33 800
　　贷：银行存款　　293 800

（3）进项税额转出。

企业已单独确认进项税额的购进货物、加工修理修配劳务或者服务、无形资产或者不动产，但其事后改变用途（如用于简易计税方法计税项目、免征增值税项目、非增值税应税项目等），或发生非正常损失，原已计入进项税额、待抵扣进项税额或待认证进项税额，按照现行增值税制度规定，不得从销项税额中抵扣。

这里所说的非正常损失，根据现行增值税制度规定，是指因管理不善造成货物被查、丢失、霉烂变质，以及因违反法律法规造成货物或者不动产被依法没收、销毁、拆除的情形。

进项税额转出的账务处理为，借记“待处理财产损溢”“应付职工薪酬”“固定资产”“无形资产”等科目，贷记“应交税费——应交增值税（进项税额转出）”“应交税费——待抵扣进项税额”或“应交税费——待认证进项税额”科目。属于转作待处理财产损失的进项税额，应与非正常损失的购进货物、在产品或库存商品、固定资产或无形资产的成本一并处理。

【例 7-24】 6 月份，甲公司发生进项税额转出事项如下：

①10 日，库存材料因管理不善发生火灾损失，材料实际成本为 10 000 元，相关增值税专用发票上注明的增值税为 1 300 元。甲公司将毁损库存材料作为待处理财产损溢入账。

借：待处理财产损溢——待处理流动资产损溢　　11 300
　　贷：原材料　　10 000
　　　　应交税费——应交增值税（进项税额转出）　　1 300

②18 日，领用一批外购原材料用于集体福利，该批原材料的实际成本为 30 000 元，相关增值税专用发票上注明的增值税为 3 900 元。

借：应付职工薪酬——职工福利费　　33 900
　　贷：原材料　　30 000
　　　　应交税费——应交增值税（进项税额转出）　　3 900

需要说明的是，一般纳税人购进货物、加工修理修配劳务、服务、无形资产或不动产，用于简易计税方法计税项目、免征增值税项目、集体福利或个人消费等，即使取得的增值税专用发票上已注明增值税进项税额，按照现行增值税制度规定但该项税额也不得从销项税额中抵扣的，取得增值税专用发票时，应将待认证的目前不可抵扣的增值税进项税额，借记“应交税费——待认证进项税额”科目，贷记“银行存款”“应付账款”等科目。经税务机关认证为不可抵扣的增值税进项税额，借记“应交税费——应交增值税（进项税额）”科目，贷记“应交税费——待认证进项税额”科目；同时，将增值税进项税额转出，借记相关成本费用或资产科目，贷记“应交税费——应交增值税（进项税额转出）”科目。

【例 7-25】 6 月 20 日，甲公司外购空调扇 200 台作为福利发放给直接从事生产的职工，取得的增值税专用发票上注明的价款为 100 000 元，增值税为 13 000 元，以银行存款支付了购买空调扇的价款和增值税进项税额，增值税专用发票尚未经税务机关认证。甲公司应编制会计分录如下：

①购入时：

借：库存商品——空调扇　　100 000
　　应交税费——待认证进项税额　　13 000
　　贷：银行存款　　113 000

②经税务机关认证不可抵扣时：

借：应交税费——应交增值税（进项税额）　　13 000
　　贷：应交税费——待认证进项税额　　13 000

同时，

借：库存商品——空调扇　　13 000
　　贷：应交税费——应交增值税（进项税额转出）　　13 000

③实际发放时：

借：应付职工薪酬——非货币性福利　　11 300
　　贷：库存商品——空调扇　　11 300

3. 销售等业务的账务处理

（1）企业销售货物、加工修理修配劳务、服务、无形资产或不动产，应当按应收或已收的金额，借记“应收账款”“应收票据”“银行存款”等科目，按取得的收益金额，贷记“主营业务收入”“其他业务收入”“固定资产清理”等科目，按现行增值税制度规定计算的销项税额（或采用简易计税方法计算的应纳增值税额），贷记“应交税费——应交增值税（销项税额）”或“应交税费——简易计税”科目。

企业销售货物等发生销售退回的，应根据税务机关开具的红字增值税专用发票作相反的会计分录。

根据会计准则的相关规定，收入或利得确认时点早于按照现行增值税制度确认增值税纳税义务发生时点的，应将相关销项税额记入“应交税费——待转销销项税额”科目，待实际发生纳税义务时再转入“应交税费——应交增值税（销项税额）”或“应交税费——简易计税”科目。按照增值税制度确认增值税纳税义务发生时点早于根据会计准则相关规定收入或利得确认时点的，应将应纳增值税额，借记“应收账款”科目，贷记“应交税费——应交增值税（销项税额）”或“应交税费——简易计税”科目，根据会计准则相关规定确认收入或利得时，应按扣除增值税销项税额后的金额确认收入或利得。

【例 7-26】 20×1 年 6 月份，甲公司发生与销售相关的交易或事项如下：

20 日，销售产品一批，开具的增值税专用发票上注明的价款为 1 000 000 元，增值税为 130 000 元，提货单和增值税专用发票已交给买方，款项尚未收到。

甲公司应编制会计分录如下：

借：应收账款　　1 130 000
　　贷：主营业务收入　　1 000 000
　　　　应交税费——应交增值税（销项税额）　　130 000

（2）视同销售。企业有些交易和事项按照现行增值税制度规定，应视同对外销售处理，计算应交增值税。

视同销售需要交纳增值税的事项主要有以下几种：企业将自产或委托加工的货物用于集体福利或个人消费、作为投资提供给其他单位或个体工商户、分配给股东或投资者、对外捐赠等。

微课 1　视同销售

在这些情况下，企业应当根据视同销售的具体内容，按照现行增值税制度规定计算的销项税额（或采用简易计税方法计算的应纳增值税额），借记“长期股权投资”“应付职工薪酬”“利润分配”“营业外支出”等科目，贷记“应交税费——应交增值税（销项税额）”或“应交税费——简易计税”科目。

微课 2　用实物、货物或者无形资产、固定资产对外投资、捐赠等，会计处理上是按照公允价值确认收入，还是按照成本结转？

【例 7-27】 20×1 年 6 月份，甲公司发生的视同销售交易或事项如下：

①10 日，以公司生产的产品对外捐赠，该批产品的实际成本为 30 000 元，市场不含税售价为 35 000 元，开具的增值税专用发票上注明的增值税为 4 550 元。

借：营业外支出　　34 550
　　贷：库存商品　　30 000
　　　　应交税费——应交增值税（销项税额）　　4 550

②16 日，甲公司用一批原材料对外进行长期股权投资。该批原材料实际成本为 400 000 元，双方协商不含税售价为 550 000 元，开具的增值税专用发票上注明的增值税为 71 500 元。

借：长期股权投资　　621 500
　　贷：其他业务收入　　550 000
　　　　应交税费——应交增值税（销项税额）　　71 500

同时，

借：其他业务成本　　400 000

　　贷：原材料　　400 000

4. 交纳增值税

企业交纳当月应交的增值税，借记“应交税费——应交增值税（已交税金）”科目，贷记“银行存款”科目；企业交纳以前期间未交的增值税，借记“应交税费——未交增值税”科目，贷记“银行存款”科目。

【例 7-28】6 月份，甲公司当月发生增值税销项税额合计为 525 200 元，增值税进项税额转出合计为 29 900 元，增值税进项税额合计为 195 050 元。甲公司当月应交增值税计算结果如下：

当月应交增值税 = 525 200+29 900−195 050 = 360 050（元）

甲公司当月实际交纳增值税 360 050 元，编制会计分录如下：

借：应交税费——应交增值税（已交税金）　　360 050

　　贷：银行存款　　360 050

5. 月末转出多交增值税和未交增值税

月度终了，企业应将当月应交未交或多交的增值税自“应交增值税”明细科目转入“未交增值税”明细科目。对于当月应交未交的增值税，借记“应交税费——应交增值税（转出未交增值税）”科目，贷记“应交税费——未交增值税”科目；对于当月多交的增值税，借记“应交税费——未交增值税”科目，贷记“应交税费——应交增值税（转出多交增值税）”科目。

【例 7-29】20×1 年 6 月 30 日，甲公司将尚未交纳的其余增值税 50 000 元进行转账。甲公司编制会计分录如下：

借：应交税费——应交增值税（转出未交增值税）　　50 000

　　贷：应交税费——未交增值税　　50 000

7 月份，甲公司交纳 6 月未交的增值税 50 000 元，编制会计分录如下：

借：应交税费——未交增值税　　50 000

　　贷：银行存款　　50 000

需要说明的是，企业购入材料、商品等不能取得增值税专用发票的，发生的增值税应计入材料采购成本，借记“材料采购”“在途物资”“原材料”“库存商品”等科目，贷记“银行存款”等科目。

（三）小规模纳税人的账务处理

小规模纳税人核算增值税采用简化的方法，即购进货物、应税服务或应税行为，取得的增值税专用发票上注明的增值税，一律不予抵扣，直接计入相关成本费用或资产。小规模纳税人销售货物、应税服务或应税行为时，按照不含税的销售额和规定的增值税征收率计算应交纳的增值税（即应纳税额），但不得开具增值税专用发票。

一般来说，小规模纳税人采用销售额和应纳税额合并定价的方法向客户结算款项，销售货物、应税劳务或应税行为后，应进行价税分离，确定不含税的销售额。不含税的销售额计算公式为：

不含税销售额 = 含税销售额+（1+征收率）

应纳税额 = 不含税销售额×征收率

小规模纳税人进行账务处理时，只需在“应交税费”科目下设置“应交增值税”明细科目，该明细科目不再设置增值税专栏。

“应交税费——应交增值税”科目贷方登记应交纳的增值税，借方登记已交纳的增值税；期末贷方余额，反映小规模纳税人尚未交的增值税，期末贷方余额，反映小规模纳税人多交的增值税。

小规模纳税人购进货物、应税服务或应税行为，按照应付或实际支付的全部款项（包括支付的增值税额），借记“材料采购”“在途物资”“原材料”“库存商品”等科目，贷记“应付账款”“应付票据”“银行存款”等科目；销售货物、应税服务或应税行为，应按全部价款（包括应交的增值税额），借记“银行存款”等科目，按不含税的销售额，贷记“主营业务收入”等科目，按应交增值税额，贷记“应交税费——应交增值税”科目。

【例 7-30】某企业为增值税小规模纳税人，适用增值税征收率为 3%，原材料按实际成本计算，该企业发生经济交易如下：

购入原材料一批，取得的增值税专用发票上注明的价款为 20 000 元，增值税为 2 600 元，全部款项以银行存款支付，材料已验收入库。

销售产品一批，开具的普通发票上注明的货款（含税）为 515 00 元，款项已存入银行。用银行存款交纳增值税 1 500 元。

该企业应编制会计分录如下：

（1）购入原材料：

借：原材料	22 600	
贷：银行存款		22 600

（2）销售产品：

借：银行存款	51 500	
贷：主营业务收入		50 000
应交税费——应交增值税		1 500

注意：

不含税销售额 = 含税销售额 ÷ (1 + 征收率) = 51 500 ÷ (1 + 3%) = 50 000(元)

应纳增值税 = 不含税销售额 × 征收率 = 50 000 × 3% = 1 500（元）

（3）交纳增值税：

借：应交税费——应交增值税	1 500	
贷：银行存款		1 500

（四）差额征税的账务处理

根据财政部和国家税务总局营改增相关规定，对于企业发生的某些业务（金融商品转让、经纪代理服务、融资租赁和融资性售后回租业务、一般纳税人提供客运场站服务、试点纳税人提供旅游服务、选择简易计税方法提供建筑服务等）无法通过抵扣机制避免重复征税的，应采用差额征税方式计算交纳增值税。

1. 企业按规定相关成本费用允许扣减销售额的账务处理

按现行增值税制度规定，企业发生相关成本费用允许扣减销售额的，发生成本费用时，按应付或实际支付的金额，借记“主营业务成本”等科目，贷记“应付账款”“应付票据”“银行存款”等科目。待取得合规增值税扣税凭证且纳税义务发生时，按照允许抵扣的税额，借记“应交税费——应交增值税（销项税额抵减）”或“应交税费——简易计税”科目（小规模纳税人应借记“应交税费——应交增值税”科目），贷记“主营业务成本”等科目。

【例 7-31】 某旅行社为增值税一般纳税人，应交增值税采用差额征税方式核算。20×2年3月份，该旅行社为乙公司提供职工境内旅游服务，向乙公司收取含税价款 318 000 元，其中增值税 18 000 元，全部款项已收妥入账。旅行社以银行存款支付其他接团旅游企业的旅游费用和其他单位相关费用共计 254 400 元，其中，因允许扣减销售额而减少的销项税额为 14 400 元。该旅行社应编制会计分录如下：

（1）确认旅游服务收入：

借：银行存款	318 000	
贷：主营业务收入		300 000
应交税费——应交增值税（销项税额）		18 000

（2）支付旅游费用等：

借：主营业务成本	254 400	
贷：银行存款		254 400

（3）根据增值税扣税凭证抵减销项税额，并调整成本：

借：应交税费——应交增值税（销项税额抵减）	14 400	
贷：主营业务成本		14 400

上述分录（2）（3）可合并编制会计分录如下：

借：主营业务成本	240 000	
应交税费——应交增值税（销项税额抵减）	14 400	
贷：银行存款		254 400

2. 企业转让金融商品按规定以盈亏相抵后的余额作为销售额

现行增值税制度规定，企业实际转让金融商品，月末，如产生转让收益，则按应纳税额，借记“投资收益”等科目，贷记“应交税费——转让金融商品应交增值税”科目；如产生转让损失，则按可结转下月抵扣税额，借记“应交税费——转让金融商品应交增值税”科目，贷记“投资收益”等科目。交纳增值税时，应借记“应交税费——转让金融商品应交增值税”科目，贷记“银行存款”科目。年末，“应交税费——转让金融商品应交增值税”科目如有借方余额，则借记“投资收益”等科目，贷记“应交税费——转让金融商品应交增值税”科目。

（五）增值税税控系统专用设备和技术维护费用抵减增值税额的账务处理

按现行增值税制度规定，企业初次购买增值税税控系统专用设备支付的费用以及交纳的技术维护费，允许在增值税应纳税额中全额抵减。增值税税控系统专用设备，包括增值税防伪税控系统设备（如金税卡、IC 卡、读卡器或金税盘和报税盘）、货物运输业增值税专用发票税控系统设备（如税控盘和报税盘）、机动车销售统一发票税控系统和公路内河货物运输业发票税控系统的设备（如税控盘和传输盘）。

企业初次购入增值税税控系统专用设备，按实际支付或应付的金额，借记“固定资产”科目，贷记“银行存款”“应付账款”等科目。按规定抵减的增值税应纳税额，借记“应交税费——应交增值税（减免税款）”科目（小规模纳税人应借记“应交税费——应交增值税”科目），贷记“管理费用”等科目。

企业发生增值税税控系统专用设备技术维护费，应按实际支付或应付的金额，借记“管理费用”科目，贷记“银行存款”等科目。按规定抵减的增值税应纳税额，借记“应交税费——应交增值税（减免税款）”科目（小规模纳税人应借记“应交税费——应交增值税”科目），贷记“管理费用”等科目。

【例 7-32】某公司为增值税一般纳税人，初次购买数台增值税税控系统专用设备作为固定资产核算，取得的增值税专用发票上注明的价款为 38 000 元，增值税为 4 940 元，价款和税款以银行存款支付。该公司应编制会计分录如下：

（1）取得设备，支付价款和税款时：

借：固定资产	42 940	
贷：银行存款		42 940

（2）按规定抵减增值税应纳税额时：

借：应交税费——应交增值税（减免税款）	42 940	
贷：管理费用		42 940

小微企业在取得销售收入时，应当按照现行增值税制度的规定计算应交增值税，并确认为应交税费，在达到增值税制度规定的免征增值税条件时，将有关应交增值税转入当期损益。

三、应交消费税

（一）消费税概述

消费税是指在我国境内生产、委托加工和进口应税消费品的单位和个人，按其流转额交纳的一种税。

消费税有从价定率、从量定额、从价定率和从量定额复合计税（简称“复合计税”）三种征收方法。采取从价定率方法征收的消费税，以不含增值税的销售额为税基，按照税法规定的税率计算。企业的销售收入包含增值税的，应将其换算为不含增值税的销售额。采取从量定额方法计征的消费税，按税法确定的企业应税消费品的数量和单位应税消费品应交纳的消费税计算确定。采取复合计税方法计征的消费税，以不含增值税的销售额为税基，由按照税法规定的税率计算的消费税和根据按税法确定的企业应税消费品的数量和单位应税消费品应交纳的消费税计算的消费税合计确定。

（二）应交消费税的账务处理

企业应在“应交税费”科目下设置“应交消费税”明细科目，核算应交消费税的发生、交纳情况。该科目贷方登记应交纳的消费税，借方登记已交纳的消费税，期末贷方余额，反映企业尚未交纳的消费税，期末借方余额，反映企业多交纳的消费税。

1. 销售应税消费品

企业销售应税消费品应交的消费税，应借记“税金及附加”科目，贷记“应交税费——应交消费税”科目。

【例 7-33】甲企业销售所生产的化妆品，价款 2 000 000（不含增值税），开具的增值税专用发票上注明的增值税为 260 000 元，适用的消费税税率为 15%，款项已存入银行。甲公司应编制会计分录如下：

（1）取得价款和税款时：

借：银行存款　　2 260 000

　　贷：主营业务收入　　2 000 000

　　　　应交税费——应交增值税（销项税额）　　260 000

（2）计算应交纳的消费税：

应纳消费税税额 = 2 000 000×15% = 300 000（元）

借：税金及附加　　300 000

　　贷：应交税费——应交消费税　　300 000

2. 自产自用应税消费品

企业将生产的应税消费品用于在建工程等非生产机构时，按规定应交纳的消费税，借记“在建工程”等科目，贷记“应交税费——应交消费税”科目。

【例 7-34】乙企业在建工程领用自产柴油，成本为 50 000 元，应纳消费税 6 000 元。不考虑其他相关税费。乙企业应编制会计分录如下：

借：在建工程　　56 000

　　贷：库存商品　　50 000

　　　　应交税费——应交消费税　　6 000

【例 7-35】丙企业下设的职工食堂享受企业提供的补贴，本月领用自产产品一批，该产品的成本为 40 000 元，市场不含税售价为 50 000 元，适用的增值税税率为 13%、消费税税率为 10%。丙企业应编制会计分录如下：

借：应付职工薪酬——职工福利费　　56 500

　　税金及附加　　5 000

　　贷：主营业务收入　　50 000

　　　　应交税费——应交增值税（销项税额）　　6 500

　　　　　　　　——应交消费税　　5 000

同时，

借：主营业务成本　　40 000

　　贷：库存商品　　40 000

3. 委托加工应税消费品

企业如有应交消费税的委托加工物资，一般应由受托方代收代交消费税，委托加工物资收回后，直接用于销售的，应将受托方代收代交的消费税计入委托加工物资的成本，借记“委托加工物资”等科目，贷记“应付账款”“银行存款”等科目；委托加工物资收回后用于连续生产应税消费品的，按规定准予抵扣的，应按已由受托方代收代交的消费税，借记“应交税费——应交消费税”科目，贷记“应付账款”“银行存款”等科目，待用委托加工的应税消费品生产出应纳消费税的产品销售时，再交纳消费税。

【例 7-36】甲企业委托乙企业代为加工一批应交消费税的材料（非金银首饰）。甲企业发出材料的成本为 1 000 000 元，应付加工费为 200 000 元，增值税税率为 13%，由乙企业代收代交的消费税为 80 000 元。材料已经加工完成，并由甲企业收回验收入库，加工费及相关税金尚未支付。甲企业采用实际成本法进行原材料的核算。

甲企业应编制会计分录如下：

（1）委托加工物资收回继续用于生产应税消费品：

借：委托加工物资　　1 000 000
　贷：原材料　　1 000 000

借：委托加工物资　　200 000
　应交税费——应交增值税（进项税额）　　26 000
　　　　——应交消费税　　80 000
　贷：应付账款　　306 000

借：原材料　　1 200 000
　贷：委托加工物资　　1 200 000

（2）委托加工物资收回直接对外销售：

借：委托加工物资　　1 000 000
　贷：原材料　　1 000 000

借：委托加工物资　　280 000
　应交税费——应交增值税（进项税额）　　26 000
　贷：应付账款　　306 000

借：原材料　　1 280 000
　贷：委托加工物资　　1 280 000

4. 进口应税消费品

企业进口应税物资交纳的消费税由海关代征，应交的消费税按照组成计税价格和规定的税率计算，消费税计入该项物资成本，借记“在途物资”“材料采购”“原材料”“库存商品”科目，贷记“银行存款”等科目。

【例 7-37】甲企业从国外进口一批需要交纳消费税的商品，已知该商品关税完税价格为 540 000 元，按规定应交纳关税 108 000 元，假定进口的应税消费品的消费税税率为 10%、增值税税率为 13%。货物报关后，自海关取得的海关进口消费税专用缴款书注明的消费税为 72 000 元、海关进口增值税专用缴款书注明的增值税为 93 600 元。进口商品已验收入库，全部货款和税款已用银行存款支付。甲企业应编制会计分录如下：

借：库存商品　　720 000
　应交税费——应交增值税（进项税额）　　93 600
　贷：银行存款　　813 600

本例中，

应交消费税 =［（540 000+1 080 000）÷（1−10%）］×10% = 72 000（元）

应交增值税 =（540 000+108 000+72 000）×13% = 93 600（元）

进口商品的入账成本 = 540 000+108 000+72 000 = 720 000（元）

四、其他应交税费

其他应交税费是指除上述应交税费以外的其他各种应上交国家的税费，包括应交资源税、应交城市维护建设税、应交土地增值税、应交所得税、应交房产税、应交土地使用税、应交车船税、应交教育费附加、应交个人所得税等。企业应当在“应交税费”科目下设置相应的明细科目进行核算，贷方登记应交纳的有关税费，借方登记已交纳的有关税费，期末贷方余额，反映企业尚未交纳的有关税费。

(一) 应交资源税

资源税是对在我国境内开采矿产品或者生产盐的单位和个人征收的税。对外销售应税产品应交纳的资源税应记入“税金及附加”科目，借记“税金及附加科目”，贷记“应交税费——应交资源税”科目；自产自用应税产品应交纳的资源税应记入“生产成本”“制造费用”等科目，借记“生产成本”“制造费用”等科目，贷记“应交税费——应交资源税”科目。

【例 7-38】甲企业本期对外销售资源税应税矿产品 3 000 吨，将自产资源税应税矿产品 500 吨用于生产其他产品，税法规定每吨矿产品应交资源税 5 元。

甲企业应编制会计分录如下：

（1）计算对外销售应税矿产品应交资源税：

借：税金及附加	15 000	
贷：应交税费——应交资源税		15 000

（2）计算自用应税产品应交资源税：

借：生产成本	2 500	
贷：应交税费——应交资源税		2 500

（3）交纳资源税：

借：应交税费——应交资源税	17 500	
贷：银行存款		17 500

(二) 应交城市维护建设税

城市维护建设税是以增值税和消费税为计税依据征收的一种税。其纳税人为交纳增值税和消费税的单位和个人，以纳税人实际交纳的增值税和消费税的税额为计税依据，并分别与两项税金同时交纳。税率因纳税人所在地不同从 1%~7%不等。应纳税计算公式为：

应纳税额 =（实际交纳的增值税+实际交纳的消费税）×适用税率

企业按规定计算出应交纳的城市维护建设税，借记“税金及附加”等科目，贷记“应交税费——应交城市维护建设税”科目。交纳城市维护建设税，借记“应交税费——应交城市维护建设税”科目，贷记“银行存款”科目。

【例 7-39】202×年 2 月份，甲企业实际交纳增值税 255 000 元、消费税 120 000 元，适用的城市维护建设税税率为 7%。

甲企业应编制会计分录如下：

（1）计算应交纳城市维护建设税：

借：税金及附加	26 250	
贷：应交税费——应交城市维护建设税		26 250

应交的城市维护建设税 =（255 000+120 000）×7% = 26 250（元）

（2）用银行存款交纳城市维护建设税：

借：应交税费——应交城市维护建设税	26 250	
贷：银行存款		26 250

(三) 应交教育费附加

教育费附加是指为了加快发展地方教育事业，扩大地方教育经费资金来源而向企业征收的附加费用。教育费附加以各单位实际交纳的增值税、消费税的税额为计征依据，按其一定比例分别与增值税、消费税同时交纳。企业按规定计算出应交纳的教育费附加，借记“税金及附加”等科目，贷记“应交税费——应交教育费附加”科目。

【例 7-40】 甲企业按税法规定计算，202×年第四季度应交的教育费附加 200 000 元。款项已经用银行存款支付。

甲企业应编制会计分录如下：

（1）计算应交纳的教育费附加：

借：税金及附加　　200 000

　　贷：应交税费——应交教育费附加　　200 000

（2）交纳教育费附加：

借：应交税费——应交教育费附加　　200 000

　　贷：银行存款　　200 000

（四）应交土地增值税

土地增值税是对转让国有土地使用权、地上的建筑物及其附着物（简称转让房地产）并取得增值性收入的单位和个人所征收的一种税。

土地增值税按照转让房地产所取得的增值额和规定的税率计算征收。转让房地产的增值额是转让收入减去税法规定扣除项目金额后的余额，其中，转让收入包括货币收入、实物收入和其他收入；扣除项目主要包括取得土地使用权所支付的金额、开发土地的成本及费用、新建房及配套设施的成本及费用、与转让房地产有关的税金、旧房及建筑物的评估价格、财政部确定的其他扣除项目等。土地增值税采用四级超率累进税率，其中最低税率为 30%，最高税率为 60%。

根据企业对房地产的核算方法不同，企业应交土地增值税的账务处理也有所区别。企业转让的土地使用权连同地上建筑物及其附着物一并在“固定资产”科目核算的，转让时应交的土地增值税，借记“固定资产清理”科目，贷记“应交税费——应交土地增值税”科目；土地使用权在“无形资产”科目核算的，借记“银行存款”“累计摊销”“无形资产减值准备”科目，按应交的土地增值税，贷记“应交税费——应交土地增值税”科目，同时冲销土地使用权的账面价值，贷记“无形资产”科目，按其差额，借记或贷记“资产处置损益”科目；房地产开发经营企业销售房地产应交纳的土地增值税，借记“税金及附加”科目，贷记“应交税费——应交土地增值税”科目。交纳土地增值税，借记“应交税费——应交土地增值税”科目，贷记“银行存款”科目。

【例 7-41】 甲企业对外转让一栋厂房，根据税法规定计算的应交土地增值税为 12 000 元。

甲企业应编制会计分录如下：

（1）计算应交土地增值税：

借：固定资产清理　　12 000

　　贷：应交税费——应交土地增值税　　12 000

（2）用银行存款交纳土地增值税：

借：应交税费——应交土地增值税　　12 000

　　贷：银行存款　　12 000

（五）应交房产税、城镇土地使用税和车船税

房产税是国家对在城市、县城、建制镇和工矿区征收的由产权所有人交纳的一种税。房产税依照房产原值一次减除10%~30%后的余额计算交纳。没有房产原值作为依据的，由房产所在地税务机关参考同类房产核定；房产出租的，以房产租金收入为房产税的计税依据。

城镇土地使用税是以城市、县城、建制镇、工矿区范围内使用土地的单位和个人为纳税人，以其实际占用的土地面积和规定税额计算征收。

车船税是以车辆、船舶（简称车船）为课征对象，向车船的所有人或者管理人征收的一种税。

企业应交的房产税、城镇土地使用税、车船税，记入“税金及附加”科目，借记“税金及附加”科目。贷记“应交税费——应交房产税、应交城镇土地使用税、应交车船税”科目。

【例7-42】甲企业按税法规定本期应交纳房产税100 000元、车船税19 000元、城镇土地使用税35 000元。

甲企业应编制会计分录如下：

（1）计算应交纳上述税金：

借：税金及附加	154 000	
贷：应交税费——应交房产税		100 000
——应交城镇土地使用税		35 000
——应交车船税		19 000

（2）用银行存款交纳上述税金：

借：应交税费——应交房产税	100 000	
——应交城镇土地使用税	35 000	
——应交车船税	19 000	
贷：银行存款		154 000

（六）应交个人所得税

企业职工按规定应交纳的个人所得税通常由单位代扣代交，企业按规定计算的代扣代交的职工个人所得税，借记“应付职工薪酬”科目，贷记“应交税费——应交个人所得税”科目；企业交纳个人所得税时，借记“应交税费——应交个人所得税”科目，贷记“银行存款”等科目。

【例7-43】甲企业结算本月应付职工工资总额200 000元，按税法规定应代扣代交的职工个人所得税共计2 500元，实发工资197 500元。

甲企业应编制会计分录如下：

（1）代扣个人所得税：

借：应付职工薪酬——工资	2 500	
贷：应交税费——应交个人所得税		2 500

（2）交纳个人所得税：

借：应交税费——应交个人所得税	2 500	
贷：银行存款		2 500

项目小结

本项目介绍了短期借款、长期借款、应付票据、应付账款和预收账款项目的会计处理，对应付职工薪酬的内容及其会计处理做了介绍。此外，还按照税法的规定对应交税费中的应交增值税、应交消费税、应交其他税费的计税基础、计税方法和会计处理过程做了详细的介绍。

项目八

所有者权益业务核算

知识目标

1. 掌握实收资本；
2. 了解实收资本（股本）的来源及投资者出资方式；
3. 熟悉资本公积的内容、来源和用途；
4. 熟悉盈余公积的内容、来源和用途；
5. 熟悉留存收益的构成；
6. 熟悉利润分配的步骤。

能力目标

1. 能正确处理实收资本业务的核算；
2. 能正确处理资本公积业务的核算；
3. 能正确处理盈余公积业务的核算；
4. 能正确处理利润分配业务的核算。

德育目标

1. 培养学生良好的会计职业道德；
2. 以挪威养老基金投资中国企业为例，开展爱国情感教育，激发爱国情怀。

结构导图

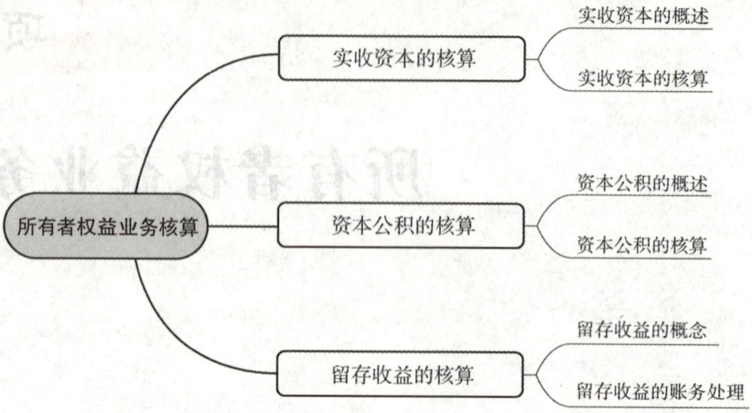

导入案例

2020年6月7日，一汽解放发布公告称，一汽解放拟出资7.65亿元增持一汽财务公司8 790万元注册资本。目前，一汽解放持有一汽财务公司4.8亿元注册资本，持股比例为21.81%；增资后，一汽解放共持有一汽财务公司5.68亿元注册资本，持股比例增加至21.84%。一汽解放表示，一汽财务公司本次增资是其整体战略和经营发展的需要，有利于进一步增强资本金实力和抵抗风险能力，能够为包括一汽财务公司在内的一汽集团成员单位提供更多的贷款、资金支持和更为丰富高效的金融服务。一汽解放参与此次一汽财务公司的增资，可继续保持一汽解放的股东地位和持股比例，有利于提高一汽解放的投资回报率，增加投资收益。

（资料来源：《中国证券报》）

思政之窗

爱国主义是我们民族精神的核心，是中国人民和中华民族同心同德、自强不息的精神纽带。面对国家和民族生死存亡，全体中华儿女同仇敌忾、众志成城，奏响了气壮山河的爱国主义壮歌。爱国主义是激励中国人民维护民族独立和民族尊严、在历史洪流中奋勇向前的强大精神动力，是驱动中华民族这艘航船乘风破浪、奋勇向前的强劲引擎，是引领中国人民和中华民族迸发出排山倒海的历史伟力、战胜前进道路上一切艰难险阻的壮丽旗帜！

——习近平（摘自学习强国）

2021年2月25日，全球最大主权基金——挪威政府全球养老基金持仓全面曝光，加仓中国股票。根据年报显示，该基金对中国股票投资市值从2 361亿元升至3 205亿元，并在2020年对中国股票持仓增加了35.75%，除挪威政府全球养老基金外，英国及澳大利亚等海外投资机构也对中国A股投资热情高涨，外界投资人认为，中国货币政策合理，支撑人民币走强，中国是全球少数在未来可维持高速增长的经济体，长期并持续看好中国未来经济。

（资料来源：《中国证券报》）

任务 1 实收资本的核算

一、实收资本的概述

实收资本是指企业按照章程规定或合同、协议约定，接受投资者投入企业的资本。实收资本的构成比例或股东的股份比例，是确定所有者企业所有者权益份额的基础，也是企业进行利润或股利分配的主要依据。

我国《公司法》规定，股东可以用货币出资，也可以用实物、知识产权、土地使用权等（可以用货币估价并可以依法转让的）非货币财产作价出资；但是，法律、行政法规规定不得作为出资的财产除外。企业应当对作为出资的非货币财产评估作价，核实财产，不得高估或者低估作价。法律、行政法规对评估作价有规定的，从其规定。股东应当按期足额交纳公司章程中规定的各自所认缴的出资额。股东以货币出资的，应当将货币出资足额存入有限责任公司在银行开设的账户；以非货币财产出资的，应当依法办理其财产权的转移手续。股东不按照前款规定交纳出资的，除应当向公司足额交纳外，还应当向已按期足额交纳出资的股东承担违约责任。企业收到所有者投入企业的资本后，应根据有关原始凭证（如投资清单、银行通知单等），分别不同的出资方式进行会计处理。

二、实收资本的核算

（一）接受现金资产投资

企业接受现金资产投资，应以实际收到的货币额或存入银行的开户金额，借记“库存现金”“银行存款”“其他货币资金”等科目；按照投资合同或协议约定的份额，贷记“实收资本”科目（非股份有限公司）或“股本”科目（发行股票面值），实际收到的货币资产超过投资者在企业注册资本中所占份额（或股票的面值）部分，贷记“资本公积——资本溢价”或“资本公积——股本溢价”科目。

【例 8-1】 甲、乙、丙三个公司共同投资设立某有限责任公司，注册资本为 200 000 元，甲、乙、丙三个公司出资比例分别为 50%、30%、20%，按照章程规定，甲、乙、丙三个公司分别将 100 000 元、60 000 元、40 000 元存入该公司。该公司接受甲、乙、丙三个公司出资的核算如下：

借：银行存款　　200 000
　贷：实收资本——甲公司　　100 000
　　　　　　——乙公司　　60 000
　　　　　　——丙公司　　40 000

【例 8-2】 某股份有限公司发行普通股 30 000 000 股，每股面值 1 元，每股发行价格为 2 元。假定股票发行成功，股款 60 000 000 元已全部收到，不考虑发行过程中的税费等因素。根据上述资料，该股份有限公司发行股票的核算如下：

借：银行存款　　60 000 000
　贷：股本　　30 000 000
　　　资本公积——股本溢价　　30 000 000

需要注意的是，股份有限公司发行股票的手续费佣金等交易费用，应从溢价中抵扣，冲减资本公积（股本溢价）。

【例 8-3】 某有限责任公司由甲、乙投资者分别出资 1 000 000 元成立，为扩大经营规模，该公司注册资本由 2 000 000 元增加到 2 500 000 元，丙公司以现金出资 1 000 000 元，享有该公司 20%的注册资本。不考虑其他因素，该公司接受丙公司出资的核算如下：

借：银行存款　　1 000 000

　　贷：实收资本——丙公司　　500 000

　　　　资本公积——资本溢价　　500 000

（二）接受非现金资产投资

企业接受非现金资产投资（如固定资产、存货、无形资产）投入资本时，应按投资合同或协议约定的价值（不公允的除外）作为非现金资产的入账价值，借记“固定资产”“原材料”“无形资产”“应交税费——应交增值税（进项税额）”等科目，按投资合同或协议约定的投资者在企业注册资本或股本中所占份额的部分作为实收资本或股本入账，贷记“实收资本”或“股本”科目，投资合同或协议约定的价值超过投资者在企业注册资本或股本中所占份额的部分，贷记“资本公积——资本溢价”或“资本公积——股本溢价”科目。

【例 8-4】 某有限责任公司为扩大生产规模，追加 5 000 000 元投资，变更后各投资方保持原投资比例不变。原甲、乙、丙三个公司作为投资人分别按 60%、30%、10%的比例追加投资。甲公司投入一批原材料，价值 3 000 000 元（价格公允），增值税 390 000 元，乙公司投入不需要安装的设备一台，合同约定该设备价值为 1 500 000 元，增值税进项税额为 195 000 元，丙公司投入一项专利技术，价值 600 000 元（价格公允），增值税 48 000 元，甲、乙、丙三个公司均开具增值税专用发票，不考虑其他因素，该公司接受追加投资的会计处理如下：

（1）接受甲公司存货投资：

借：原材料　　3 000 000

　　应交税费——应交增值税（进项税额）　　390 000

　　贷：实收资本——甲公司　　3 000 000

　　　　资本公积——资本溢价　　390 000

（2）接受乙公司固定资产投资：

借：固定资产　　1 500 000

　　应交税费——应交增值税（进项税额）　　195 000

　　贷：实收资本——乙公司　　1 500 000

　　　　资本公积——资本溢价　　195 000

（3）接受丙公司固定资产投资：

借：无形资产　　600 000

　　应交税费——应交增值税（进项税额）　　48 000

　　贷：实收资本——丙公司　　500 000

　　　　资本公积——资本溢价　　148 000

（三）实收资本（股本）增、减核算

一般企业增加资本主要有三个途径：接受投资者追加投资、资本公积转增资本和盈余公积转增资本。

1. 实收资本（股市）的增加

（1）接受投资者追加投资，其核算方法与投资人初始投入时间相同。

【例 8-5】承【例 8-1】为扩大经营规模，经批准，某有限责任公司注册资本扩大为 400 000 元，甲、乙、丙三个公司按照原来出资比例分别追加投资，该公司如期收到甲、乙、丙三个公司追加的现金投资。该公司编制会计分录如下：

借：银行存款	200 000	
贷：实收资本——甲公司		100 000
——乙公司		60 000
——丙公司		40 000

（2）资本公积转增资本。

企业采用资本公积转增资本时，应按转增的资本金额确认实收资本或股本。用资本公积转增资本时，借记“资本公积——资本溢价（或股本溢价）”科目，贷记“实收资本”（或“股本”）科目。

【例 8-6】某有限责任公司因扩大经营规模需要，按法定程序，分别将资本公积100 000元转为实收资本，投资者甲、乙、丙三个公司在该公司的投资比例分别为 50%、30%、20%，该公司编制资本公积转增资本的会计分录如下：

借：资本公积	100 000	
贷：实收资本——甲公司		50 000
——乙公司		30 000
——丙公司		20 000

（3）盈余公积转增资本。

企业采用盈余公积转增资本时，应按转增的资本金额确认实收资本或股本。用盈余公积转增资本时，借记“盈余公积”科目，贷记“实收资本”（或“股本”）科目。

【例 8-7】某有限责任公司因扩大经营规模需要，按法定程序，分别将盈余公积200 000元转为实收资本，投资者甲、乙、丙三个公司在该公司的投资比例分别为 50%、30%、20%，该公司编制盈余公积转增资本的会计分录如下：

借：盈余公积	200 000	
贷：实收资本——甲公司		100 000
——乙公司		60 000
——丙公司		40 000

2. 实收资本（股本）的减少

（1）非股份有限公司减少实收资本应按法定程序报经批准，借记“实收资本”科目，贷记“银行存款”科目。

（2）股份有限公司则采用收购本公司股票的方式减资。

企业按法定程序报经批准减少注册资本的，按减少的注册资本金额减少实收资本。股份有限公司采用收购本公司股票方式减资的，通过“库存股”科目核算回购股份的金额，减

资时，按股票面值和注销股数计算的股票面值总额，借记“股本”科目，按注销库存股的账面余额，贷记“库存股”科目，按其差额，借记“资本公积——股本溢价”科目。股本溢价不足冲减的，应借记“盈余公积”“利润分配——未分配利润”科目。如果回购股票支付的价款低于面值总额，应按股票面值总额，借记“股本”科目。按所注销的库存股账面余额，贷记“库存股”科目，按其差额，贷记“资本公积——股本溢价”科目。

【例 8-8】 20×1 年 12 月 31 日，某股份有限公司股本为 50 000 000 元（面值为 1 元），资本公积（股本溢价）为 15 000 000 元，盈余公积为 20 000 000 元。经股东大会批准，该公司以现金回购本公司股票 10 000 000 股并注销。假定股票回购价为每股 2 元，不考虑其他因素，该公司编制回购股票注销库存股的会计分录如下：

（1）回购本公司股份时：

库存股成本＝10 000 000×2＝20 000 000（元）

借：库存股　　20 000 000

　　贷：银行存款　　20 000 000

（2）注销本公司股份时：

借：股本　　10 000 000

　　资本公积——股本溢价　　10 000 000

　　贷：库存股　　20 000 000

【例 8-9】 承【例 8-8】，假定该上市公司按每股 3 元回购股票，其他条件不变，该公司编制会计分录如下：

（1）回购本公司股份时：

库存股成本＝10 000 000×3＝30 000 000（元）

借：库存股　　30 000 000

　　贷：银行存款　　30 000 000

（2）注销本公司股份时：

借：股本　　10 000 000

　　资本公积——股本溢价　　15 000 000

　　盈余公积　　5 000 000

　　贷：库存股　　30 000 000

【例 8-10】 承【例 8-8】假定该公司按每股 0. 8 元回购股票，其他条件不变，该公司编制会计分录如下：

（1）回购本公司股份时：

库存股成本＝10 000 000×0. 8＝8 000 000（元）

借：库存股　　8 000 000

　　贷：银行存款　　8 000 000

（2）注销公司股份时：

应增加的资本公积＝10 000 000×1－10 000 000×0. 8＝2 000 000（元）

借：股本　　10 000 000

　　贷：库存股　　8 000 000

　　　　资本公积——资本溢价　　2 000 000

任务2　资本公积的核算

一、资本公积的概述

（一）资本公积的定义

资本公积是企业收到投资者的出资额超出其在注册资本（或股本）中所占份额的部分，以及其他资本公积等。资本公积包括资本溢价（或股本溢价）和其他资本公积等。

形成资本溢价（或股本溢价）的原因有溢价发行股票、投资者超额投入资本等。

其他资本公积是指除资本溢价（或股本溢价）、净损益、其他综合收益和利润分配以外所有者权益的其他变动。比如，企业的长期股权投资采用权益法核算时，因被投资单位除净损益、其他综合收益以及利润分配以外的所有者权益的其他变动（主要包括被投资单位接受其他股东的资本性投入、被投资单位发行可分离交易的可转换债券中包含的权益成分、以权益结算的股份支付、其他股东对被投资单位增资导致投资方持股比例变动等），投资企业按应享有的份额而增加或减少的资本公积，直接计入投资方所有者权益（资本公积——其他资本公积）。

根据国家有关规定，企业实行股权激励的，如果在等待期内取消了授权的权益工具，企业应在进行权益工具加速行权处理时，将剩余等待期内应确认的金额计入当期损益，并同时确认资本公积（其他资本公积）。企业集团（由母公司和其全部子公司构成）内发生的股份支付交易，如结算企业为接受服务企业的投资者，应当按照授予日权益工具的公允价值或应承担负债的公允价值确认为对接受服务企业的长期股权投资，同时确认资本公积（其他资本公积）或负债。

资本公积的核算包括资本溢价（或股本溢价）的核算、其他资本公积的核算和资本公积转增资本的核算等内容。

（二）资本公积与实收资本（或股本）、留存收益、其他综合收益的区别

微课1　资本公积与其他所有者权益的比较

1. 资本公积与实收资本（或股本）的区别

（1）从来源和性质看，实收资本（或股本）是指投资者按照企业章程或合同、协议的约定，实际投入企业并依法进行注册的资本，它体现了企业所有者对企业的基本产权关系。资本公积是投资者的出资额超出其在注册资本中所占份额的部分（即资本溢价或股本溢价），以及其他资本公积，它不直接表明所有者对企业的基本产权关系。

（2）从用途看，实收资本（或股本）的构成比例是确定所有者参与企业财务经营决策的基础，也是企业进行利润分配或股利分配的依据，同时还是企业清算时确定所有者对净资产分配的依据。资本公积的用途主要是用来转增资本（或股本），资本公积不体现各所有者的占有比例，也不能作为所有者参与企业财务经营决策或进行利润分配（或股利分配）的依据。

2. 资本公积与留存收益的区别

资本公积的来源不是企业实现的利润，而主要来自资本溢价（或股本溢价）等。留存收益是企业从历年实现的利润中提取或形成的留存于企业的内部积累，来源于企业生产经营

活动实现的利润。

3. 资本公积与其他综合收益的区别

其他综合收益是指企业根据企业会计准则规定未在当期损益中确认的各项利得和损失。资本公积和其他综合收益都会引起企业所有者权益发生增减变动，资本公积中的资本溢价（或股本溢价）不会影响企业的损益，而部分其他综合收益项目则在满足企业会计准则规定的条件时，可以重分类进损益，从而成为企业利润的一部分。

二、资本公积的核算

资本公积业务包括资本（或股本）溢价其他资本公积和资本公积转增资本。

（一）资本（股本）溢价

企业创立初期，投资者出资额与注册资本一致，不会产生资本溢价。但在企业重组或者加入新的投资者时，常会要求新进投资者认缴资金大于原来投资者的出资额，才能取得与原来投资者相同的出资比例。因为企业在进行正常生产经营后，其资本利润率通常要高于企业初创阶段。

另外，企业有内部积累，新投资者加入企业后，对这些积累将来也要分享利益，所以新加入的投资者往往要付出大于原投资者的出资额，才能取得与原投资者相同的出资比例。投资者多缴的部分就形成了资本溢价。

【例 8-11】 某公司由甲、乙两人共同出资设立，原注册资本为 3 000 000 元，甲乙两人持股比例为 85%、15%，为扩大经营规模，现接受新投资者丙，丙出资 1 200 000 元，存入企业账户。公司变更登记后注册资本达到 4 000 000 元，甲、乙、丙三位投资者出资比例分别为 63.75%、11.25%、25%。假定不考虑其他因素，该公司编制收到丙投资者出资款的会计分录如下：

借：银行存款	1 200 000	
贷：实收资本——丙投资者		1 000 000
资本公积——资本溢价		200 000

股份有限公司是以发行股票的方式筹集股本的，股票可按面值发行，也可按溢价发行，我国目前不准折价发行。与其他类型的企业不同，股份有限公司在成立时可能会溢价发行股票，因而在成立之初，就可能产生股本溢价。股本溢价的数额等于股份有限公司发行股票时实际收到的款额超过股票面值总额的部分。

在按面值发行股票的情况下，企业发行股票取得的收入，应全部作为股本处理；在溢价发行股票的情况下，企业发行股票取得的收入，等于股票面值部分计入股本，超出股票面值的溢价收入计入股本溢价。

发行股票相关的手续费、佣金等交易费用，如果是溢价发行股票的，应从溢价中抵扣，冲减资本公积（股本溢价）；无溢价发行股票或溢价金额不足以抵扣的，应将不足抵扣的部分冲减盈余公积，盈余公积不足抵扣的，冲减未分配利润。

【例 8-12】 甲股份有限公司首次公开发行普通股 30 000 000 股，每股面值 1 元，每股发行价格为 3 元。甲股份有限公司与证券公司约定，按发行收入的 3%收取佣金，从发行收入中扣除。假定收到的股款已存入银行。该股份有限公司应编制会计分录如下：

借：银行存款　　87 300 000

　　贷：股本　　30 000 000

　　　　资本公积——股本溢价　　57 300 000

该公司收到证券公司转来的发行收入 = 30 000 000×3×(1−3%) = 87 300 000（元）

应记入“资本公积”科目的金额 = 溢价收入 − 发行佣金 =

30 000 000×(3−1) − 30 000 000×3×3% = 57 300 000（元）

（二）其他资本公积

本书以因被投资单位除净损益、其他综合收益和利润分配以外的所有者权益的其他变动为例，介绍相关的其他资本公积的核算。

企业对被投资单位的长期股权投资采用权益法核算的，在持股比例不变的情况下，对因被投资单位除净损益、其他综合收益和利润分配以外的所有者权益的其他变动，应按持股比例计算其应享有或应分担的被投资单位所有者权益的增减数额，调整长期股权投资的账面价值和资本公积（其他资本公积）。在处置长期股权投资时，应转销与该笔投资相关的其他资本公积。

【例 8-13】 甲有限责任公司于 20×1 年 1 月 1 日向乙公司投资 8 000 000 元，拥有该公司 20% 的股份，并对该公司有重大影响，对乙公司长期股权投资采用权益法核算。20×1 年 12 月 31 日，乙公司除净损益、其他综合收益和利润分配之外的所有者权益增加了 2 000 000 元。假定除此以外，乙公司的所有者权益没有变化，甲有限责任公司的持股比例没有变化，乙公司资产的账面价值与公允价值一致，不考虑其他因素。甲有限责任公司应编制会计分录如下：

借：长期股权投资——乙公司　　400 000

　　贷：资本公积——其他资本公积　　400 000

甲有限责任公司对乙公司投资增加的资本公积 = 2 000 000×20% = 400 000（元）

（三）资本公积转增资本

经股东大会或类似机构决议，用资本公积转增资本时，应冲减资本公积，同时按照原转增资本前的实收资本（或股本）的结构或比例，将转增的金额记入“实收资本”（或“股本”）科目下各所有者的明细分类账。

有关账务处理参见本项目【例 8-6】的有关内容。

任务 3　留存收益的核算

一、留存收益的概念

留存收益是指企业从历年实现的利润中提取或形成的留存于企业内部的积累，包括盈余公积和未分配利润。

（一）盈余公积

1. 盈余公积的定义

盈余公积是指企业按照有关规定从净利润中提取的积累资金，包括法定盈余公积和任意盈余公积。

法定盈余公积是指企业按照规定的比例从净利润中提取的盈余公积，公司制企业的提取比例为10%（非公司制企业的提取比例可以超过10%）。在确立法定盈余公积的计提基数时，不包括企业年初未分配利润，如果以前年度有亏损（即年初未分配利润余额为负数），应先弥补以前年度亏损，再提取盈余公积。当企业法定盈余公积累计额达到注册资本的50%以上时，可以不再提取。

任意盈余公积是指企业提取法定盈余公积后，按照股东会或股东大会决议从净利润中提取的任意比例的盈余公积。非公司制企业经类似权力机构批准，也可提取任意盈余公积。

法定盈余公积和任意盈余公积的区别在于其各自计提的依据不同，前者以国家的法律法规为依据，后者由企业的权力机构自行决定。盈余公积的提取实际上是企业当期实现的净利润向投资者分配利润的一种限制。

2. 盈余公积的用途

企业提取的盈余公积可用于弥补亏损、转增资本、发放现金股利或利润等。

（1）盈余公积补亏。

用盈余公积弥补亏损，应当由公司董事会提议，并经股东大会批准。

（2）盈余公积转增资本。

企业将盈余公积转增资本时，必须经股东大会决议批准。在实际将盈余公积转增资本时，要按股东原有持股比例结转。盈余公积转增资本时，转增后留存的盈余公积的数额不得少于转增前注册资本的25%。

（3）盈余公积分配现金股利。

企业当年若没有利润，原则上不得分配现金股利，一般情况下，也不得动用盈余公积向投资者分派股利或利润。但有时企业出于维护信誉、稳定股价等原因，在亏损年度用盈余公积分配现金股利。用盈余公积分配现金股利必须符合下列条件：

①企业盈余公积在弥补历年亏损后仍有结余；②用盈余公积分配现金股利时，股利率不得超过股票面值的6%；③分配股利后，法定盈余公积不得低于注册资本的25%。

综上所述，提取盈余公积并不是单独将这部分现金从企业周转资金中抽出，使用盈余公积也并不是指实际使用现金。盈余公积的增减，只不过是企业所有者权益内部结构的转换。

（二）未分配利润

未分配利润是指企业实现的净利润经过弥补亏损、提取盈余公积和向投资者分配利润后留存在企业的、历年结存的利润。相对于所有者权益其他项目，企业对于未分配利润的使用分配有较大的自主权。从数量上来讲，未分配利润是期初未分配利润，加上本期实现的净利润，减去提取的各自盈余公积和分配利润后的余额。

二、留存收益的账务处理

留存收益业务包括利润分配、盈余公积的账务处理。

（一）利润分配的账务处理

企业应设置“利润分配”科目，核算企业的盈余分配和亏损弥补，反映历年结余未分配利润或未弥补亏损的情况。本科目应分别设置“提取法定盈余公积”“提取任意盈余公积”“应付现金股利或利润”“转作股本的股利”“盈余公积补亏”“未分配利润”等明细科目进行明细核算。

利润分配的账务处理按顺序依次如下：

1. 结转本年利润

年度终了，企业应将全年实现的净利润或发生的净亏损转入“利润分配”科目。盈余时，借记“本年利润”科目，贷记“利润分配——未分配利润”科目；亏损时编制相反的会计分录。

2. 弥补亏损

现行企业所得税税法规定，企业发生亏损后，可以用5年内实现的税前利润弥补，5年内不足弥补的，用税后利润弥补。无论是税前补亏还是税后补亏，均不需进行专门的会计处理，因为无论亏损还是盈余，均在“利润分配——未分配利润”科目中核算。当然，两者在计算交纳所得税时的处理是不同的。税前利润弥补亏损可以抵减当期企业应纳税所得税，税后利润弥补亏损不能扣除应纳税所得税。

3. 提取法定盈余公积

企业提取法定盈余公积，借记“利润分配——提取法定盈余公积”科目，贷记“盈余公积——法定盈余公积”科目。

4. 提取任意盈余公积

企业提取任意盈余公积，借记“利润分配——提取任意盈余公积”科目，贷记“盈余公积——法定盈余公积”科目。

5. 分配股利或利润

分配给股东或投资者的现金股利或利润，借记“利润分配——应付现金股利（利润）”科目，贷记“应付股利（利润）”科目；分配给股东的股票股利，应在办理增资手续后，借记“利润分配——转作股本的股利”科目，贷记“股本”科目。

6. 期末利润分配明细结转

期末将“利润分配”科目下其他明细科目的余额转入“利润分配——未分配利润”科目，借记“利润分配——盈余公积补亏”科目，贷记“利润分配——提取法定盈余公积/提取任意盈余公积/应付股利/转作股本的股利”科目，差额借记或贷记“利润分配——未分配利润”科目。结转后，除“利润分配——未分配利润”科目外，“利润分配”科目下其他明细科目余额为零。

（二）盈余公积的账务处理

企业应设置“盈余公积”科目，反映盈余公积的形成和使用情况，借方反映盈余公积的减少，贷方反映盈余公积的增加，期末余额在贷方，反映实际留存的盈余公积金额，本科目分别设置“法定盈余公积”和“任意盈余公积”明细科目进行明细核算。

通过利润分配从净利润中提取的盈余公积用于弥补亏损、转增资本、发放现金股利或利润时的账务处理如下：

1. 盈余公积补亏

企业用盈余公积弥补亏损，借记“盈余公积”科目，贷记“利润分配——盈余公积补亏”科目。

【例8-14】经股东大会批准，某股份有限公司用以前年度提取的盈余公积弥补往年亏损，当年弥补的金额为5 000 000元。假设不考虑其他因素，该公司编制的会计分录如下：

借：盈余公积　　5 000 000
　　贷：利润分配——盈余公积补亏　　5 000 000

2. 盈余公积转增资本

企业用盈余公积转增资本，借记“盈余公积”科目，贷记“实收资本”或“股本”科目。

【例 8-15】因扩大经营规模需要，经股东大会批准，某股份有限公司将盈余公积300 000 元转增资本，假定不考虑其他因素。该公司编制的会计分录如下：

借：盈余公积　　300 000
　　贷：股本　　300 000

3. 盈余公积发放股利或利润

企业用盈余公积发放现金股利或利润，借记“盈余公积”科目，贷记“应付股利（利润）”科目。

【例 8-16】某股份有限公司股份为 5 000 万股，每股面值 1 元，20×1 年实现净利润 100 000 000 元，年初未分配利润为 50 000 000 元，经过股东大会批准，用当年净利润的 10%提取法定盈余公积，按净利润的 5%提取任意盈余公积，并且向股东宣告发放每股 0.5 元的现金股利，共发放25 000 000 元现金股利，其中动用可供投资者分配的利润 15 000 000 元，盈余公积 10 000 000 元。该公司编制有关盈余公积和利润分配的会计分录如下：

微课 2　各类交易事项对所有者权益的影响

（1）结转本年利润：

借：本年利润　　100 000 000
　　贷：利润分配——未分配利润　　100 000 000

（2）提取法定盈余公积和任意盈余公积：

借：利润分配——提取法定盈余公积　　10 000 000
　　　　　　——提取任意盈余公积　　5 000 000
　　贷：盈余公积——法定盈余公积　　10 000 000
　　　　　　　　——任意盈余公积　　5 000 000

（3）宣告发放现金股利：

借：利润分配——应付现金股利　　15 000 000
　　盈余公积——法定盈余公积　　10 000 000
　　贷：应付股利　　25 000 000

（4）结转利润分配：

借：利润分配——未分配利润　　30 000 000
　　贷：利润分配——提取法定盈余公积　　10 000 000
　　　　　　　　——提取任意盈余公积　　5 000 000
　　　　　　　　——应付现金股利　　15 000 000

项目小结

本项目介绍了实收资本、资本公积和留存收益的特点及其在经济业务活动中的账务处理，让学习者能通过本项目的学习对所有者权益的业务有基本的判断及处理能力。

项目九

收入业务核算

知识目标

1. 了解收入的类别；
2. 理解收入的确认条件；
3. 掌握收入业务核算方法。

能力目标

1. 能对收入进行确认和分类；
2. 能正确处理收入的相关经济业务。

德育目标

1. 培养学生量入为出、勤俭节约的良好习惯；
2. 引导学生树立脚踏实地、勤于创业、善于创造的实践理念。

结构导图

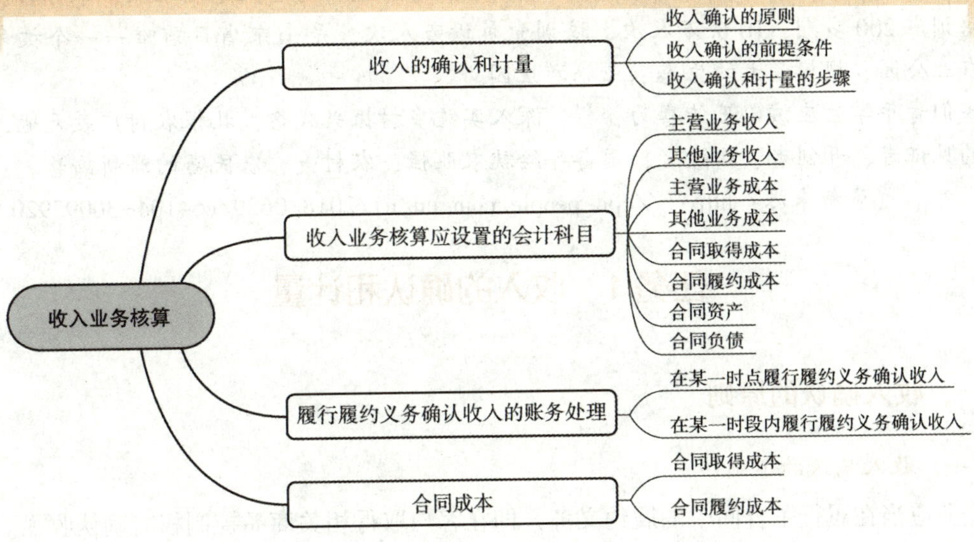

导入案例

虚增收入是企业实现财务欺诈的惯用伎俩。当今社会，因虚增收入引发的财务欺诈使投资者蒙受损失的现象屡见不鲜。广夏（银川）实业股份有限公司（以下简称银广夏）的利润主要来自天津子公司，而天津子公司则是通过伪造合同、伪造出口报关单、虚开增值税发票等手段，虚构主营业务收入，虚构巨额利润 7.45 亿，其中，1999 年虚构利润 1.78 亿元，2000 年虚构利润 5.67 亿元。银广夏无视会计法规和会计准则，被相关部门给予严厉惩治。

（资料来源：https：//wenku. baidu. com/view/eb3e3618964bcf84b9d57b71. html）

思政之窗

乡村振兴是实现中华民族伟大复兴的一项重大任务。要围绕立足新发展阶段、贯彻新发展理念、构建新发展格局带来的新形势、提出的新要求，坚持把解决好“三农”问题作为全党工作重中之重，坚持农业农村优先发展，走中国特色社会主义乡村振兴道路，坚持缩小城乡区域发展差距，让低收入人口和欠发达地区共享发展成果，在现代化进程中不掉队、赶上来。

——习近平（摘自学习强国）

带领群众“变地生金”

——记兰陵县卞庄街道代村社区党委书记、村委会主任王传喜

巍巍沂蒙山脚下，有一处美丽的“世外桃源”——全国第一家农业公园兰陵国家农业公园，每天前来游览观光的游客络绎不绝，它的设计师——王传喜将这片贫瘠黄土变成了“生金流银”的金土地。

王传喜是山东省临沂市兰陵县卞庄街道代村社区党委书记、村委会主任，他担任基层党组织书记 19 年来，率领村“两委”班子和党员干部加强基层组织建设，发挥党员先锋模范作用，筑牢村庄发展根基；团结群众发展现代农业，壮大集体经济，实现村民共同富裕；积极推动乡村有效治理，倡导文明新风，不断提升群众获得感、幸福感。

兰陵国家农业公园融入人文历史、农耕文明，每年接待游客几十万人次，举办各类新型农民培训班 200 多期、10 余万人次，培训党员近万人次，是山东省目前唯一一个被命名为国家农业公园、规模最大的生态农业旅游庄园。

我们青年学生应该以王传喜为榜样，深入实施乡村振兴战略，扎根农村广袤天地，做新时代的见证者、开创者、建设者，用奋斗绘就农业强、农村美、农民富的崭新画卷。

（资料来源：http：//cpc. people. com. cn/n1/2018/0629/c64104-30095920. html）

任务 1　收入的确认和计量

一、收入确认的原则

（一）收入确认的原则

企业应当在履行了合同中的履约义务，即在客户取得相关商品控制权时确认收入。

（二）取得相关商品控制权

取得相关商品控制权，是指客户能够主导该商品的使用并从中获得几乎全部经济利益，也包括有能力阻止其他方主导该商品的使用并从中获得经济利益。

（三）取得商品控制权的三要素

取得商品控制权包括三个要素：

1. 客户必须拥有现时权利

客户必须拥有现时权利，能够主导该商品的使用并从中获得几乎全部经济利益。如果客户只能在未来的某一期间主导该商品的使用并从中获益，则表明其尚未取得该商品的控制权。

2. 客户有能力主导该商品的使用

即客户在其活动中有权使用该商品，或者能够允许或阻止其他方使用该商品。

3. 客户能够获得商品几乎全部的经济利益

商品的经济利益是指商品的潜在现金流量，既包括现金流入的增加，也包括现金流出的减少。客户可以通过使用、出售、处置、交换、抵押或持有等多种方式直接或间接地获得商品的经济利益。

客户是指与企业订立合同已向该企业购买其日常活动产出的商品并支付对价的一方。此外所称的商品包括商品和服务。

二、收入确认的前提条件

企业与客户之间的合同同时满足下列五项条件的，企业应当在客户取得相关商品控制权时确认收入：

（1）合同各方已批准该合同并承诺将履行各自义务；

（2）该合同明确了合同各方与所转让商品相关的权利和义务；

（3）该合同有明确的与所转让商品相关的支付条款；

（4）该合同具有商业实质，即履行该合同将改变企业未来现金流量的风险、时间分布或金额；

（5）企业因向客户转让商品所有权取得的对价很可能收回。

微课1　怎样判断商品的控制权是否转移？

三、收入确认和计量的步骤

根据《企业会计准则第14号——收入》，收入确认和计量大致分为五步：

（一）识别与客户订立的合同

合同是指双方或多方之间订立有法律约束力的权利义务的协议。合同有书面形式、口头形式以及其他形式。合同的存在是企业确认客户合同收入的前提，企业与客户之间的合同一经签订，企业即享有从客户处取得与转移商品和服务对价的权利，同时负有向客户转移商品和服务的履约义务。

（二）识别合同中的单项履约义务

履约义务是指合同中企业向客户转让可明确区分商品或服务的承诺。企业应当将向客户转让可明确区分商品（或者商品的组合）的承诺以及向客户转让一系列实质相同且转让模式相同的、可明确区分商品的承诺作为单项履约义务。例如，企业与客户签订合同，向其销售商品并提供安装服务，该安装服务简单，除该企业外，其他供应商也可以提供此类安装服务，该合同中销售商品和提供安装服务为两项履约义务。若该安装服务复杂且商品需要按客户定制要求修改，则合同中销售商品和提供安装服务合并为单项履约义务。

（三）确定交易价格

交易价格是指企业因向客户转让商品而预期有权收取的对价金额，不包括企业代第三方收取的款项（如增值税）以及企业预期将退还给客户的款项。合同条款所承诺的对价，可能是固定金额、可变金额或两者兼有。

（四）将交易价格分摊至各单项履约义务

当合同中包含两项或多项履约义务时，需要将交易价格分摊至各单项履约义务，分摊的方法是在合同开始日，按照各单项履约义务所承诺商品的单独售价（企业向客户单独销售商品的价格）的相对比例，将交易价格分摊至各单项履约义务。通过分摊交易价格，使企业分摊至各单项履约义务的交易价格能够反映其因向客户转让已承诺的相关商品而有权收取的对价金额。

（五）履行各单项履约义务时确认收入

当企业将商品转移给客户，客户取得了相关商品的控制权，意味着企业履行了合同履约义务，此时，企业应确认收入。企业将商品控制权转移给客户，可能是在某一时段内（即履行履约义务的过程中）发生，也可能在某一时点（即履约义务完成时）发生。企业应当根据实际情况，首先判断履约义务是否满足在某一时段内履行的条件，如不满足，则该履约义务属于在某一时点履行的履约义务。

任务 2　收入业务核算应设置的会计科目

为了核算企业的收入及相关的成本费用，一般需要设置“主营业务收入”“其他业务收入”“主营业务成本”“其他业务成本”“合同取得成本”“合同履约成本”“合同资产”“合同负债”等科目。

一、主营业务收入

“主营业务收入”科目核算企业确认的销售商品、提供服务等主营业务的收入。

本科目贷方登记企业主营业务活动实现的收入，借方登记期末转入“本年利润”科目的主营业务收入，结转后该科目应无余额。

本科目可按主营业务的种类进行明细核算。

二、其他业务收入

“其他业务收入”科目核算企业确认的除主营业务活动以外的其他经营活动实现的收入，包括出租固定资产、出租无形资产、出租包装物和商品、销售材料等实现的收入。

本科目贷方登记企业其他业务活动实现的收入，借方登记期末转入“本年利润”科目的其他业务收入，结转后该科目应无余额。

本科目可按其他业务的种类进行明细核算。

三、主营业务成本

“主营业务成本”科目核算企业确认销售商品、提供服务等主营业务收入时应结转的成本。

本科目借方登记企业应结转的主营业务成本，贷方登记期末转入“本年利润”科目的主营业务成本，结转后该科目应无余额。

本科目可按主营业务的种类进行明细核算。

四、其他业务成本

“其他业务成本”科目核算企业确认的除主营业务活动以外的其他经营活动所形成的成本，包括出租固定资产的折旧额、出租无形资产的摊销额、出租包装物的成本或摊销额、销售材料的成本等。

本科目借方登记企业应结转的其他业务成本，贷方登记期末转入“本年利润”科目的其他业务成本，结转后该科目应无余额。

本科目可按其他业务的种类进行明细核算。

五、合同取得成本

“合同取得成本”科目核算企业取得合同发生的、预计能够收回的增量成本。

本科目借方登记发生的合同取得成本，贷方登记摊销的合同取得成本，期末借方余额，反映企业尚未结转的合同取得成本。

本科目可按合同进行明细核算。

六、合同履约成本

“合同履约成本”科目核算企业为履行当前或预期取得的合同所发生的成本。

本科目借方登记发生的合同履约成本，贷方登记摊销的合同履约成本，期末借方余额，反映企业尚未结转的合同履约成本。

本科目可按合同分别“服务成本”“工程施工”等进行明细核算。

七、合同资产

“合同资产”科目核算企业已向客户转让商品而有权收取对价的权利，且该权利取决于时间流逝之外的其他因素（如履行合同中的其他履约义务）。

微课2　合同资产与合同负债

本科目借方登记因已转让商品而有权收取的对价金额，贷方登记取得无条件收款权的金额，期末借方余额，反映企业已向客户转让商品而有权收取的对价金额。

本科目按合同进行明细核算。

八、合同负债

“合同负债”科目核算企业已收或应收客户对价而应向客户转让商品的义务。

本科目贷方登记企业在向客户转让商品之前，已经收到或已经取得无条件收取合同对价权利的金额。本科目借方登记企业向客户转让商品时冲销的金额；期末贷方余额，反映企业在向客户转让商品之前，已经收到的合同对价或已经取得的无条件收取合同对价权利的金额。

本科目按合同进行明细核算。

任务3　履行履约义务确认收入的账务处理

一、在某一时点履行履约义务确认收入

对于在某一时点履行的履约义务，企业应当在客户取得相关商品控制权时确认收入。

（一）一般销售商品业务收入的账务处理

【例 9-1】甲公司向乙公司销售商品一批，开具的增值税专用发票上注明售价 200 000 元，增值税为 26 000 元；甲公司收到乙公司支付的货款，已存入银行。甲公司以银行存款支付代垫运费，增值税专用发票上注明运输费 2 000 元，增值税为 180 元，所垫运费尚未收到；该批商品成本为 160 000 元；乙公司收到商品并验收入库。

甲公司应编制会计分录如下：

（1）确认收入时：

借：银行存款	226 000	
贷：主营业务收入		200 000
应交税费——应交增值税（销项税额）		26 000
借：主营业务成本	160 000	
贷：库存商品		160 000

（2）代垫运费时：

借：应收账款	2 180	
贷：银行存款		2 180

（二）已经发出商品但不能确认收入的账务处理

企业按合同发出商品，合同约定客户只有在商品售出取得价款后才支付货款。企业向客户转让商品的对价未达到“很可能收回”收入确认条件。

为了单独反映已经发出但尚未确认销售收入的商品成本，企业应增设“发出商品”等科目。“发出商品”科目核算一般销售方式下，已经发出但尚未确认销售收入的商品成本。

企业对于发出的商品，在不能确认收入时，应按发出商品的实际成本，借记“发出商品”等科目，贷记“库存商品”科目。发出商品满足收入确认条件时，应结转销售成本，借记“主营业务成本”科目，贷记“发出商品”科目。“发出商品”科目的期末余额应并入资产负债表“存货”项目反映。

发出商品不符合收入确认条件时，如果销售该商品的纳税义务已经发生，比如已经开出增值税专用发票，则应确认应交的增值税销项税额。借记“应收账款”等科目，贷记“应交税费——应交增值税（销项税额）”科目。如果纳税义务没有发生，则不需进行上述处理。

【例 9-2】甲公司采用托收承付结算方式向 B 公司销售一批商品，开出的增值税专用发票上注明售价为 100 000 元，增值税为 13 000 元；该批商品成本为 60 000 元。甲公司在销售该批商品时已得知 B 公司资金流转发生暂时困难，但为了减少存货积压，同时也为了维持与 B 公司长期以来建立的商业关系，甲公司仍将商品发出，并办妥托收手续。假定甲公司销售该批商品的纳税义务已经发生。

本例中，由于 B 公司现金流转存在暂时困难，甲公司很可能暂时无法收回销售货款。根据销售商品收入的确认条件，甲公司在发出商品时不能确认收入。为此，甲公司应将已发出的商品成本通过"发出商品"科目反映。甲公司应编制会计分录如下：

发出商品时：

借：发出商品　　60 000

　　贷：库存商品　　60 000

同时，因甲公司销售该批商品的纳税义务已经发生，应确认增值税销项税额：

借：应收账款　　13 000

　　贷：应交税费——应交增值税（销项税额）　　13 000

注意：如果销售该批商品的纳税义务尚未发生，则不做这笔会计分录，待纳税义务发生时再做应交增值税的会计分录。

假定甲公司得知 B 公司经营情况逐渐好转，B 公司承诺近期付款，甲公司应在 B 公司承诺付款时确认收入，应编制会计分录如下：

借：应收账款　　100 000

　　贷：主营业务收入　　100 000

同时结转成本：

借：主营业务成本　　60 000

　　贷：发出商品　　60 000

假定甲公司收到 B 公司支付的货款，应编制会计分录如下：

借：银行存款　　113 000

　　贷：应收账款　　113 000

（三）商业折扣、现金折扣和销售折让的处理

微课 3　商业折扣　　微课 4　现金折扣　　微课 5　销售折让

1. 商业折扣

企业销售商品涉及商业折扣的，应当按照扣除商业折扣后的金额确定销售商品收入金额。

2. 现金折扣

企业销售商品涉及现金折扣的，应当按照扣除现金折扣前的金额确定销售商品收入金额。现金折扣在实际发生时计入当期财务费用。

在计算现金折扣时，还应注意销售方是按不包含增值税的价款提供现金折扣，还是按包含增值税的价款提供现金折扣，在两种情况下，购买方享有的折扣金额不同。

【例 9-3】 甲公司为增值税一般纳税企业，2 月 1 日销售 A 商品 10 000 件，每件商品的标价为 20 元（不含增值税），每件商品的实际成本为 12 元，A 商品适用的增值税税率为 13%；由于是成批销售，甲公司给予购货方 10% 的商业折扣，并在销售合同中规定现金折扣条件为“2/10、1/20、*n*/30”；A 商品于 2 月 1 日发出，购货方于 2 月 9 日付款。假定计算现金折扣时考虑增值税。

本例涉及商业折扣和现金折扣的问题，首先需要计算确定销售商品收入的金额。根据销售商品收入金额确定的有关规定，销售商品收入的金额应是未扣除现金折扣但扣除商业折扣后的金额，现金折扣应在实际发生时计入当期财务费用。因此，甲公司应确认的销售商品收入金额为 180 000（20×10 000−20×10 000×10%）元，增值税销项税额为 23 400（180 000×13%）元。购货方于销售实现后的 10 日内付款，享有的现金折扣为 4 068［(180 000+23 400)×2%］元。

甲公司的会计处理如下：

（1）2 月 1 日销售实现时：

借：应收账款	203 400	
贷：主营业务收入		180 000
应交税费——应交增值税（销项税额）		23 400
借：主营业务成本	120 000	
贷：库存商品		120 000

（2）2 月 9 日收到货款时：

借：银行存款	199 332	
财务费用	4 068	
贷：应收账款		203 400

本例中，若购货方于 2 月 19 日付款，则享有的现金折扣为 2 034 元。甲公司在收到货款时的会计分录为：

借：银行存款	201 366	
财务费用	2 034	
贷：应收账款		203 400

若购货方于 2 月底才付款，则应按全额付款。甲公司在收到货款时的会计分录为：

借：银行存款	203 400	
贷：应收账款		203 400

3. 销售折让

销售折让是指企业因售出商品的质量不合格等原因而在售价上给予的减让。

企业已经确认销售商品收入的售出商品发生销售折让时，按应冲减的销售商品收入金额，借记“主营业务收入”科目，按专用发票上注明的应冲减的增值税销项税额，借记“应交税费——应交增值税（销项税额）”科目，按实际支付或应退还的价款，贷记“银行存款”“应收账款”等科目。如果发生销售折让时，企业尚未确认销售商品收入，则应在确认销售商品收入时直接按扣除销售折让后的金额确认。

【例 9-4】甲公司销售一批商品给乙公司，开出的增值税专用发票上注明的售价为 100 000 元，增值税为 13 000 元。该批商品的成本为 70 000 元。货到后乙公司发现商品质量不符合合同的要求，要求在价格上给予 5%的折让。乙公司提出的销售折让要求符合原合同的约定，甲公司同意并办妥了相关手续，开具了增值税专用发票（红字）。假定此前甲公司已确认该批商品的销售收入，销售款项尚未收到，发生的销售折让允许扣减当期增值税销项税额。甲公司的会计处理如下：

（1）销售实现时：

借：应收账款　113 000

　贷：主营业务收入　100 000

　　应交税费——应交增值税（销项税额）　13 000

借：主营业务成本　70 000

　贷：库存商品　70 000

（2）发生销售折让时：

借：主营业务收入　5 000（100 000×5%）

　应交税费——应交增值税（销项税额）　650

　贷：应收账款　5 650

（3）实际收到款项时：

借：银行存款　107 350

　贷：应收账款　107 350

（四）销售退回的处理

1. 对于未确认收入的售出商品发生的销售退回

对于未确认收入的售出商品发生的销售退回，借记“库存商品”科目，贷记“发出商品”科目。

若原发出商品时增值税纳税义务已发生，则做以下处理：

借：应交税费——应交增值税（销项税额）

　贷：应收账款

2. 对于已确认收入的售出商品发生的销售退回

企业已经确认销售商品收入的售出商品发生销售退回的，应当在发生时冲减当期销售收入、销售成本等。

微课 6　销售退回

（1）企业收到退回的商品时，会计处理如下：

借：主营业务收入

　应交税费——应交增值税（销项税额）

　贷：银行存款等

（2）退回商品验收入库，按照商品成本，会计处理如下：

借：库存商品

　贷：主营业务成本

如该销售退回已发生现金折扣，应同时调整相关财务费用的金额。

【例 9-5】甲公司 3 月 5 日收到乙公司因质量问题而退回的商品 10 件，每件商品成本为 210 元。该批商品是甲公司 2 月 2 日出售给乙公司的，每件商品售价为 300 元，适用的增值税税率为13%，货款尚未收到，甲公司尚未确认销售商品收入。因乙公司提出的退货要求符合销售合同约定，甲公司同意退货，并按规定向乙公司开具了增值税专用发票（红字）。

3月5日甲公司应在验收退货入库时做会计分录如下：

借：库存商品　　　　2 100（210×10）

　　贷：发出商品　　　　2 100

【例9-6】 甲公司20×1年1月20日销售A商品一批，增值税专用发票上注明的售价为350 000元，增值税为45 500元；该批商品成本为182 000元。A商品于1月20日发出，购货方于1月27日付款。甲公司对该项销售确认了销售收入。20×1年3月15日，该批商品质量出现了严重问题，购货方将该批商品全部退回给甲公司，甲公司同意退货，于退货当日支付了退货款，并按规定向购货方开具了增值税专用发票（红字）。甲公司的会计处理如下：

（1）销售实现时：

借：应收账款　　　　395 500

　　贷：主营业务收入　　　　350 000

　　　　应交税费——应交增值税（销项税额）　　　　45 500

借：主营业务成本　　　　182 000

　　贷：库存商品　　　　182 000

（2）收到货款时：

借：银行存款　　　　395 500

　　贷：应收账款　　　　395 500

（3）销售退回时：

借：主营业务收入　　　　350 000

　　应交税费——应交增值税（销项税额）　　　　45 500

　　贷：银行存款　　　　395 500

借：库存商品　　　　182 000

　　贷：主营业务成本　　　　182 000

（五）采用预收款方式销售商品的处理

【例9-7】 甲公司与乙公司签订协议，采用预收款方式向乙公司销售一批商品。该批商品实际成本为600 000元。协议约定，该批商品销售价格为800 000元，增值税为104 000元；乙公司应在协议签订时预付60%的货款（按销售价格计算），剩余货款于2个月后支付。甲公司的会计处理如下：

（1）收到60%的货款时：

借：银行存款　　　　480 000

　　贷：预收账款　　　　480 000

（2）收到剩余货款及增值税时：

借：预收账款　　　　480 000

　　银行存款　　　　424 000

　　贷：主营业务收入　　　　800 000

　　　　应交税费——应交增值税（销项税额）　　　　104 000

借：主营业务成本　　600 000
　　贷：库存商品　　600 000

（六）采用支付手续费方式委托代销商品的处理

【例 9-8】 甲公司委托丙公司销售商品 200 件，商品已经发出，每件成本为 60 元。合同约定丙公司应按每件 100 元对外销售，甲公司按售价的 10%向丙公司支付手续费。丙公司对外实际销售 100 件，开出的增值税专用发票上注明的销售价格为 10 000 元，增值税为 1 300 元，款项已经收到。甲公司收到丙公司开具的代销清单时，向丙公司开具一张相同金额的增值税专用发票。假定甲公司发出商品时纳税义务尚未发生，甲公司采用实际成本核算，丙公司采用进价核算代销商品。

甲公司的会计处理如下：

（1）发出商品时：

借：委托代销商品　　12 000
　　贷：库存商品　　12 000

（2）收到代销清单时：

借：应收账款　　11 300
　　贷：主营业务收入　　10 000
　　　　应交税费——应交增值税（销项税额）　　1 300

借：主营业务成本　　6 000
　　贷：委托代销商品　　6 000

借：销售费用　　1 000
　　贷：应收账款　　1 000

代销手续费金额 = 10 000×10% = 1 000（元）

（3）收到丙公司支付的货款时：

借：银行存款　　11 300
　　贷：应收账款　　11 300

（七）销售材料等存货的处理

企业销售原材料等存货确认其他业务收入时，按售价和应收取的增值税，借记“银行存款”“应收账款”等科目，按实现的其他业务收入，贷记“其他业务收入”科目，按增值税专用发票上注明的增值税额，贷记“应交税费——应交增值税（销项税额）”科目。结转出售原材料等存货的实际成本时，借记“其他业务成本”科目，贷记“原材料”等科目。

【例 9-9】 甲公司销售一批原材料，开出的增值税专用发票上注明的售价为 10 000 元，增值税为 1 300 元，款项已由银行收妥。该批原材料的实际成本为 9 000 元。甲公司的会计处理如下：

（1）取得原材料销售收入：

借：银行存款　　11 300
　　贷：其他业务收入　　10 000
　　　　应交税费——应交增值税（销项税额）　　1 300

（2）结转已销原材料的实际成本：

借：其他业务成本　　9 000
　　贷：原材料　　9 000

二、在某一时段内履行履约义务确认收入

对于在某一时段内履行的履约义务，企业应当在该段时间内按照履约进度确认收入，履约进度不能合理确定的除外。

知识链接

满足下列条件之一的，属于在某一时段内履行的履约义务：

①客户在企业履约的同时即取得并消耗企业履约所带来的经济利益。②客户能够控制企业履约过程中的在建商品。③企业履约过程中所产出的商品具有不可替代用途，该企业在整个合同期间内有权就累计至今已完成的履约部分收取款项。

（资料来源：摘自《企业会计准则》）

（一）履约进度的确定

企业应当考虑商品的性质，采用实际测量的完工进度、评估已实现的结果、时间进度、已完工或交付的产品等产出指标，或采用投入的材料数量、花费的人工工时、机器工时、发生的成本和时间进度等投入指标确定恰当的履约进度，并且在确定履约进度时，扣除那些控制权尚未转移给客户的商品和服务。

（二）当期收入的确定

资产负债表日，企业按照合同的交易价格总额乘以履约进度扣除以前会计期间累计已确认的收入后的金额，确认当期收入。

当期收入＝合同交易价格总额×履约进度－以前会计期间已确认的收入

当履约进度不能合理确定时，企业已经发生的成本预计能够得到补偿的，应当按照已经发生的成本金额确认收入，直到履约进度能够合理确定为止。

【例 9-10】甲公司为增值税一般纳税人，装修服务适用增值税税率为9%。20×1 年 12 月 1 日，甲公司与乙公司签订一项为期 3 个月的装修合同，合同约定装修价款为 100 000 元，增值税为 9 000 元，装修费用每月末按完工进度支付。20×1 年 12 月 31 日，经专业测量师测量后，确定该项劳务的完工程度为 25%；乙公司按完工进度支付价款及相应的增值税款，截至 20×1 年 12 月 31 日，甲公司为完成该合同累计发生劳务成本 20 000 元（假定均为装修人员薪酬），估计还得发生劳务成本 60 000 元。

甲公司应编制会计分录如下：

（1）实际发生劳务成本 20 000 元：

借：合同履约成本	20 000	
贷：应付职工薪酬		20 000

（2）确认劳务收入并结转劳务成本：

20×1 年 12 月 31 日确认的劳务收入＝100 000×25%－0＝25 000（元）

借：银行存款	27 250	
贷：主营业务收入		25 000
应交税费——应交增值税（销项税额）		2 250
借：主营业务成本	20 000	
贷：合同履约成本		20 000

20×2 年 1 月 31 日，经专业测量师测量后，确定该项劳务的完工程度为 70%；乙公司按完工进度支付价款的同时支付相应的增值税款。20×2 年 1 月，为完成该合同，甲公司发生劳务成本 18 000 元（假定均为装修人员薪酬），为完成该合同估计还将发生劳务成本 12 000 元。甲公司应编制会计分录如下：

（1）实际发生劳务成本 18 000 元：

借：合同履约成本　　18 000

　贷：应付职工薪酬　　18 000

（2）20×2 年 1 月 31 日确认劳务收入并结转劳务成本：

20×2 年 1 月 31 日确认的劳务收入 = 100 000×70%−25 000 = 45 000（元）

借：银行存款　　49 050

　贷：主营业务收入　　45 000

　　应交税费——应交增值税（销项税额）　　4 050

借：主营业务成本　　18 000

　贷：合同履约成本　　18 000

20×2 年 2 月 28 日，装修完工；乙公司验收合格，按完工进度支付价款的同时支付相应的增值税款。20×2 年 2 月，甲公司为完成该合同发生劳务成本 12 000 元（假定均为装修人员薪酬）。甲公司应编制会计分录如下：

（1）实际发生劳务成本 12 000 元：

借：合同履约成本　　12 000

　贷：应付职工薪酬　　12 000

（2）20×2 年 2 月 28 日确认劳务收入并结转劳务成本：

20×2 年 2 月 28 日确认的劳务收入 = 100 000−25 000−45 000 = 30 000（元）

借：银行存款　　32 700

　贷：主营业务收入　　30 000

　　应交税费——应交增值税（销项税额）　　2 700

借：主营业务成本　　12 000

　贷：合同履约成本　　12 000

【例 9-11】甲公司经营一家健身俱乐部，20×1 年 1 月 1 日，某客户与甲公司签订合同，成为甲公司的会员，并向甲公司支付会员费 4 800 元（不含税价），可在未来的 12 个月内在该俱乐部健身，且没有次数的限制，该业务适用的增值税税率为 6%。

甲公司应编制会计分录如下：

（1）20×1 年 1 月 1 日收到会员费时；

借：银行存款　　4 800

　贷：合同负债　　4 800

（2）20×1 年 1 月 31 日确认收入，开具增值税专用发票并收到税款时：

甲公司按照直线法确认收入，每月应当确认的收入为 400（4 800÷12）元。

借：合同负债　　400

　银行存款　　24

　贷：主营业务收入　　400

　　应交税费——应交增值税（销项税额）　　24

20×1 年 2 月至 20×1 年 12 月，每月确认收入同上。

任务 4 合同成本

企业在与客户之间建立合同关系的过程中发生的成本主要有合同取得成本和合同履约成本。

一、合同取得成本

企业为取得合同发生的增量成本预期能够收回的，应作为合同取得成本确认为一项资产。增量成本是指企业不取得合同就不会发生的成本，也就是企业发生的与合同直接相关，但又不是所签订合同的对象或内容（如建造商品或提供服务）本身所直接发生的费用，例如销售佣金等，如果销售佣金等预期可通过未来的相关服务收入予以补偿，该销售佣金（即增量成本）应在发生时确认为一项资产，即合同取得成本。

借：合同取得成本

　　贷：银行存款

企业取得合同发生的增量成本已经确认为资产的，应当采用与该资产相关的商品收入确认相同的基础进行摊销、计入当期损益。

借：销售费用

　　贷：银行存款

【提示 1】为简化实务操作，该资产摊销期限不超过一年的，可以在发生时计入当期损益。

【提示 2】企业为取得合同发生的、除预期能够收回的增量成本之外的其他支出，例如，无论是否取得合同，均会发生的差旅费、投标费、为准备投标资料发生的相关费用等，应当在发生时计入当期损益，除非这些支出明确由客户承担。

【例 9-12】甲公司是一家咨询公司，通过竞标赢得一个服务期为 3 年的客户，该客户每年末支付含税咨询费 127 200 元。为取得与该客户的合同，甲公司聘请外部律师进行尽职调查，支付相关费用 5 000 元，为投标而发生的差旅费为 4 000 元，支付销售人员佣金 20 000 元。甲公司预期这些支出未来均能够收回。此外，甲公司根据其年度销售目标、整体盈利情况及个人业绩等，向销售部门经理支付年度奖金 10 000 元。

甲公司应编制会计分录如下：

（1）支付相关费用：

借：合同取得成本	20 000	
管理费用	9 000	
销售费用	10 000	
贷：银行存款		39 000

（2）每月确认服务收入，摊销销售佣金：

$$服务收入=127\ 200\div(1+6\%)\div12=10\ 000（元）$$

$$销售佣金摊销额=20\ 000\div5\div12=333.33（元）$$

借：应收账款　　10 600
　　销售费用　　333.33
　　贷：合同取得成本　　333.33
　　　　主营业务收入　　10 000
　　　　应交税费——应交增值税（销项税额）　　600

二、合同履约成本

（一）合同履约成本的确认

合同履约成本是指企业为履行当前或预期取得的合同所发生的、属于《企业会计准则第 14 号——收入》规范范围并且按照该准则应当确认为一项资产的成本。

企业为履行合同可能会发生各种成本，企业在确认收入的同时应当对这些成本进行分析，属于《企业会计准则第 14 号——收入》规范范围且同时满足下列条件的，应当作为合同履约成本确认为一项资产：

1. 该成本与一份当前或预期取得的合同直接相关

（1）与合同直接相关的成本。

①直接人工（如支付给直接为客户提供所承诺服务的人员的工资、奖金等）；

②直接材料（如为履行合同耗用的原材料、辅助材料、构配件、零件、半成品的成本和周转材料的摊销及租赁费用等）；

③制造费用或类似费用（如组织和管理相关生产、施工、服务等活动发生的费用，包括管理人员的职工薪酬、劳动保护费、固定资产折旧费及修理费、物料消耗费、取暖费、水电费、办公费、差旅费、财产保险费、工程保修费、临时设施摊销费等）。

（2）明确由客户承担的成本以及仅因该合同而发生的其他成本，如支付给分包商的成本、机械使用费、设计和技术援助费用、施工现场二次搬运费、生产工具和用具使用费、检验试验费、工程定位复测费、场地清理费等。

2. 该成本增加了企业未来用于履行（包括持续履行）履约义务的资源

3. 该成本预期能够收回

知识链接

企业应当在下列支出发生时，将其计入当期损益：

（1）管理费用，除非这些费用明确由客户承担。

（2）非正常消耗的直接材料、直接人工和制造费用（或类似费用），这些支出是履行合同而发生的，但未反映在合同价格中。

（3）与履约义务中已履行（包括已全部履行或部分履行）部分相关的支出，即该支出与企业过去的履约活动相关。

（4）无法在尚未履行的与已履行（或已部分履行）的履约义务之间区分的相关支出。

（二）合同履约成本的账务处理

1. 发生合同履约成本时：

借：合同履约成本
　　贷：银行存款/应付职工薪酬/原材料等

2. 摊销时：

借：主营业务成本/其他业务成本等

　　贷：合同履约成本

【例 9-13】 甲公司经营一家酒店，该酒店是甲公司的自有资产。20×1 年 12 月甲公司计提与酒店经营直接相关的酒店、客房以及客房内的设备家具等折旧 50 000 元、酒店土地使用权摊销费用 42 000 元。经计算，当月确认房费、餐饮等服务含税收入 106 000 元，全部存入银行。

甲公司应编制会计分录如下：

（1）确认资产的折旧费、摊销费：

借：合同履约成本	92 000	
贷：累计折旧		50 000
累计摊销		42 000

（2）12 月确认酒店服务收入并摊销合同履约成本：

借：银行存款	106 000	
贷：主营业务收入		100 000
应交税费——应交增值税（销项税额）		6 000
借：主营业务成本	92 000	
贷：合同履约成本		92 000

项目小结

本项目介绍了收入的确认和计量、收入核算应设置的会计科目、履行履约义务确认收入的账务处理，以及企业与客户之间建立合同关系的过程中发生的合同取得成本与合同履约成本。

项目十

费用业务核算

知识目标

1. 理解费用的概念和特征；
2. 掌握营业成本的核算内容与方法；
3. 掌握税金及附加的核算内容与方法；
4. 掌握期间费用的核算内容与方法。

能力目标

1. 能识别企业的费用会计要素；
2. 能核算营业成本类业务；
3. 能核算税金及附加类业务；
4. 能核算期间费用类业务。

德育目标

1. 培养学生坚持原则做事、抵制歪风邪气的会计职业道德；

2. 通过打击非法校园贷现象，引导学生抵制享乐主义、奢靡之风，养成清正廉洁的政治本色。

结构导图

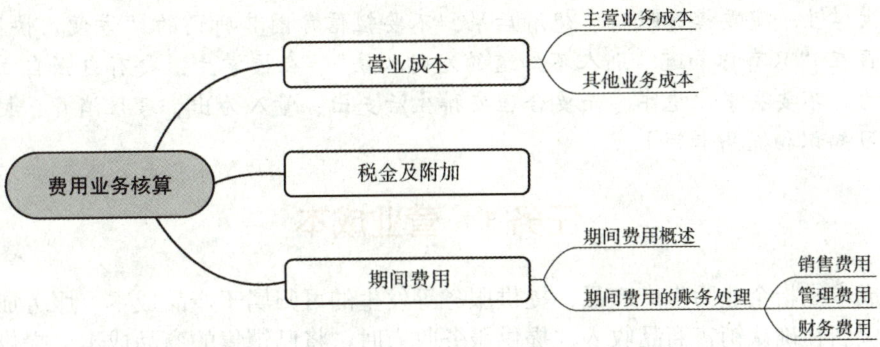

导入案例

2020年12月17日，美国证券交易委员会（SEC）宣布，瑞幸咖啡此前严重虚报公司营收、费用和净运营亏损，以此欺骗投资者，试图使其看起来像是实现了快速的增长和提高了盈利能力，并达到了该公司的盈利预期。面对这项指控，瑞幸咖啡同意支付1.8亿美元的罚款。美国证券交易委员会在起诉书中称，至少在2019年4月到2020年1月之间，瑞幸咖啡通过三个独立的购买计划，利用关联方对销售交易进行造假，故意捏造了超过3亿美元的零售额。起诉书称，瑞幸咖啡的某些员工试图通过将公司费用夸大逾1.9亿美元以创建一个虚假的运营数据库，并篡改会计和银行记录来反映造假的销售额，借此掩盖其欺诈行为。事件起始源于瑞幸咖啡的“自爆”事件。今年4月，瑞幸咖啡暴雷，上演了一出史无前例的自爆，公布了2019年第二季度到第四季度期间存在伪造交易行为，涉及销售额约22亿元。公司董事会已成立特别委员会，负责对2019年财报审计期间的问题展开调查。随后瑞幸咖啡的股价以最快速度闪崩，40分钟5次熔断，股价暴跌78%，逾300亿市值蒸发。当时，美国多家律所也对此发起了集体诉讼，以控告其违反了美国证券法，作出虚假和误导性陈述。6月29日，瑞幸咖啡正式在纳斯达克交易所停止交易，进入退市程序，结束了400多天的上市之旅，瑞幸咖啡的股价定格在了1.38美元/股，相较于上市时17美元的发行价，缩水了90%。7月1日，瑞幸咖啡在其官网宣布，公司内部调查基本完成，董事会特别委员会发现，财务造假始于2019年4月，公司2019年净营收被夸大约21.2亿元人民币，成本和费用在2019年被夸大了13.4亿元。7月底，官方也正式披露了对瑞幸咖啡财务造假事件的调查进展，检查发现，自2019年4月起至2019年年末，瑞幸咖啡通过虚构商品券业务增加交易额22.46亿元，虚增收入21.19亿元，虚增成本费用12.11亿元，虚增利润9.08亿元。

这次SEC对瑞幸的天价罚单，对国内资本市场敲响了警钟。此次瑞幸暴雷事件，也为国内上市公司，乃至整个国内资本市场起到了警示作用。

（资料来源：中国基金报）

思政之窗

习近平论坚持厉行节约

节俭朴素，力戒奢靡，是我们党的传家宝。现在，我们的生活条件好了，但艰苦奋斗的精神一点都不能少，必须坚持以俭修身、以俭兴业，坚持厉行节约，勤俭办一切事情。

——习近平（摘自学习强国）

近期非法校园贷层出不穷，骗子惯用“零利息”“超便捷”“零风险”等美丽的谎言诱骗学生。大学生一定要擦亮眼睛、想清后果，不要轻信贪图其所谓的“方便、快捷”，一定要明白不存在“只有你知道、别人不知道的发财秘诀”。在校学生，要有自强自立精神，要有自律能力。不要去攀比吃穿，而要合理安排生活支出，量入为出、理性消费，把时间和精力用在学习知识和提高本领上。

任务1 营业成本

营业成本是指企业为生产产品、提供服务等发生的可归属于产品成本、服务成本等的费用，企业应当在确认销售商品收入、提供服务收入时，将已销售的商品成本、提供服务成本等计入当期损益。营业成本包括主营业务成本和其他业务成本。

一、主营业务成本

主营业务成本是指企业销售商品、提供服务等经常性活动所发生的成本。企业一般在确认销售商品、提供服务等主营业务收入时，或在月末将已销售商品、已提供服务的成本转入主营业务成本。企业应当设置“主营业务成本”科目，按照主营业务的种类进行明细核算，用于核算企业因销售商品或提供服务等日常活动而发生的实际成本，借记“主营业务成本”“存货跌价准备”科目，贷记“库存商品”“合同履约成本”等科目。期末将“主营业务成本”余额转入本年利润科目，借记“本年利润”科目，贷记“主营业务成本”科目，结转后主营业务成本科目无余额。

【例 10-1】甲公司向乙公司销售一批产品，开具的增值税专用发票上注明的销售价为 300 000 元，增值税为 39 000 元，甲公司已收到乙公司支付的全部货款 300 000 元，并将提货单送交乙公司，该批产品成本为 150 000 元。甲公司编制该项业务的会计分录如下：

（1）销售商品时：

借：银行存款	339 000	
贷：主营业务收入		300 000
应交税费——应交增值税（销项税额）		39 000
借：主营业务成本	150 000	
贷：库存商品		150 000

（2）期末将主营业务成本结转至本年利润：

借：本年利润	150 000	
贷：主营业务成本		150 000

二、其他业务成本

其他业务成本是指企业确认的除主营业务活动以外的其他日常经营活动所发生的支出。其他业务成本包括销售材料的成本、出租固定资产的折旧额、出租无形资产的摊销额、出租包装物的成本或摊销额等。采用成本模式计量投资性房地产的，其投资性房地产计提的折旧额或摊销额，也构成其他业务成本。

企业应当设置“其他业务成本”科目，核算企业确认的除主营业务活动以外的其他日常经营活动所发生的支出。“其他业务成本”科目按其他业务成本的种类进行明细核算，企业发生的其他业务成本，借记“其他业务成本”科目，贷记“原材料”“周转材料”“累计折旧”“累计摊销”“应付职工薪酬”“银行存款”等科目，期末，“其他业务成本”科目余额转入“本年利润”科目，结转后，“其他业务成本”科目无余额。

【例 10-2】20×1 年，某公司销售一批原材料，开具的增值税专用发票上注明的售价为 8 000 元，增值税为 1 040 元，款项银行已收到，该批原材料实际成本为 3 000 元。该公司编制此项业务的会计分录如下：

（1）销售原材料时：

借：银行存款	9 040	
贷：其他业务收入		8 000
应交税费——应交增值税（销项税额）		1 040

借：其他业务成本　　3 000
　贷：原材料　　3 000

（2）期末结转成本：

借：本年利润　　3 000
　贷：其他业务成本　　3 000

任务 2 税金及附加

税金及附加是指企业经营活动应负担的相关税费，包括消费税、城市维护建设税、教育费附加、资源税、土地增值税、房产税、城镇土地使用税、车船税、印花税等。

企业应当设置“税金及附加”科目，核算企业经营活动发生的消费税、城市维护建设税、教育费附加、资源税、房产税、城镇土地使用税、车船税、印花税等相关税费。其中，按规定计算确定的与经营活动相关的消费税、城市维护建设税、资源税、教育费附加、房产税、城镇土地使用税、车船税等税费，企业应借记“税金及附加”科目，贷记“应交税费”科目。期末，应将“税金及附加”科目余额转入“本年利润”科目，结转后，“税金及附加”科目无余额。

企业交纳的印花税，不会发生应付未付税款的情况，不需要预计应交纳金额，同时也不存在与税务机关结算或者清算的问题。因此，企业交纳的印花税不通过“应交税费”科目核算，在购买印花税票时，直接借记“税金及附加”科目，贷记“银行存款”科目。

【例 10-3】某公司本月应纳增值税 50 000 元，消费税 10 000 元，适用的城市维护建设税税率为 7%，教育费附加征收比率为 3%。该公司编制与城市维护建设税和教育费附加有关的会计分录如下：

（1）计算城市维护建设税和教育费附加时：

应交城市维护建设税 =（50 000+10 000）×7% = 4 200（元）

应交教育费附加税 =（50 000+10 000）×3% = 1 800（元）

借：税金及附加　　6 000
　贷：应交税费——应交城市维护建设税　　4 200
　　　　　　——应交教育费附加　　1 800

（2）交纳税费时：

借：应交税费——应交城市维护建设税　　4 200
　　　　　——应交教育费附加　　1 800
　贷：银行存款　　6 000

（3）期末将税金及附加结转至本年利润时：

借：本年利润　　6 000
　贷：税金及附加　　6 000

知识链接

根据《财政部 税务总局关于实施小微企业普惠性税收减免政策的通知》（财税〔2019〕13 号）第三条规定：由省、自治区、直辖市人民政府根据本地区实际情况，以及宏观调控需要确定，对增值税小规模纳税人可以在50%的税额幅度内减征资源税、城市维护建设税、房产税、城镇土地使用税、印花税（不含证券交易印花税）、耕地占用税和教育费附加、地方教育附加。

第四条规定：增值税小规模纳税人已依法享受资源税、城市维护建设税、房产税、城镇土地使用税、印花税、耕地占用税、教育费附加、地方教育附加其他优惠政策的，可叠加享受本通知第三条规定的优惠政策。

任务3 期间费用

一、期间费用概述

期间费用是指企业日常活动发生的不能计入特定核算对象的成本，而应计入发生当期损益的费用。

期间费用是企业日常活动中所发生的经济利益的流出，通常不计入特定的成本核算对象，这是因为期间费用是企业对组织和管理整个经营活动所发生的费用，与可以确定特定成本核算对象的材料采购、产成品生产等没有直接关系，因而期间费用不计入有关核算对象的成本，而是直接计入当期损益。

期间费用包含以下两种情况：一是企业发生的不符合或者不再符合资产确认条件的支出，应当在发生时确认为费用，计入当期损益；二是企业发生的交易或者事项导致其承担了一项负债，而又不确认为一项资产的，应当在发生时确认为费用，计入当期损益。

二、期间费用的账务处理

期间费用包括销售费用、管理费用和财务费用。

（一）销售费用

销售费用是指企业在销售商品和材料、提供服务的过程中发生的各种费用，包括企业在销售商品过程中发生的保险费、包装费、展览费和广告费、商品维修费、预计产品质量保证损失、运输费、装卸费等，以及为销售本企业商品而专设的销售机构（含销售网点、售后服务网点等）的职工薪酬、业务费等经营费用。企业发生的与专设销售机构相关的固定资产修理费用等后续支出也属于销售费用。

销售费用是与企业销售商品活动有关的费用，但不包括销售商品本身的成本，该成本属于主营业务成本。

企业应设置“销售费用”科目，核算销售费用的发生和结转情况。该科目借方登记企业所发生的各项销售费用，贷方登记期末转入“本年利润”科目的销售费用，结转后，“销售费用”科目应无余额。“销售费用”科目应按销售费用的费用项目进行明细核算。

【例10-4】 20×1年12月15日，某股份有限公司聘请明星做代言，发生广告费，取得的增值税专用发票上注明的价格为100 000元，增值税为6 000元，已用银行存款支付，该公司应编制会计分录如下：

（1）费用发生时：

借：销售费用——广告费　　100 000

　　应交税费——应交增值税（进项税额）　　6 000

　　贷：银行存款　　106 000

（2）期末结转费用时：

借：本年利润　　100 000

　　贷：销售费用　　100 000

（二）管理费用

管理费用是指企业为组织和管理生产经营活动发生的各种费用，包括企业在筹建期间发生的开办费、董事会和行政管理部门在企业经营管理过程中发生的以及应由企业统一负担的公司经费（包括行政管理部门的职工薪酬、物料消耗、低值易耗品摊销、办公费和差旅费等）、行政管理部门负担的工会经费、董事会费（包括董事会成员津贴、会议费和差旅费等）、聘请中介机构费、咨询费（含顾问费）、诉讼费、业务招待费、技术转让费、研究费用等。企业生产车间（部门）和行政管理部门发生的固定资产修理费用等后续支出，也作为管理费用核算。

企业应设置“管理费用”科目，核算管理费用的发生和转结情况。“管理费用”科目借方登记企业发生的各项管理费用，贷方登记期末转入“本年利润”科目的管理费用，结转后，“管理费用”科目应无余额。“管理费用”科目按管理费用的费用项目进行明细核算。商品流通企业管理费用不多的，可不设“管理费用”科目，相关核算内容可并入“销售费用”科目核算。

【例 10-5】 20×1 年 5 月 8 日，某公司为生产经营需要发生业务招待费 4 000 元，取得的增值税专用发票上注明的增值税为 240 元，已用银行存款支付全部款项。该公司应编制会计分录如下：

借：管理费用——业务招待费　　4 000

　　应交税费——应交增值税（进项税额）　　240

　　贷：银行存款　　4 240

【例 10-6】 20×1 年 5 月 31 日，某公司摊销商标权 20 000 元，该公司应编制会计分录如下：

借：管理费用　　20 000

　　贷：累计摊销　　20 000

【例 10-7】 20×1 年 5 月 31 日，某公司将“管理费用”科目余额 24 000 元结转至“本年利润”科目，该公司应编制会计分录如下：

借：本年利润　　24 000

　　贷：管理费用　　24 000

（三）财务费用

财务费用是指企业为筹集生产经营所需资金等而发生的筹资费用，包括利息支出（减利息收入）、汇兑损益以及相关的手续费、企业发生的现金折扣或收到的现金折扣、商业汇票的贴现息等。

企业应设置“财务费用”科目，核算财务费用的发生和结转情况。“财务费用”科目借方登记企业发生的各项财务费用，贷方登记期末转入“本年利润”科目的财务费用，结转后，“财务费用”科目应无余额。“财务费用”科目应按财务费用的费用项目进行明细核算。

微课 财务费用

【例 10-8】 20×1 年 12 月 31 日，某公司用银行存款支付本月短期借款利息 30 000 元，该公司应编制会计分录如下：

（1）支付利息时：

借：财务费用——利息支出　　30 000

　　贷：银行存款　　30 000

（2）期末结转费用时：

借：本年利润　　30 000

　　贷：财务费用　　30 000

项目小结

本项目主要介绍了企业为取得营业收入进行产品销售、提供服务等营业活动所发生的营业成本、税金及附加和期间费用，让学习者会判断和区分费用的来源及账务处理。

项目十一

利润业务核算

知识目标

1. 理解利润的概念和特征；
2. 掌握利润形成的计算及会计处理；
3. 掌握营业外收入、营业外支出、所得税费用的确认、计量和会计处理；
4. 掌握利润结转的方法及会计处理；
5. 掌握利润分配的顺序及会计处理。

能力目标

1. 能识别利润、营业外收入、营业外支出、所得税费用等会计要素；
2. 能正确核算利润形成、利润结转、利润分配等业务。

德育目标

1. 引导学生发挥会计的监督职能，养成参与管理、强化服务的会计职业道德；
2. 使学生养成实事求是、严格按会计准则办事的职业行为规范，形成财务人员的责任观意识；
3. 使学生强化不做假账的职业要求，提升社会责任感，塑造实事求是的会计精神；
4. 让学生弘扬诚信、友善的社会主义核心价值观。

结构导图

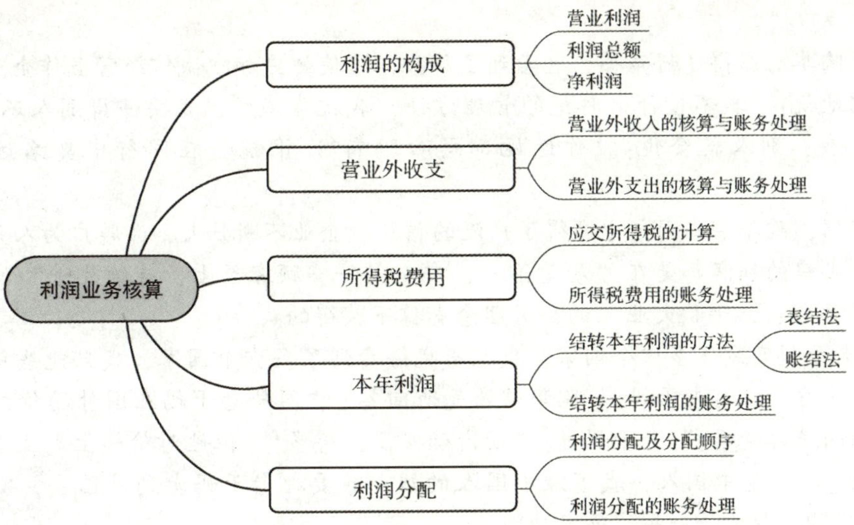

导入案例

老干妈：用自己的钱，做自己的辣椒

贵阳南明老干妈风味食品有限责任公司（简称老干妈）成立于1996年，在企业创始人陶华碧女士的带领下，老干妈公司的所有员工秉承着一种“诚信为本、务实进取”的企业精神，通过多年的艰苦创业，已经使公司发展成为全国知名企业、国家级农业产业化经营重点龙头企业。老干妈公司已形成日产量120万瓶辣椒制品的生产能力，是目前国内生产及销售量最大的辣椒制品生产企业。在大多数国外购物网站上，老干妈都直接译成“Lao GanMa”，也有译成“The Godmother”。2012年7月，美国奢侈品电商Gilt把老干妈奉为尊贵调味品，限时抢购价11.95美元两瓶（约7.74英镑，折合人民币约79.1元）。在美国，老干妈绝对算得上是“来自中国的进口奢侈品”。

2001年，有一家玻璃制品厂给老干妈公司提供了800件（每件32瓶）酱瓶。谁知，公司装上麻辣酱刚销售到市场上，就有客户反映：“有的瓶子封口不严，有往外漏油现象。”陶华碧知道后非常重视，要求相关部门迅速查处。一些管理人员向她建议说：“可能只是个别瓶子封口不严，把这批货追回重新封口就行了，不然损失就太大了，这可是800件货呀！”陶华碧却坚决地说：“不行！这事关公司的信誉！马上派人到各地追回这批货，全部当众销毁，一瓶也不能漏掉！损失再大，也没有在市场上失信的损失大！”结果，这样的做法，虽然使公司损失巨大，却让人们看到了老干妈信守质量的决心，坏事变成了好事。

有一次，广州有个销售商把年销售老干妈麻辣酱的目标定到了3 000万元。陶华碧觉得这目标太高，很难实现，就半开玩笑地说：“你如果真实现这个目标，我年终就奖你一辆轿车！”销售商听了也没怎么当真，他知道陶华碧特别节俭——她当了这么大的老板，自己却一直连轿车都不配，平时出门办事大多去挤公汽、中巴，即使是去税务所交税，也是兜里揣上作为中餐的两个馒头，坐着农用车往返，她怎么会舍得奖外人轿车呢？可是到了年终，销售商真的完成了 3 000 万元的销售额。这时，陶华碧表态了："人要讲信用，说出去的话就像泼出去的水，不负责任，怎么取信于人？"她力排众议，奖了这位销售商一辆捷达轿车！这事传开后，销售商们都感叹："还是老干妈最讲诚信啊！对她这样的人，谁还会忍心骗她！"

诚信让陶华碧赢得了好声誉，也尝到了甜头，这使她更加把诚信经营当作企业发展的法宝。她自信地说："我不懂什么时髦的管理方法，我就靠诚信，我要诚得别人不忍心骗我！谁要是骗了我，别人就会说：'你连她都忍心骗啊？'谁就会在同行中臭名远扬，难以立足！"

凭着诚信，陶华碧在同行中赢得了广泛的信誉，企业不断壮大，品牌广为人知，利润逐年增加。这丰厚的利润都是在"质量第一、安全第一、顾客至上、持续改进"的经营理念和"创民族品牌、立千秋大业"的公司理念支撑下获得的。

"你说老干妈卖到了多少个国家？我也不晓得卖到了多少个国家，我只能告诉你，全世界有华人的地方，就有老干妈。"陶华碧豪气地回答。"网传老干妈在国外的价格是国内的好几倍，请问是真的吗？"老干妈说："国内确实便宜得多！"但她对价格上到底差多少，却不愿意回应。"我是中国人，我不赚中国人的钱，我要把老干妈卖到外国去，赚外国人的钱。"老干妈陶华碧右手一挥，气定神闲。

（资料来源：百科-老干妈 http：//ency. chaoxing. com/mdetail/4EB1564967018F8305017258D0727F71？appId＝1000）

思政之窗

习近平论推动经济高质量发展

推动经济高质量发展，既要深刻认识贯彻新发展理念、构建新发展格局对推动地方高质量发展的原则要求，又要准确把握本地区在服务和融入新发展格局中的比较优势，走出一条符合本地实际的高质量发展之路。

——习近平（摘自学习强国）

我国成为 2020 年全球唯一正增长主要经济体

国家统计局 2021 年 2 月 28 日上午公布了 2020 年国民经济和社会发展统计公报。初步核算，全年国内生产总值达 101.6 万亿元，经济总量突破百万亿元大关，经济增速同比增长 2.3%，是全球唯一实现经济正增长的主要经济体。按年平均汇率折算，2020 年我国经济总量占世界经济的比重超过 17%，成为推动全球经济复苏的主要力量。

（资料来源：http：//www. china-cer. com. cn/zhongguojingji/202006286168. html）

任务 1　利润的构成

微课 1
利润的构成

利润，是指企业在一定会计期间的经营成果。利润在很大程度上集中反映了企业生产经营的经济利益，是衡量企业生产经营管理水平的综合性指标。

利润包括收入减去费用后的净额、直接计入当期利润的利得和损失等。其中，收入减去费用后的净额反映的是企业日常活动的业绩；直接计入当期利润的利得和损失，是指应当计入当期损益、会导致所有者权益发生增减变动的、与所有者投入资本或者向所有者分配利润无关的利得或者损失，即营业外收支，它反映的是企业非日常活动的业绩。

未计入当期利润的利得和损失扣除所得税影响后的净额计入其他综合收益项目。净利润与其他综合收益的合计金额为综合收益总额。

一、营业利润

营业利润=营业收入-营业成本-税金及附加-销售费用-管理费用-财务费用-研发费用+其他收益+投资收益（-投资损失）+公允价值变动收益（-公允价值变动损失）-信用减值损失-资产减值损失+资产处置收益（-资产处置损失）

其中：

营业收入是指企业经营业务所取得的收入总额，包括主营业务收入和其他业务收入。

营业成本是指企业经营业务所发生的实际成本总额，包括主营业务成本和其他业务成本。

研发费用是指企业进行研究与开发过程中发生的费用化支出，以及计入管理费用的自行开发无形资产的摊销。

其他收益主要是指与企业日常活动相关，除冲减相关成本费用以外的政府补助。

投资收益（或损失）是指企业以各种方式对外投资所取得的收益（或发生的损失）。

公允价值变动收益（或损失）是指企业交易性金融资产等公允价值变动形成的应计入当期损益的利得（或损失）。

信用减值损失是指企业计提各项金融工具信用减值准备所确认的信用损失。

资产减值损失是指企业计提有关资产减值准备所形成的损失。

资产处置收益（或损失）是指企业出售划分为持有待售的非流动资产（金融工具、长期股权投资和投资性房地产除外）或处置组（子公司和业务除外）时确认的处置利得或损失，以及处置未划分为持有待售的固定资产、在建工程、生产性生物资产及无形资产而产生的处置利得或损失，还包括债务重组中因处置非流动资产产生的利得或损失和非货币性资产交换中换出非流动资产产生的利得或损失。

二、利润总额

利润总额=营业利润+营业外收入-营业外支出

其中：

营业外收入是指企业发生的与其日常活动无直接关系的各项利得。

营业外支出是指企业发生的与其日常活动无直接关系的各项损失。

三、净利润

净利润=利润总额-所得税费用

其中：

所得税费用是指企业确认的应从当期利润总额中扣除的所得税费用。

任务2　营业外收支

营业外收支虽然与企业正常的生产经营活动无直接关系，但站在企业主体的角度来看，同样是其经济利益的流入或流出，是利润构成的一部分，对企业的盈亏状况具有不可忽视的影响。

微课 2
营业外收支

一、营业外收入的核算与账务处理

（一）营业外收入的核算内容

营业外收入是指企业发生的与其日常活动无直接关系的各项利得。营业外收入不是企业经营资金耗费所产生的，不需要企业付出代价，实际上是经济利益的净流入。营业外收入主要包括非流动资产毁损报废收益、与企业日常活动无关的政府补助、盘盈利得、捐赠利得、债务重组利得等。

其中：

非流动资产毁损报废收益是指由于自然灾害等原因发生毁损、已丧失使用功能而报废非流动资产所产生的清理收益。

政府补助是指企业从政府无偿取得的货币性资产或非货币性资产，且与企业日常活动无关的利得。

盘盈利得是指企业对现金等资产清查盘点时发生盘盈，报经批准后计入营业外收入的金额。

捐赠利得是指企业接受捐赠产生的利得。

债务重组利得是指企业债务重组时，债务人因重组债务的账面价值高于偿债的现金及非现金资产的公允价值、债权人放弃债权而享有股份的公允价值、重组后的债务入账价值等应当计入当期损益的利得。

（二）营业外收入的账务处理

企业应设置“营业外收入”账户，核算营业外收入的取得及结转情况。该账户属于损益类账户，贷方登记企业确认的各项利得，借方登记期末将营业外收入转入“本年利润”账户的数额。该账户应按照营业外收入项目设置明细分类账户。

【例 11-1】 甲公司本月将一台机器设备报废，该机器设备的账面原值为 5 000 000 元，已计提折旧 4 900 000 元，已计提固定资产减值准备 50 000 元，支付清理的费用为 200 000 元，取得价款收入 400 000 元。

甲公司应编制会计分录如下：

（1）设备报废时：

借：固定资产清理	50 000	
累计折旧	4 900 000	
固定资产减值准备	50 000	
贷：固定资产		5 000 000

（2）支付清理费用时：

借：固定资产清理	200 000	
贷：银行存款		200 000

（3）取得价款收入时：

借：银行存款	400 000	
贷：固定资产清理		250 000
营业外收入——非流动资产毁损报废收益		150 000

【例 11-2】甲公司在现金清查中发现现金溢余 350 元，无法查明原因，经领导批准后转入营业外收入。

甲公司应编制会计分录如下：

（1）发现盘盈时：

借：库存现金　　350

　　贷：待处理财产损溢　　350

（2）经批准转入营业外收入时：

借：待处理财产损溢　　350

　　贷：营业外收入——盘盈利得　　350

二、营业外支出的核算与账务处理

（一）营业外支出的核算内容

营业外支出是指企业发生的与其日常活动无直接关系的各项损失。营业外支出主要包括非流动资产毁损报废损失、捐赠支出、盘亏损失、非常损失、罚款支出、债务重组损失等。

其中：

非流动资产毁损报废损失是指由于自然灾害等原因发生毁损、已丧失使用功能而报废非流动资产所产生的清理损失。

捐赠支出是指企业对外进行捐赠发生的支出。

盘亏损失是指对于财产清查盘点中盘亏的资产，查明原因并报经批准计入营业外支出的损失。

非常损失是指企业对于因客观因素（如自然灾害等）造成的损失，扣除保险公司赔偿后应计入营业外支出的净损失。

罚款支出是指企业支付的行政罚款、税务罚款，以及其他违反法律法规、合同协议等而支付的罚款、违约金、赔偿金等支出。

债务重组损失是指企业重组债权的账面价值与收到抵债资产的公允价值、所转股份的公允价值或者重组债权的公允价值之间的净损失。

（二）营业外支出的账务处理

企业应设置“营业外支出”账户，核算营业外支出的发生及结转情况。该账户属于损益类账户，借方登记企业发生的各项损失，贷方登记期末将营业外支出转入“本年利润”账户的数额。该账户应按照营业外支出项目设置明细分类账户。

（1）企业确认处置非流动资产毁损报废损失时，借记“营业外支出”“累计折旧”“累计摊销”等账户，贷记“固定资产清理”“无形资产”等账户。

【例 11-3】甲公司预计一项非专利技术不能再为企业带来经济利益，公司决定转入报废处理，该非专利技术入账价值为 36 000 元，已计提摊销额 20 000 元，未计提减值准备。

甲公司应编制会计分录如下：

借：累计摊销　　20 000

　　营业外支出　　16 000

　　贷：无形资产　　36 000

（2）企业确认盘亏损失、非常损失、罚款支出时，借记“营业外支出”账户，贷记“待处理财产损溢”“银行存款”等账户。

【例 11-4】甲公司由于水灾导致原材料毁损，经济损失达 200 000 元，经领导批准，全部转作营业外支出。该企业原材料采用实际成本法核算。

甲公司应编制会计分录如下：

①原材料遭受损失时：

借：待处理财产损溢　　200 000

　　贷：原材料　　200 000

②经批准后处理时：

借：营业外支出——非常损失　　200 000

　　贷：待处理财产损溢　　200 000

知识链接

《中华人民共和国增值税暂行条例实施细则》第 24 条第 10 款第 2 项所称非正常损失，是指因管理不善造成被盗、丢失、霉烂变质的损失。该规定对需要做进项税额转出的非正常损失做了限制性解释。自然灾害毁损的原材料，其增值税的进项税额不得转出。

（资料来源：中华人民共和国中央人民政府，http：//www. gov. cn/flfg/2008-12/18/content_1181744. html）

【例 11-5】甲公司因迟交税款，需用银行存款支付税款滞纳金 20 000 元。

甲公司应编制会计分录如下：

借：营业外支出——罚款支出　　20 000

　　贷：银行存款　　20 000

任务 3　所得税费用

微课 3
所得税费用

企业的所得税费用包括当期所得税和递延所得税两个部分：当期所得税是指当期应交所得税；递延所得税包括递延所得税资产和递延所得税负债。递延所得税资产是指以未来期间很可能取得用来抵扣可抵扣暂时性差异的应纳税所得额为限确认的一项资产。递延所得税负债是指根据应纳税暂时性差异计算的未来期间应付所得税的金额。

一、应交所得税的计算

应交所得税是指企业按照企业所得税法规定计算确定的针对当期发生的交易和事项，应交纳给税务部门的所得税金额，即当期应交所得税。应纳税所得额是在企业税前会计利润（即利润总额）的基础上调整确定的，计算公式为：

应纳税所得额=税前会计利润+纳税调整增加额-纳税调整减少额

纳税调整增加额主要包括企业所得税法规定允许扣除项目中，企业已计入当期费用但超过税法规定扣除标准的金额（如超过企业所得税法规定标准的职工福利费、工会经费、职工教育经费、业务招待费、公益性捐赠支出、广告费和业务宣传费等），以及企业已计入当期损失但企业所得税法规定不允许扣除项目的金额（如税收滞纳金、罚金、罚款等）。

纳税调整减少额主要包括按企业所得税法规定允许弥补的亏损和准予免税的项目，如前5年内未弥补亏损和国债利息收入等。

企业当期应交所得税的计算公式为：

$$应交所得税=应纳税所得额\times所得税税率$$

知识链接

《中华人民共和国企业所得税法》规定，一般企业所得税的税率为25%，符合条件的小型微利企业，减按20%的税率征收企业所得税。自2019年1月1日至2021年12月31日，对小型微利企业年应纳税所得额不超过100万元的部分，减按25%计入应纳税所得额，按20%的税率交纳企业所得税；对年应纳税所得额超过100万元但不超过300万元的部分，减按50%计入应纳税所得额，按20%的税率交纳企业所得税。国家需要重点扶持的高新技术企业，减按15%的税率征收企业所得税。

（资料来源：中华人民共和国中央人民政府，http：//www. gov. cn/zheng ce/zheng ceku/2021-04/091 content_5598738. html）

知识链接

根据企业所得税法规定，企业发生的合理的工资、薪金支出准予据实扣除；企业发生的职工福利费支出，不超过工资、薪金总额14%的部分准予扣除；企业拨交的工会经费，不超过工资、薪金总额2%的部分准予扣除；除国务院财政、税务主管部门另有规定外，企业发生的职工教育经费支出，不超过工资、薪金总额8%的部分准予扣除，超过部分准予结转以后纳税年度扣除。

（资料来源：中华人民共和国中央人民政府，http：//www. gov. cn/zwgk/2007-12/11/content 830645. hem：http：//www. gov. cn/fuwu/2018-5/11/content_5290047. html）

【例11-6】 甲公司20×1年度利润总额（税前会计利润）为20 100 000元，所得税税率为25%。甲公司全年实发工资、薪金为3 000 000元，职工福利费500 000元，工会经费70 000元，职工教育经费250 000元。本年收到国库券利息收入300 000元，营业外支出中有100 000元为税款滞纳罚金。假定甲公司全年无其他纳税调整因素，请计算甲公司当期应交所得税额。

$$纳税调整增加额=(500\ 000-3\ 000\ 000\times14\%)+(70\ 000-3\ 000\ 000\times2\%)+(250\ 000-3\ 000\ 000\times8\%)+100\ 000=(500\ 000-420\ 000)+(70\ 000-60\ 000)+(250\ 000-240\ 000)+100\ 000=200\ 000(元)$$

$$纳税调整减少额=300\ 000（元）$$

$$应纳税所得额=20\ 100\ 000+200\ 000-300\ 000=20\ 000\ 000（元）$$

$$当期应交所得税额=20\ 000\ 000\times25\%=5\ 000\ 000（元）$$

二、所得税费用的账务处理

根据企业会计准则的规定，企业计算确定的当期所得税和递延所得税之和，即为应从当期利润总额中扣除的所得税费用。即：

$$所得税费用=当期所得税+递延所得税$$

其中：

递延所得税＝（递延所得税负债的期末余额−递延所得税负债的期初余额）−（递延所得税资产的期末余额−递延所得税资产的期初余额）

企业应设置“所得税费用”账户，该账户为损益类账户，用于核算企业所得税费用的确认及其结转情况。根据计算得出的所得税费用金额借记“所得税费用”账户，当期应交所得税贷记“应交税费——应交所得税”账户，如递延所得税资产期末余额大于递延所得税资产期初余额，借记“递延所得税资产”账户，相反记红字；如递延所得税负债期末余额大于递延所得税负债期初余额，贷记“递延所得税负债”账户，相反记红字。期末，应将“所得税费用”账户的余额转入“本年利润”账户，借记“本年利润”账户，贷记“所得税费用”账户，结转后，“所得税费用”账户应无余额。

【例 11−7】 接【例 11−6】，甲公司 20×1 年应交所得税为 5 000 000 元；递延所得税负债年初数为 300 000 元，年末数为 500 000 元；递延所得税资产年初数为 150 000 元，年末数为 250 000 元。请计算甲公司当期所得税费用并作出有关会计处理。

递延所得税＝（500 000−300 000）−（250 000−150 000）＝100 000（元）

所得税费用＝5 000 000+100 000＝5 100 000（元）

甲公司应编制会计分录如下：

借：所得税费用　　5 100 000
　　递延所得税资产　　100 000
　　贷：应交税费——应交所得税　　5 000 000
　　　　递延所得税负债　　200 000

任务 4　本年利润

一、结转本年利润的方法

会计期末，结转本年利润的方法有表结法和账结法两种。

微课 4
利润的结转

（一）表结法

在表结法下，各损益类账户每月末只需结计出本月发生额和月末累计余额，无须结转到“本年利润”账户，只有在年末时才将全年累计余额结转入“本年利润”账户。但每月末要将损益类账户的本月发生额合计数填入利润表的本月数一栏，同时将本月末累计余额填入利润表的本年累计数栏，通过利润表计算反映各期的利润（或亏损）。

在表结法下，年中损益类账户无须结转入“本年利润”账户，从而减少了转账环节和工作量，同时不影响利润表的编制及有关损益指标的计算和利用。

（二）账结法

在账结法下，每月末均需编制转账凭证，将在账上结计出的各损益类账户的余额结转入“本年利润”账户。结转后“本年利润”账户的本月余额反映当月实现的利润或发生的亏损，“本年利润”账户的本年余额反映至当月为止本年累计实现的利润或发生的亏损。

账结法在各月均可通过“本年利润”账户提供当月及本年累计的利润（或亏损）额，但增加了转账环节和工作量。

二、结转本年利润的账务处理

（一）结转本年利润设置的账户

企业应设置“本年利润”账户，核算企业当期实现的净利润（或发生的净亏损）。该账户为所有者权益类账户，贷方表示增加，借方表示减少，当期末将各收入类账户余额转入时，登记在本账户的贷方，当期末将各费用类账户余额转入时，登记在本账户的借方。期末，将“本年利润”余额一次性结转至“利润分配——未分配利润”账户，结转后，本账户无余额。

（二）结转本年利润的会计步骤

1. 结转损益类账户中收入、利得类账户的余额

会计期末，企业应将“主营业务收入”“其他业务收入”“其他收益”“营业外收入”及“投资收益”“公允价值变动损益”“资产处置损益”账户的净收益余额分别转入“本年利润”账户的贷方。

2. 结转损益类账户中费用、损失类账户的余额

会计期末，企业应将“主营业务成本”“其他业务成本”“税金及附加”“销售费用”“管理费用”“财务费用”“信用减值损失”“资产减值损失”“营业外支出”及“投资收益”“公允价值变动损益”“资产处置损益”账户的净损失余额分别转入“本年利润”账户的借方。

3. 计算利润总额

如果“本年利润”账户的贷方发生额大于借方发生额，则该账户余额在贷方，表示本年实现的利润总额；如果贷方发生额小于借方发生额，则该账户余额在借方，表示本年发生的亏损总额。

4. 结转所得税费用

如企业利润总额为正数，应按照企业所得税法的规定计算所得税费用，借记“所得税费用”账户，贷记“应交税费——应交所得税”账户，借记或贷记“递延所得税资产”和“递延所得税负债”账户。期末，应将“所得税费用”账户余额转入“本年利润”账户，借记“本年利润”账户，贷记“所得税费用”账户，结转后，“所得税费用”账户应无余额。

5. 结转净利润或净亏损

所得税费用结转后，如“本年利润”账户余额在贷方，表示当年实现的净利润，年度终了，企业按“本年利润”的贷方余额借记“本年利润”账户，贷记“利润分配——未分配利润”账户。如“本年利润”账户余额在借方，表示当年发生的净亏损，年度终了，企业按“本年利润”的借方余额贷记“本年利润”账户，借记“利润分配——未分配利润”账户。

【例 11-8】甲公司年末有关损益类账户结转前余额如表 11-1 所示，该公司采用表结法年末一次结转损益类账户，所得税税率为 25%。

表 11-1 甲公司损益类账户年末余额表 元

收入、利得类账户	贷方余额	费用、损失类账户	借方余额
主营业务收入	8 000 000	主营业务成本	5 500 000
其他业务收入	1 000 000	其他业务成本	700 000
公允价值变动损益	500 000	税金及附加	300 000
投资收益	1 100 000	销售费用	450 000
营业外收入	600 000	管理费用	700 000
		财务费用	250 000
		营业外支出	100 000

（1）将收入、利得类账户年末余额结转至“本年利润”账户。

借：主营业务收入 8 000 000
　　其他业务收入 1 000 000
　　公允价值变动损益 500 000
　　投资收益 1 100 000
　　营业外收入 600 000
　　贷：本年利润 11 200 000

（2）将费用、损失类账户年末余额结转至“本年利润”账户。

借：本年利润 8 000 000
　　贷：主营业务成本 5 500 000
　　　　其他业务成本 700 000
　　　　税金及附加 300 000
　　　　销售费用 450 000
　　　　管理费用 700 000
　　　　财务费用 250 000
　　　　营业外支出 100 000

（3）利润总额=11 200 000-8 000 000=3 200 000（元）。

（4）假设甲公司该年度内不存在所得税纳税调整以及递延所得税因素，应交所得税=3 200 000×25%=800 000（元）。

①确认所得税费用。

借：所得税费用 800 000
　　贷：应交税费——应交所得税 800 000

②将所得税费用转入“本年利润”账户。

借：本年利润 800 000
　　贷：所得税费用 800 000

（5）将“本年利润”账户年末余额 2 400 000（3 200 000-800 000）元转入“利润分配——未分配利润”账户。

借：本年利润 2 400 000
　　贷：利润分配——未分配利润 2 400 000

知识链接

利润实际上是一个尺度，它度量企业为消费者创造的价值是否高于其使用这种资源的社会成本多少。如果消费者愿意支付给企业的价格低于企业使用这种资源的社会成本，企业就亏损了。反过来，就意味着企业为社会创造了更大的价值。从这个角度看，利润本身就是企业履行社会责任的重要指标。

（资料来源：简书，https：//www. jianshu. comp/18c5aa3df870a? utm_campaigh = maleskine & utm_content = hote & utm_medium = seo_notes & utm_soura = vecommendation）

任务 5　利润分配

一、利润分配及分配顺序

微课 5
利润的分配

（一）利润分配的定义

利润分配是指企业根据国家有关规定和企业章程、投资者协议等，对企业实现的净利润进行的分配。

（二）利润分配的顺序

根据《中华人民共和国公司法》等有关规定，企业当年实现的净利润应按如下顺序依次分配：

1. 弥补以前年度亏损

企业纳税年度发生的亏损，准予向以后年度结转，用以后年度的所得弥补，但结转年限最长不得超过 5 年。

可供分配利润 = 当年实现的净利润（或净亏损）+年初未分配利润（或−年初未弥补亏损）

如果可供分配利润为负数，表示本年累计亏损，不能进行后续分配；如果可供分配利润为正数，表示本年累计盈利，可以进行后续分配。

2. 提取法定盈余公积

在不存在年初未弥补亏损的前提下，公司制企业的法定盈余公积按照本年度净利润的 10% 提取，若存在年初未弥补亏损，则按照可供分配利润的 10% 提取。非公司制企业也可按照超过 10% 的比例提取。这里要注意的是，计提基数仅为当年实现的净利润，不包括年初未分配利润。企业提取的法定盈余公积累计额达到注册资本的 50% 以上，可不再提取。

提取的法定盈余公积可用于弥补以前年度亏损、扩大公司生产经营或转增资本。但转增资本后留存的法定盈余公积不得低于注册资本的 25%。

3. 提取任意盈余公积

公司制企业可根据股东会或股东大会的决议提取任意盈余公积。非公司制企业经类似权力机构批准，也可提取任意盈余公积。法定盈余公积和任意盈余公积的区别在于其各自计提的依据不同，前者以国家的法律法规为依据，后者由企业的权力机构自行决定。任意盈余公积如确有需要，经权力机构同意后，也可用于分配。

4. 向投资者分配利润

企业以前年度未分配的利润，可以并入本年度分配。公司弥补亏损和提取公积金后所余税后利润，有限责任公司按照实交的出资比例分红，股份有限公司按照股东持有的股份比例分配。在提取法定盈余公积以前，不得向投资者分配利润。

二、利润分配的账务处理

（一）设置有关账户

1. “利润分配”账户

企业应通过“利润分配”账户，核算企业利润的分配（或亏损的弥补）和历年分配（或弥补）后的未分配利润（或未弥补亏损）。该账户属于所有者权益类账户，借方登记利润分配数，如提取法定盈余公积、任意盈余公积、应付投资者利润和年末转入的亏损等，贷方登记年末转入的净利润。为了详细反映利润分配的情况，应分别设置“提取法定盈余公积”“提取任意盈余公积”“应付现金股利或利润”“盈余公积补亏”“未分配利润”等明细分类账户。

企业未分配利润通过“利润分配——未分配利润”明细账户进行核算。年度终了，企业应将全年实现的净利润或发生的净亏损，自“本年利润”账户转入“利润分配——未分配利润”账户，并将“利润分配”账户所属其他明细账户的余额与“未分配利润”明细账户对转，对转后，“利润分配”其他明细账户应无余额。“利润分配——未分配利润”账户如为贷方余额，表示累积未分配的利润金额；如为借方余额，则表示累积未弥补的亏损金额。

2. “盈余公积”账户

为了反映和监督盈余公积的形成和使用情况，企业应设置“盈余公积”账户。该账户属于所有者权益类账户，贷方登记按规定提取的盈余公积数额，借方登记用盈余公积弥补亏损和转增资本的实际数额，期末余额在贷方，反映企业盈余公积结余数。“盈余公积”账户应按照盈余公积形成的来源分设“法定盈余公积”和“任意盈余公积”两个明细分类账户。

3. “应付股利”账户

企业应设置“应付股利”账户，核算股东大会或类似机构分配给国家、其他单位、个人等投资者的现金股利。该账户属于负债类账户，贷方登记按照利润分配方案计算的应付现金股利，借方登记用货币资金支付给投资者的现金股利，期末余额在贷方，表示应付未付的现金股利。

（二）具体账务处理

1. 税后利润补亏

企业发生的亏损应由企业自行弥补，弥补亏损的方式主要有以下 3 种：

（1）企业发生的亏损可以用次年度的税前利润弥补，次年度利润不足弥补的，可以在 5 年内延续弥补。

（2）企业发生的亏损 5 年内的税前利润不足弥补时，用税后利润弥补。这种方式不确认递延所得税，税法上在计算应纳税所得额时不能扣除亏损余额。

（3）企业发生的亏损可以用盈余公积弥补，借记“盈余公积”账户，贷记“利润分配——盈余公积补亏”账户。

用利润弥补亏损，在会计核算时无须做专门的账务处理。因为企业如果在当年发生亏损，“本年利润”账户出现借方余额，此时应将本年发生的亏损从“本年利润”账户的贷方转入“利润分配——未分配利润”账户的借方；在以后年度实现净利润时，应将本年度实现的净利润从“本年利润”账户借方转入“利润分配——未分配利润”账户贷方，其实现的利润与未弥补的亏损可自然抵补。而且，无论是税前利润补亏，还是税后利润补亏，会计处理都是相同的，唯一的区别在于企业申报交纳所得税时，前者可以作为应纳税所得额的调整数，而后者不能。

2. 提取盈余公积

企业按照规定提取盈余公积时，应借记“利润分配——提取法定盈余公积”“利润分配——提取任意盈余公积”账户，贷记“盈余公积——法定盈余公积”“盈余公积——任意盈余公积”账户。

3. 向投资者分配利润

企业分配给投资者现金股利或利润时，借记“利润分配——应付现金股利或利润”账户，贷记“应付股利”账户。

企业经股东大会或类似权力机构批准，向投资者分派股票股利，应于实际分派股票股利时，借记“利润分配——转作资本或股本的普通股股利”账户，贷记“实收资本”或“股本”账户。

4. 年末结转“利润分配”其他明细账户

年末，应将“利润分配”其他明细账户的余额转入“利润分配——未分配利润”明细账户。结转后，除“利润分配——未分配利润”明细账户有余额外，其余明细账户均无余额。

【例 11-9】接【例 11-8】，甲公司 20×1 年年初“利润分配——未分配利润”账户有贷方余额 600 000 元，202×年度全年实现净利润 2 400 000 元。根据股东大会决议，其利润分配方案如下：

按净利润的 10%提取法定盈余公积，按净利润的 5%提取任意盈余公积，向投资者分配现金股利 300 000 元。请完成年末利润分配的账务处理。

（1）提取法定盈余公积、任意盈余公积时：

借：利润分配——提取法定盈余公积	240 000	
利润分配——提取任意盈余公积	120 000	
贷：盈余公积——法定盈余公积		240 000
盈余公积——任意盈余公积		120 000

（2）宣告发放现金股利时：

借：利润分配——应付现金股利或利润	300 000	
贷：应付股利		300 000

（3）将“利润分配”其他明细账户余额转至“未分配利润”明细账户：

借：利润分配——未分配利润	660 000	
贷：利润分配——提取法定盈余公积		240 000
利润分配——提取任意盈余公积		120 000
利润分配——应付现金股利或利润		300 000

思政之窗

中国企业——从逐利走向社会责任

"人民需要什么，五菱就造什么！"这是在抗击疫情时，五菱在转型生产口罩时的一句标语，多么朴素的一句话，在当时却令人肃然起敬。五菱这个品牌从一开始就是为了满足国民大众需求而设的，从 1953 至今，它造过汽油发动机、柴油机、拖拉机、缝纫机，直到 1982 年才造小货车。而在疫情时，五菱除了生产口罩，还申报了生产救护车，真正诠释了什么才是我们的国民品牌。

受到此次疫情影响，经济几近停摆，诸多企业都面临复工困难等问题，汽车行业也不例外。在这种特殊时期，不少汽车企业为了解决口罩供应难题，都将自身的工厂改造成了口罩生产线，五菱、比亚迪、上汽通用、广汽集团等功不可没。汽车企业转产口罩不仅能缓解口罩需求紧张的形势，更能将剩余产能的利用价值最大化，可谓一举两得。

企业的社会责任不是空谈，实际行动才能真正让民众和社会受益。自疫情防控阻击战打响以来，各行各业都在以自身的实际行动，践行着企业肩负的社会责任。而汽车企业自发捐款捐物的行动，体现的正是一个企业的社会责任和担当。

（资料来源：搜狐网，https：//www. sohu. com/a/376254028_184090）

项目小结

利润反映企业一定时期内的经营成果，也是生产经营得以持续的基础。本项目重点介绍了利润构成、所得税费用计算、本年利润结转、利润分配顺序及其相关账务处理，使学生掌握利润的来龙去脉，为学生后续学习利润表的编制、企业盈利能力分析、提高分析管理能力打下坚实的基础。

项目十二

财务报告

知识目标

1. 掌握财务报告的概念和分类；
2. 掌握资产负债表的编制方法；
3. 掌握利润表的编制方法；
4. 掌握现金流量表的编制方法；
5. 了解所有者权益变动表的编制方法。

能力目标

1. 能运用资产负债表的填列方法，正确编制资产负债表；
2. 能运用利润表的填列方法，正确编制利润表；
3. 能正确辨析现金流量表中属于经营活动、投资活动和筹资活动产生现金流量的事项；
4. 能正确计算经营活动、投资活动和筹资活动产生现金流量的项目金额；

德育目标

1. 结合康美药业案例，培养学生的诚信理念，使学生养成客观公正、诚实守信的会计职业道德；
2. 使学生树立遵纪守法的法治观念。

结构导图

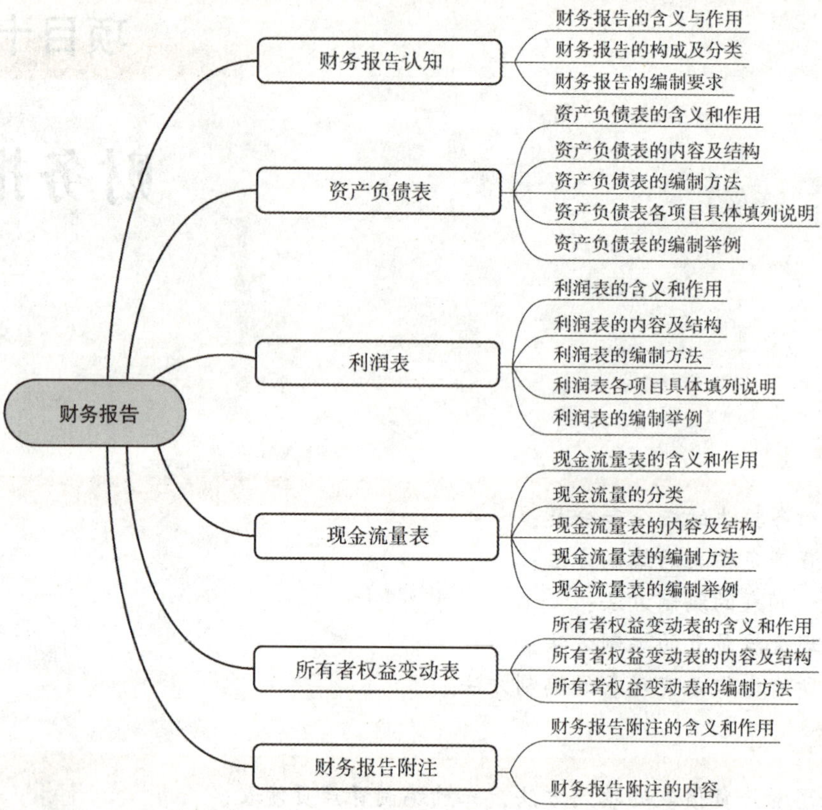

导入案例

康美药业股份有限公司（以下简称康美药业）成立于1997年，是一家以中药饮片、化学原料药及制剂生产为主导，集药品生产研发及药品、医疗器械营销于一体的现代化大型医药企业，是国家级重点高新技术企业。2001年3月，康美药业A股股票在上海证券交易所挂牌上市。

2014年、2015年，康美药业的营业收入和净利润呈现正增长，营业收入分别达到了159.49亿元、180.66亿元；归属于上市公司股东的净利润分别为22.85亿元、27.56亿元，同比增长超20%。

2014年度，康美药业经营现金流量与业绩背离。根据康美药业此前发布的年度报告，公司2012年、2013年、2014年经营活动产生的现金流量净额分别为10亿元、16.74亿元、11.32亿元，在2014年度，公司经营活动产生的现金流量净额同比下滑32.37%。到了2015年度，公司经营活动产生的现金流量净额只有5亿元，同比下滑55.06%。

2016年、2017年，其经营活动现金流净额和业绩（归母净利润以及营收）表面上维持了靓丽的双增长，而这背后是“销售商品、提供劳务收到的现金”出现多计103亿等一系列与现金相关的“会计差错”，以及两年虚增158亿元营收。

2016 年、2017 年、2018 年，公司经营活动产生的现金流量净额已连续转为负值，分别为-23 亿元（更正后）、-48. 40 亿（更正后）和-31. 92 亿，经过调整后，2016 年其归母净利润也下滑了 33. 26%。

2018 年年底，证监会在日常监管中发现，康美药业财务报告真实性存疑，涉嫌虚假陈述等违法违规行为，随即证监会展开立案调查。4 月 29 日，康美药业公告披露，因核算账户资金时存在错误，2017 年度报告中货币资金多计金额 299. 44 亿元，康美药业期末的货币资金从调整前的 341. 5 亿元减少至 42 亿元。

2018 年 12 月 28 日，康美药业晚间公告称，公司收到中国证监会《调查通知书》："因你公司涉嫌信息披露违法违规，根据《中华人民共和国证券法》的有关规定，我会决定对你公司立案调查。"

2019 年 1 月 2 日，康美药业跌停开盘。

2019 年 5 月 17 日，证监会通报康美药业财务报告造假，涉嫌虚假陈述等违法违规行为。

（资料来源：https：//baike. baidu. com/item/康美药业股份有限公司/1647985?fromtitle=康美药业 &fromid=6566936&fr=aladdin）

思政之窗

本项目在专业教学的同时，非常有必要进行会计价值观、道德观和法制观的教育，使会计专业学生从事会计工作时做到"诚信为本、操守为重、坚持原则、不做假账"，将内在个人道德品质外化为专业工作的职业道德，来提高会计从业人员的职业道德素质。

1. 培养学生的责任意识，使学生养成客观公正、诚实守信的会计职业道德

社会主义核心价值观中强调诚信原则，诚实守信也是会计学科注重的根本理念，是会计行业得以健康发展的基本保证。相关性和可靠性是会计信息质量的最基本要求，离开了诚信，会计的可靠性也就无从谈起。会计中的财务报告要求真实公允，反映事物的实质，会计政策中依赖大量的主观判断与估计，管理者应坚持公允原则，不夸大或缩小事实，确切反映企业的能力与风险。因此，有必要在课程教学中对学生开展相关的教育。

2. 培养学生的合法、合规意识，使学生做一个遵纪守法的会计人

遵纪守法、拥有合规意识是会计从业人员开展各项工作的重要保证。会计信息的提供必须遵循国家的相关法律法规，在教学工作中应注重对学生进行合法、合规意识的培养，要求他们自觉遵守各项法律制度，恪守职业道德，知法、守法、敬法，切实保护国家、社会公众及投资人的利益。

3. 康美药业财务造假的警示

诚信是商业活动的基本准则，是不可逾越的道德底线。

财务造假是指企业领导和财务会计人员，违反国家法律法规和准则制度，做假账和编制虚假会计报表的行为，这种行为直接侵犯了国家和有关方的利益，扰乱了社会经济秩序，是一种严重的违法、违纪行为。财务造假是目前我国经济生活的顽症，使我们蒙受了巨大损失。有数据表明，我国由于财务造假与腐败造成的经济损失和消费者福利损失估计每年在 9 875 亿元到 12 570 亿元，占 GDP 的 13. 6%~16. 8%。

康美药业光环的遽然褪去再次表明，诚信是企业生存的基础，也是商业活动的基本准则。没有脚踏实地经营支撑的企业，在人性贪婪与资本风口下，不管如何"速生"与"膨

胀”，最终都只是沙滩上的城堡。

对于此次事件，如果说造假的康美药业给了人们什么警示，那就是为资本市场提供了又一个鉴往知来的案例，也给所有上市公司敲响了警钟：守法、诚信是企业立身之本，有失诚信之德，必遭市场谴责和法律追责。

任务 1 财务报告认知

一、财务报告的含义与作用

（一）财务报告的含义

财务报告是指企业对外提供的反映企业某一特定日期的财务状况和某一会计期间的经营成果、现金流量等会计信息的文件。财务报告包括财务报表和其他应当在财务报告中披露的相关信息和资料。

（二）财务报告的作用

1. 有利于国家经济管理部门了解国民经济的运行状况

国家经济管理部门通过对各单位提供的财务报告资料进行汇总和分析，了解和掌握各行业、各地区的经济发展情况，以便宏观调控经济运行，优化资源配置，保证国民经济稳定持续发展。

2. 有利于国家财政、税务、工商、审计等部门监督企业经营管理

国家经济监督部门通过财务报告可以检查、监督各企业是否遵守国家的各项法律、法规和制度，有无偷税漏税的行为。

3. 有利于投资者、债权人和其他有关各方掌握企业的财务状况、经营成果和现金流量情况

有利于投资者、债权人和其他有关各方掌握企业的财务状况、经营成果和现金流量情况，进而分析企业的盈利能力、偿债能力、投资收益、发展前景等，为他们进行投资、贷款和贸易提供决策依据。

4. 全面系统地揭示企业的财务状况、经营成果和现金流量

有利于经营管理人员了解本单位各项任务指标的完成情况，评价管理人员的经营业绩，以便及时发现问题，调整经营方向，制定措施，改善经营管理水平，提高经济效益，为经济预测和决策提供依据。

二、财务报告的构成及分类

（一）财务报表的构成

财务报表是财务报告的主要部分，是对企业财务状况、经营成果和现金流量的结构性表述。所以，一般说财务报告就是指财务报表，一套完整的财务报表至少应当包括资产负债表、利润表、所有者权益变动表及附注。

（二）财务报表的分类

1. 按编制时间不同，可以分为中期财务报表和年度财务报表

中期财务报表是以短于一个完整的会计年度报告期间为基础编制的财务报表，包括月报、季报、半年报。年度财务报表是一个完整会计年度的报告。

2. 按编报主体不同，分为个别财务报表和合并财务报表

个别财务报表是指企业在自身会计核算基础上编制的财务报表，它主要用以反映企业自身的财务状况、经营成果和现金流量。合并财务报表是以母公司和子公司组成的企业集团为会计主体，根据母公司和所属子公司的财务报表，由母公司编制的综合反映企业集团财务状况、经营成果和现金流量的合并报表。

3. 按服务对象不同，可分为外部报表和内部报表

外部报表是按企业会计准则和有关会计准则编制的财务报表，有统一的格式和指标体系。外部报表是企业定期编制、定期向外报送的报表，如资产负债表。内部报表又称为管理报表，是为了适应企业内部经营管理的需要，自行设计、编制的报表，没有统一的格式和指标体系，供内部管理人员使用，如成本费用明细表。

4. 按反映财务活动的方式不同，可分为静态财务报表和动态财务报表

静态财务报表，即某一特定时点指标的报表，是反映企业某一特定日期财务状况的财务报表，如资产负债表。动态财务报表，即某一时期指标的报表，是反映企业一定会计期间经营成果及现金流量的财务报表，如利润表。

三、财务报告的编制要求

（一）真实性

会计是一个信息系统，如实反映企业的经营活动和财务状况是信息的基本要求。因此，财务报告所提供的信息必须真实可靠，便于使用者根据所提供的财务信息作出决策。

（二）完整性

财务报告应当全面反映企业的财务状况和经营成果，反映企业经营活动的全貌。只有全面反映企业的财务状况，提供完整的会计信息资料，才能满足各方面对财务信息资料的需要，为了保证财务报告的全面完整，企业在编制财务报告时，应当按照规定的种类、格式和内容进行编报。

（三）可理解性

可理解性是指财务报告应清晰明了、通俗易懂，提供使用者可以理解与掌握的信息。如果提供的财务报告晦涩难懂、不可理解，使用者就不能作出准确的判断，所提供的财务报告也就毫无用途。当然，这一要求建立在财务报告使用者具有一定专业能力的基础之上。

（四）可比性

财务报告提供的信息必须与使用者的决策需要相关联并具有可比性。如果财务报告提供的信息资料能够让使用者了解企业过去、现在或未来事项的影响及变化趋势，并为使用者提供有关的可比信息，则可认为财务报告提供的信息具有相关性和可比性。

（五）及时性

信息的特征具有时效性。财务报告只有及时编制和报送，才有利于信息需求者使用。否则，即使是最真实、可靠的信息，对于使用者来说，也是没有任何价值的。

企业对外提供的财务报告应当依次编定页数，加具封面，装订成册，加盖公章。封面上应当注明企业名称、企业统一代码、组织形式、地址、报表所属年度或者月份、报出日期，并由企业负责人和主管会计工作的负责人、会计机构负责人（会计主管人员）签名并盖章；设置总会计师的企业，还应当由总会计师签名并盖章。

任务2 资产负债表

一、资产负债表的含义和作用

（一）资产负债表的含义

资产负债表是指反映企业在某一特定日期的财务状况的报表。资产负债表是根据“资产=负债+所有者权益”这一会计等式，依照一定的分类标准和顺序，将企业在一定日期的全部资产、负债和所有者权益项目进行适当分类、汇总、排列后编制而成的。资产负债表反映的是特定日期的财务状况，所以又称为静态财务报表。

（二）资产负债表的作用

1. 反映企业的经济资源及其分布情况，以及企业的资本结构

资产负债表把企业的经济资源按经济性质、用途及目的加以分类，比如按其流动性划分，可分为流动资产和非流动资产，使用者通过资产负债表，可以清楚地了解企业在某一特定时期所拥有的资产总量及其结构。

2. 可据以评价和预测企业的短期偿债能力

企业的偿债能力是指企业以其资产偿付债务的能力。资产负债表分门别类地列示流动资产与流动负债，其本身虽未直接反映出短期偿债能力，但通过将流动资产与流动负债比较，就可以评价和预测企业的短期偿债能力。

3. 可据以评价和预测企业的长期偿债能力

企业的长期偿债能力主要指企业以全部资产清偿全部负债的能力。资产负债表按资产、负债和所有者权益三大会计要素分类，列示了重要项目，可据以评价和预测企业的长期偿债能力，为管理部门和债权人进行信贷决策提供重要的依据。

二、资产负债表的内容及结构

（一）资产负债表的内容

资产负债表由表头、表体和补充资料三个部分构成。表头部分应列明报表名称、编制单位名称、资产负债表日、报表编号和计量单位；表体部分是资产负债表的主体，列示了用以说明企业财务状况的各个项目。资产负债表包括资产、负债和所有者权益三个会计要素，各会计要素按一定的标准进行分类，并按一定的顺序加以排列。资产项目按照其流动性的大小（即变现能力的强弱）排列，流动性大的在前，流动性小的在后；负债项目一般按照清偿时间的先后顺序排列，需要在一年以内或者长于一年的一个正常营业周期内偿还的流动负债排在前面，一年以上才需偿还的非流动负债排在后面；在企业清算之前不需要偿还的所有者权益项目排在后面。

（二）资产负债表的结构

我国企业的资产负债表采用账户式结构，报表分为左右两方，左方列示资产各项目，反映全部资产的分布及存在形态；右方列示负债及所有者权益各项目，反映全部负债和所有者权益的内容及构成情况。账户式资产负债表中的资产各项目的合计等于负债和所有者权益各项目的合计，即资产负债表左右双方平衡。因此，账户式资产负债表可以反映资产、负债、所有者权益之间的内在联系，即“资产=负债+所有者权益”。资产负债表的基本格式如表 12-1 所示。

表 12-1　资产负债表

会企 01 表

编制单位：甲公司　　　　年　月　日　　　　单位：元

资产	期末余额	年初余额	负债及所有者权益（或股东权益）	期末余额	年初余额
流动资产：			流动负债：		
货币资金			短期借款		
交易性金融资产			交易性金融负债		
衍生金融资产			衍生金融负债		
应收票据及应收账款			应付票据及应付账款		
预付款项			预收款项		
其他应收款			合同负债		
存货			应付职工薪酬		
合同资产			应交税费		
持有待售资产			其他应付款		
一年内到期的非流动资产			持有待售负债		
其他流动资产			一年内到期的非流动负债		
流动资产合计			其他流动负债		
非流动资产：			流动负债合计		
债权投资			非流动负债：		
其他债权投资			长期借款		
长期应收款			应付债券		
长期股权投资			其中：优先股		
其他权益工具投资			永续债		
其他非流动金融资产			长期应付款		
投资性房地产			预计负债		
固定资产			递延收益		
在建工程			递延所得税负债		
生产性生物资产			其他非流动负债		
油气资产			非流动负债合计		
无形资产			负债合计		

续表

资产	期末余额	年初余额	负债及所有者权益（或股东权益）	期末余额	年初余额
开发支出			所有者权益（或股东权益）		
商誉			实收资本（或股本）		
长期待摊费用			其他权益工具：		
递延所得税资产			其中：优先股		
其他非流动资产			永续股		
非流动资产合计			资本公积		
			减：库存股		
			其他综合收益		
			盈余公积		
			未分配利润		
			所有者权益（或股东权益）合计		
资产合计			负债和所有者权益（或股东权益）合计		

三、资产负债表的编制方法

资产负债表是反映企业在某一特定日期财务状况的报表。资产、负债和所有者权益各项目的数据有两项：年初余额和期末余额。

（一）资产负债表“年初余额”栏的填列方法

资产负债表“年初余额”栏内各项数字，应根据上年年末资产负债表“期末余额”栏内所列数字填列。如果本年度资产负债表规定的各个项目的名称和内容同上年度不一致，应对上年年末资产负债表各项目的名称和数字按照本年度的规定进行调整，填入资产负债表“年初余额”栏内。

（二）资产负债表“期末余额”栏的填列方法

期末余额是指某一资产负债表日的数字，即月末、季末、半年末或年末的数字。由于报表项目和账户名称及金额不能一一对应，因此资产负债表“期末余额”栏内各项数字，一般应根据资产、负债和所有者权益账户的期末余额直接填列或分析填列。一般来说，资产负债表项目的填列方法归纳起来有以下几种情况：

1. 根据总账账户余额填列

资产负债表中的有些项目，可直接根据一个总账账户余额填列，如“交易性金融资产”“短期借款”等项目，根据“交易性金融资产”“短期借款”各总账账户的余额直接填列；有些项目则需根据几个总账账户的期末余额计算填列，如“货币资金”项目，需根据“库存现金”“银行存款”“其他货币资金”三个总账账户期末余额的合计数填列。

2. 根据明细账账户余额计算填列

如“应付账款”项目，需要根据“应付账款”和“预付款项”两个账户所属的相关明细账户的期末贷方余额计算填列；“应收账款”项目，需要根据“应收账款”和“预收款项”两个账户所属的相关明细账户的期末借方余额计算填列。

3. 根据总账账户和明细账账户余额分析计算填列

如“长期借款”项目，需要根据“长期借款”总账账户余额扣除“长期借款”账户所属的明细账户中将在一年内到期且企业不能自主地将清偿义务展期的长期借款后的金额计算填列。

4. 根据有关账户余额减去其备抵账户余额后的净额填列

如“长期股权投资”项目，应当根据“长期股权投资”账户的期末余额减去“长期股权投资减值准备”账户余额后的净额填列；“投资性房地产”项目，应当根据“投资性房地产”账户的期末余额减去“投资性房地产累计折旧”“投资性房地产减值准备”等账户余额后的净额填列；“无形资产”项目，应当根据“无形资产”账户的期末余额，减去“累计摊销”“无形资产减值准备”等账户余额后的净额填列。

5. 综合运用上述填列方法分析填列

如“存货”项目，应根据“材料采购”“原材料”“发出商品”“库存商品”“周转材料”“委托加工物资”“生产成本”“受托代销商品”等账户的期末余额合计，减去“受托代销商品款”“存货跌价准备”账户期末余额后的金额填列，材料采用计划成本核算，以及库存商品采用计划成本核算或售价核算的企业，还应加或减材料成本差异、商品进销差价后的金额填列。

四、资产负债表各项目具体填列说明

（1）“货币资金”项目，反映企业库存现金、银行结算户存款、外埠存款、银行汇票存款、银行本票存款、信用卡存款和信用保证金存款等的合计数。本项目应根据“库存现金”“银行存款”“其他货币资金”账户期末余额合计数填列。

（2）“交易性金融资产”项目，反映资产负债表日企业分类为以公允价值计量且其变动计入当期损益的金融资产，以及企业持有的指定为以公允价值计量且其变动计入当期损益的金融资产的期末账面价值。本项目应当根据“交易性金融资产”账户的相关明细账户的期末余额分析填列。

（3）“衍生金融资产”项目，反映企业衍生工具形成资产的期末余额。本项目应根据有关账户期末余额填列。

（4）“应收票据及应收账款”项目，反映资产负债表日以摊余成本计量的、企业因销售商品、提供服务等收到的商业汇票及应收取的款项。本项目应根据“应收票据”账户的期末余额加上“应收账款”明细账户借方余额，加上“预收账款”明细账借方余额，减去“坏账准备”账户中相关坏账准备期末余额后的金额填列。

（5）“预付款项”项目，反映企业预付给供应单位的款项。本项目应根据“预付账款”和“应付账款”账户所属各明细账户的期末借方余额合计数，减去“坏账准备”账户中有关预付账款计提的坏账准备期末余额后的金额填列。如“预付账款”账户所属明细账户期末有贷方余额的，应在资产负债表“应付账款”项目内填列。

（6）“其他应收款”项目，反映企业除应收票据、应收账款、预付账款等以外的各种应收款项，本项目应根据“应收利息”“应收股利”和“其他应收款”账户期末余额合计数，减去“坏账准备”账户中相关坏账准备期末余额后的金额填列。

（7）“存货”项目，反映企业期末在库、在途和在加工中的各项存货的成本或可变现净值。本项目应根据“材料采购”“在途物资”“原材料”“周转材料”“库存商品”“发出商品”“委托加工物资”“委托代销商品”“委托代销商品款”“受托代销商品”“生产成本”“存货跌价准备”等总账账户的期末余额分析填列。

（8）“合同资产”项目，反映按照《企业会计准则第14号——收入》的相关规定根据本企业履行义务与客户付款之间的关系在资产负债表列示的合同资产。本项目应根据“合同资产”账户的相关明细账户的期末余额分析填列，同一合同下的合同资产应当以净额列示，其中净额为借方余额的，应当根据其流动性在“合同资产”或“其他非流动资产”项目中填列，已计提减值准备的，还应减去“合同资产减值准备”账户的期末余额后的金额填列。

（9）“持有待售资产”项目，反映资产负债表日划分为持有待售类别的非流动资产及划分为持有待售类别的处置组中的流动资产和非流动资产的期末账面余额。本项目应根据“持有待售资产”账户的期末余额，减去“持有待售资产减值准备”账户的期末余额后的金额填列。

（10）“一年内到期的非流动资产”项目，反映预计资产负债表日起一年内变现的非流动资产，包括一年内到期的债权投资、长期待摊费用、一年内可收回的长期应收款等。本项目应根据上述账户分析计算后填列。

（11）“其他流动资产”项目，反映企业除以上流动资产项目外的其他流动资产。本项目应根据有关账户的期末余额填列。

（12）“债权投资”项目，反映资产负债表日企业以摊余成本计量的长期债权投资的期末账面余额。本项目应根据“债权投资”账户的相关明细账户期末余额，减去“债权投资减值准备”账户期末余额后的金额填列。

（13）“其他债权投资”项目，反映资产负债表日企业分类为以公允价值计量且其变动计入其他综合收益的长期债权投资的期末账面余额。本项目应根据“其他债权投资”账户的期末余额分析填列。

（14）“长期应收款”项目，反映企业长期应收款的净额。本项目应根据“长期应收款”账户的期末余额，减去将于一年内到期的部分、“未确认融资收益”账户期末余额、“坏账准备”账户中按长期应收款计提的坏账损失后的净额填列。

（15）“长期股权投资”项目，反映投资方对被投资单位实施控制、重大影响的权益性投资，以及对其合营企业的权益性投资。本项目应根据“长期股权投资”账户的期末余额，减去“长期股权投资减值准备”账户期末余额后的金额填列。

（16）“其他权益工具投资”项目，反映资产负债表日企业指定为以公允价值计量且其变动计入其他综合收益的非交易性权益工具投资的期末账面价值。本项目应根据“其他权益工具投资”账户的期末余额填列。

（17）“投资性房地产”项目，反映企业持有的投资性房地产。企业采用成本模式计量投资性房地产的，本项目应根据“投资性房地产”账户的期末余额，减去“投资性房地产累计折旧（摊销）”和“投资性房地产减值准备”账户期末余额后的净额填列；企业采用公允价值模式计量投资性房地产的，本项目应根据“投资性房地产”账户的期末余额填列。

（18）“固定资产”项目，反映资产负债表日企业固定资产的期末账面价值和企业尚未清理完毕的固定资产清理净损益。本项目应根据“固定资产”账户的期末余额，减去“累计折旧”和“固定资产减值准备”账户的期末余额后的金额，以及“固定资产清理”账户的期末余额分析填列。

（19）“在建工程”项目，反映资产负债表日企业尚未达到预定可使用状态的在建工程的期末账面价值和企业为在建工程准备的各种物资的期末账面价值。本项目应根据“在建工程”账户的期末余额减去“在建工程减值准备”账户的期末余额后的金额，以及“工程物资”账户的期末余额，减去“工程物资减值准备”账户的期末余额后的金额填列。

（20）“无形资产”项目，反映企业持有的各项无形资产的成本减去累计摊销和减值准备后的净值。本项目应根据“无形资产”账户的期末余额，减去“累计摊销”和“无形资产减值准备”账户期末余额后的净额填列。

（21）“开发支出”项目，反映企业开发无形资产过程中发生的、尚未形成无形资产成本的支出。本项目应根据“开发支出”账户中所属的“资本化支出”明细账户期末余额填列。

（22）“商誉”项目，反映企业合并中形成商誉的价值。本项目应根据“商誉”账户的期末余额，减去相应减值准备后的金额填列。

（23）“长期待摊费用”项目，反映企业已经发生但应由本期和以后各期负担的分摊期限在一年以上（不含一年）的各项费用。本项目应根据“长期待摊费用”账户的期末余额减去将于一年内（含一年）摊销的数额后的金额填列。

（24）“递延所得税资产”项目，反映企业确认的可抵扣暂时性差异产生的递延所得税资产。本项目应根据“递延所得税资产”账户期末余额填列。

（25）“其他非流动资产”项目，反映企业除以上非流动资产以外的其他非流动资产。本项目应根据有关账户的期末余额填列。

（26）“短期借款”项目，反映企业向银行或其他金融机构等借入的期限在一年以下（含一年）的各种借款。本项目应根据“短期借款”账户的期末余额填列。

（27）“交易性金融负债”项目，反映资产负债表日企业承担的交易性金融负债，以及企业持有的指定为以公允价值计量且其变动计入当期损益的金融负债的期末账面价值。本项目应根据“交易性金融负债”账户的相关明细账户的期末余额填列。

（28）“衍生金融负债”项目，反映企业衍生工具形成负债的期末余额。本项目应根据有关账户期末余额填列。

（29）“应付票据及应付账款”项目，反映资产负债表日以摊余成本计量的，企业因购买材料、商品和接受服务等开出、承兑的商业汇票以及企业因购买材料、商品和接受服务等经营活动应支付的款项。本项目应根据“应付票据”“应付账款”账户的期末余额填列。

（30）“预收款项”项目，反映企业按合同规定预收的款项。本项目应根据“预收账款”和“应收账款”账户所属各明细账户的期末贷方余额合计填列。如“预收账款”账户所属明细账户期末有借方余额的，应在资产负债表“应收账款”项目内填列。

（31）“合同负债”项目，反映按照《企业会计准则第 14 号——收入》的相关规定根据本企业履行履约义务与客户付款之间的关系在资产负债表中列示的合同负债。本项目应根据“合同负债”账户的相关明细账户的期末余额分析填列，同一合同下的合同负债应当以净额列示，其中净额为贷方余额的，应当根据其流动性在“合同负债”或“其他非流动负债”项目中填列。

（32）“应付职工薪酬”项目，反映企业为获得职工提供的服务或与职工解除劳动关系而给予的各种形式的报酬或补偿。职工薪酬主要包括短期薪酬、离职后福利、辞退福利和其他长期职工福利。本项目应根据“应付职工薪酬”账户的期末贷方余额填列，如“应付职工薪酬”账户期末为借方余额，以“-”号填列。

（33）“应交税费”项目，反映企业按照税法规定计算应交纳的各种税费。本项目应根据“应交税费”账户的期末贷方余额填列，如“应交税费”账户期末为借方余额，以“-”号填列。

（34）“其他应付款”项目，反映除短期借款、应付票据、应付账款、应付职工薪酬、应交税费以外的各种偿付期在一年以内的款项，如出租、出借包装物收取的押金等。本项目应根据“应付利息”“应付股利”和“其他应付款”账户的期末余额合计数填列。

（35）“持有待售负债”项目，反映资产负债表日处置组中与划分为持有待售类别的资产直接相关的负债的期末账面价值。本项目应根据“持有待售负债”账户的期末余额填列。

（36）“一年内到期的非流动负债”项目，反映企业各种非流动负债将于一年内到期部分的金额，包括一年内到期的长期借款、长期应付款和应付债券。本项目应根据上述账户分析计算后填列。

（37）“其他流动负债”项目，反映企业除以上流动负债以外的其他流动负债。本项目应根据有关账户的期末余额填列。

（38）“长期借款”项目，反映企业向银行或其他金融机构借入的期限在一年期以上（不含一年）的各期借款。本项目应根据“长期借款”账户的期末余额减去一年内到期部分的金额填列。

（39）“应付债券”项目，反映企业为筹集资金而发行的债券本金和利息，并在“应付债券”项目下增设“优先股”和“永续债”两个项目，分别反映企业发行的分类为金融负债的优先股和永续债的账面价值。本项目应根据相关账户的期末余额填列。

（40）“长期应付款”项目，反映资产负债表日企业除长期借款和应付债券以外的其他各种长期应付款项的期末账面价值。本项目应根据“长期应付款”账户的期末余额，减去相关的“未确认融资费用”账户的期末余额后的金额，以及“专项应付款”账户的期末余额填列。

（41）“预计负债”项目，反映企业计提的各种预计负债。本项目应根据“预计负债”账户期末余额填列。

（42）“递延收益”项目，反映尚待确认的收入或收益，包括企业根据政府补助准则确认的应在以后期间计入当期损益的政府补助金额、售后租回形成融资租赁的售价与资产账面价值差额等其他递延性收入。本项目应根据“递延收益”账户的期末余额填列。

（43）“递延所得税负债”项目，反映企业根据应纳税暂时性差异确认的递延所得税负债。本项目应根据“递延所得税负债”账户期末余额填列。

（44）“其他非流动负债”项目，反映企业除以上长期负债项目以外的其他非流动负债。本项目应根据有关账户的期末余额填列。

（45）“实收资本（或股本）”项目，反映企业各投资者实际投入的资本（或股本）总额。本项目应根据“实收资本（或股本）”账户的期末余额填列。

（46）“其他权益工具”项目，反映资产负债表日企业发行在外的除普通股以外分类为权益工具的金融工具的账面价值，并在“其他权益工具”项目下增设“优先股”和“永续债”两个项目，分别反映企业发行的分类为权益工具的优先股和永续债的账面价值。本项目应根据相关账户的期末余额填列。

（47）“资本公积”项目，反映企业资本公积的期末余额。本项目应根据“资本公积”账户的期末余额填列，其中“库存股”按“库存股”账户余额填列。

（48）“其他综合收益”项目，反映企业其他综合收益的期末余额，本项目应根据“其他综合收益”账户的期末余额填列。

（49）“盈余公积”项目，反映企业盈余公积的期末余额。本项目应根据“盈余公积”账户的期末余额填列。

（50）“未分配利润”项目，反映企业尚未分配的利润。本项目应根据“利润分配——未分配利润”账户的期末余额填列，如为未弥补的亏损，在本项目内以“-”号填列。

五、资产负债表的编制举例

资料一：甲公司为增值税一般纳税人，适用的增值税税率为13%，所得税税率为25%；原材料采用计划成本进行核算。该公司20×1年11月30日的资产负债表如表12-2所示。其中，“应收账款”账户的期末余额为1 000 000元，“坏账准备”账户的期末余额为2 250元，“固定资产”账户的期末余额为2 750 000元，“累计折旧”账户的期末余额为750 000元。其他诸如存货、长期股权投资、固定资产、无形资产等资产都没有计提资产减值准备。

表12-2 资产负债表

会企01表

编制单位：甲公司　　　年　月　日　　　单位：元

资产	期末余额	年初余额	负债及所有者权益（或股东权益）	期末余额	年初余额
流动资产：			流动负债：		
货币资金	3 515 750		短期借款	750 000	
交易性金融资产	37 500		交易性金融负债		
衍生金融资产			衍生金融负债		
应收票据及应收账款	1 612 750		应付票据及应付账款	2 887 000	
预付款项	250 000		预收款项		
其他应收款	762 500		合同负债		
存货	6 450 000		应付职工薪酬	275 000	
合同资产			应交税费	91 500	
持有待售资产			其他应付款	125 000	

续表

资产	期末余额	年初余额	负债及所有者权益（或股东权益）	期末余额	年初余额
一年内到期的非流动资产			持有待售负债		
其他流动资产			一年内到期的非流动负债		
流动资产合计	12 628 500		其他流动负债	2 500 000	
非流动资产：			流动负债合计	6 628 500	
债权投资			非流动负债：		
其他债权投资			长期借款	1 500 000	
长期应收款			应付债券		
长期股权投资	625 000		其中：优先股		
其他权益工具投资			永续债		
其他非流动金融资产			长期应付款		
投资性房地产			预计负债		
固定资产	2 000 000		递延收益		
在建工程	3 750 000		递延所得税负债		
生产性生物资产			其他非流动负债		
油气资产			非流动负债合计	1 500 000	
无形资产	1 500 000		负债合计	8 128 500	
开发支出			所有者权益（或股东权益）		
商誉			实收资本（或股本）	12 500 000	
长期待摊费用			其他权益工具：		
递延所得税资产			其中：优先股		
其他非流动资产	500 000		永续股		
非流动资产合计	8 375 000		资本公积		
			减：库存股		
			其他综合收益		
			盈余公积	250 000	
			未分配利润	125 000	
			所有者权益（或股东权益）合计	12 875 000	
资产合计	21 003 500		负债和所有者权益（或股东权益）合计	21 003 500	

资料二：20×1 年 12 月，甲公司共发生如下经济业务：

（1）销售产品一批，开出的增值税专用发票上注明的价款 750 000 元，增值税税额 97 500 元，货款尚未收到。该批产品实际成本 450 000 元，产品已发出。

（2）销售产品一批，开出的增值税专用发票上注明的价款 1 750 000 元，增值税税额 227 500 元，款项已存入银行。该批产品的实际成本为 1 050 000 元。

（3）收到前欠货款 127 500 元，存入银行。

（4）计提应收账款坏账准备 2 250 元。

（5）采用商业承兑汇票结算方式销售产品一批，开出的增值税专用发票上注明的价款 625 000 元，增值税税额 81 250 元，收到 706 250 元的商业承兑汇票一张。该批产品实际成本 375 000 元。

（6）由于资金紧张，企业将上述 706 250 元的商业承兑汇票到银行办理贴现，贴现息为 50 000 元。

（7）一张面值为 500 000 元的无息银行承兑汇票（不含增值税）到期，连同托收凭证交银行办理转账，款项银行已收妥。

（8）用银行存款支付到期的商业承兑汇票 250 000 元。

（9）购入原材料一批，收到的增值税专用发票上注明的价款 375 000 元，增值税税额 48 750 元，款项已通过银行转账支付，材料尚未验收入库。

（10）上月采购的原材料验收入库，实际成本 250 000 元，计划成本 237 500 元。

（11）采购原材料一批，收到的增值税专用发票上注明的价款为 249 500 元，增值税税额 32 435 元，用银行汇票支付采购材料价款，公司收到开户银行转来的银行汇票多余款收账通知，通知上填写的多余款为 565 元。原材料已验收入库，该批原材料计划成本250 000 元。

（12）购入不需安装的设备一台，收到的增值税专用发票上注明的价款 213 675 元，增值税税额 27 777. 75 元，支付包装费、运费 2 500 元（不考虑相关税费）。价款及包装费、运费均以银行存款支付。设备已交付使用。

（13）在建工程本月发生应付职工薪酬 570 000 元。

（14）一项工程完工交付生产使用，已办理竣工手续，固定资产价值 3 500 000 元。

（15）基本生产车间一台机床报废，原价 500 000 元，已计提折旧 450 000 元，清理费用 1 250 元，残值收入 2 000 元，均通过银行存款收支，该项固定资产已清理完毕。

（16）出售一台不需用设备，收到价款 750 000 元，该设备原价 1 000 000 元，已计提折旧 375 000 元。该项设备已由购入单位运走，不考虑相关税费。

（17）基本生产车间领用原材料一批，该原材料计划成本 1 750 000 元；车间领用低值易耗品一批，该低值易耗品计划成本 125 000 元，用一次转销法核算。

（18）结转上述原材料和低值易耗品应分摊的材料成本差异，材料成本差异率均为 5%。

（19）支付本月职工工资 1 250 000 元，其中包括支付在建工程人员的工资 500 000 元。

（20）分配应支付的职工工资 750 000 元，其中生产人员工资 687 500 元，车间管理人员工资 25 000 元，行政管理部门人员工资 37 500 元。

（21）发生职工福利费 105 000 元，其中生产工人福利费 96 250 元，车间管理人员福利费 3 500 元，行政管理部门人员福利费 5 250 元。

（22）计提固定资产折旧 250 000 元，其中计入制造费用 200 000 元，计入管理费用 50 000 元。

（23）计提固定资产减值准备 75 000 元。

（24）对行政管理部门使用的无形资产进行摊销，摊销额为 150 000 元。

（25）用银行存款支付本年基本生产车间应负担的水电费 225 000 元（不考虑相关税费）。

（26）用银行存款支付本期发生的产品展览费 50 000 元（不考虑相关税费）。

（27）结转制造费用 584 750 元

（28）计算并结转本期完工产品成本 3 206 000 元，期初没有在产品，本期生产的产品全部完工验收入库。

（29）从银行借入 3 年期借款 2 500 000 元，款项已存入银行账户。

（30）计提本期在建工程应负担的长期借款利息费用 500 000 元，长期借款为分期付息。

（31）计提本期应计入损益的长期借款利息费用 25 000 元，长期借款为分期付息。

（32）用银行存款支付计提的长期借款利息 525 000 元。

（33）用银行存款归还短期借款本金 625 000 元。

（34）用银行存款归还长期借款本金 1 500 000 元。

（35）将交易性金融资产（股票投资）出售，取得价款 41 250 元（不考虑相关税费），该投资成本为 32 500 元，公允价值变动为增值 5 000 元，处置收益为 3 750 元。

（36）取得交易性金融资产（股票投资），价款 257 500 元，交易费用 5 000 元（不考虑相关税费）。

（37）持有的交易性金融资产 20×1 年 12 月 31 日的公允价值为 262 500 元。

（38）结转本期产品销售成本 1 875 000 元。

（39）本期销售产品应交纳的教育费附加为 5 000 元。

（40）企业按照税法规定计算确定的应交所得税为 237 162. 5 元，递延所得税资产为 18 750 元。

（41）将各项收入、利得类账户转入“本年利润”。

（42）将各项费用、损失类账户转入“本年利润”。

（43）将所得税费用转入“本年利润”账户。

（44）将本年利润转入“利润分配——未分配利润”账户。

（45）按照净利润的 10%提取法定盈余公积。

（46）将利润分配各明细账户的余额转入“未分配利润”明细账户。

（47）用银行存款交纳增值税 250 000 元，教育费附加 5 000 元，企业所得税 237 162. 5 元。

要求：编制甲公司 20×1 年 12 月份经济业务的会计分录，并在此基础上编制资产负债表。

根据上述资料，甲公司编制会计分录如下：

（1）借：应收账款	847 500	
贷：主营业务收入		750 000
应交税费——应交增值税（销项税额）		97 500
（2）借：银行存款	1 977 500	
贷：主营业务收入		1 750 000
应交税费——应交增值税（销项税额）		227 500

(3) 借：银行存款 127 500
　　贷：应收账款 127 500
(4) 借：资产减值损失——计提坏账准备 2 250
　　贷：坏账准备 2 250
(5) 借：应收票据 706 250
　　贷：主营业务收入 625 000
　　　应交税费——应交增值税（销项税额） 81 250
(6) 借：财务费用 50 000
　　银行存款 656 250
　　贷：应收票据 706 250
(7) 借：银行存款 500 000
　　贷：应收票据 500 000
(8) 借：应付票据 250 000
　　贷：银行存款 250 000
(9) 借：材料采购 375 000
　　应交税费——应交增值税（进项税额） 48 750
　　贷：银行存款 423 750
(10) 借：原材料 237 500
　　材料成本差异 12 500
　　贷：材料采购 250 000
(11) 借：材料采购 249 500
　　银行存款 565
　　应交税费——应交增值税（进项税额） 32 435
　　贷：其他货币资金 282 500
　借：原材料 250 000
　　贷：材料采购 249 500
　　　材料成本差异 500
(12) 借：固定资产 216 175
　　应交税费——应交增值税（进项税额） 27 777.75
　　贷：银行存款 243 952.75
(13) 借：在建工程 570 000
　　贷：应付职工薪酬 570 000
(14) 借：固定资产 3 500 000
　　贷：在建工程 3 500 000
(15) 借：固定资产清理 50 000
　　累计折旧 450 000
　　贷：固定资产 500 000
　借：固定资产清理 1 250
　　贷：银行存款 1 250

借：银行存款　2 000
　贷：固定资产清理　2 000
借：营业外支出——处置非流动资产损失　49 250
　贷：固定资产清理　49 250
（16）借：固定资产清理　625 000
　累计折旧　375 000
　贷：固定资产　1 000 000
借：银行存款　750 000
　贷：固定资产清理　750 000
借：固定资产清理　125 000
　贷：资产处置损益　125 000
（17）借：生产成本　1 750 000
　贷：原材料　1 750 000
借：制造费用　125 000
　贷：周转材料——低值易耗品　125 000
（18）借：生产成本　87 500
　制造费用　6 250
　贷：材料成本差异　93 750
（19）借：应付职工薪酬　1 250 000
　贷：银行存款　1 250 000
（20）借：生产成本　687 500
　制造费用　25 000
　管理费用　37 500
　贷：应付职工薪酬——工资　750 000
（21）借：生产成本　96 250
　制造费用　3 500
　管理费用　5 250
　贷：应付职工薪酬——职工福利　105 000
（22）借：制造费用——折旧费　200 000
　管理费用——折旧费　50 000
　贷：累计折旧　250 000
（23）借：资产减值损失——计提的固定资产减值　75 000
　贷：固定资产减值准备　75 000
（24）借：管理费用——无形资产摊销　150 000
　贷：累计摊销　150 000
（25）借：制造费用——水电费　225 000
　贷：银行存款　225 000
（26）借：销售费用——展览费　50 000
　贷：银行存款　50 000

（27）借：生产成本	584 750	
贷：制造费用		584 750
（28）借：库存商品	3 206 000	
贷：生产成本		3 206 000
（29）借：银行存款	2 500 000	
贷：长期借款		2 500 000
（30）借：在建工程	500 000	
贷：应付利息		500 000
（31）借：财务费用	25 000	
贷：应付利息		25 000
（32）借：应付利息	525 000	
贷：银行存款		525 000
（33）借：短期借款	625 000	
贷：银行存款		625 000
（34）借：长期借款	1 500 000	
贷：银行存款		1 500 000
（35）借：其他货币资金	41 250	
贷：交易性金融资产——成本		32 500
——公允价值变动		5 000
——投资收益		3 750
（36）借：交易性金融资产——成本	257 500	
投资收益	5 000	
贷：其他货币资金		252 500
（37）借：交易性金融资产——公允价值变动	5 000	
贷：公允价值变动损益		5 000
（38）借：主营业务成本	1 875 000	
贷：库存商品		1 875 000
（39）借：税金及附加	5 000	
贷：应交税费——应交教育费附加		5 000
（40）借：所得税费用——当期所得税费用	237 162. 5	
贷：应交税费——应交所得税		237 162. 5
借：递延所得税资产	18 750	
贷：所得税费用——递延所得税费用		18 750
（41）借：主营业务收入	3 125 000	
资产处置损益	125 000	
公允价值变动损益	5 000	
贷：本年利润		3 255 000
（42）借：本年利润	2 375 500	
贷：主营业务成本		1 875 000

税金及附加　5 000
销售费用　50 000
管理费用　242 750
财务费用　75 000
资产减值损失　77 250
营业外支出　49 250
投资收益　1 250

(43) 借：本年利润　218 412. 5
贷：所得税费用　218 412. 5

(44) 借：本年利润　661 087. 5
贷：利润分配——未分配利润　661 087. 5

(45) 借：利润分配——提取法定盈余公积　66 108. 75
贷：盈余公积——法定盈余公积　66 108. 75

(46) 借：利润分配——未分配利润　66 108. 75
贷：利润分配——提取法定盈余公积　66 108. 75

(47) 借：应交税费——应交增值税（已交税金）　250 000
——应交教育费附加　5 000
——应交所得税　237 162. 5
贷：银行存款　492 162. 5

根据 11 月份资产负债表和上述会计分录，编制 12 月份资产负债表，如表 12-3 所示。

表 12-3　资产负债表

会企 01 表

编制单位：甲公司　　　　年　月　日　　　　单位：元

资产	期末余额	年初余额	负债及所有者权益（或股东权益）	期末余额	年初余额
流动资产：			流动负债：		
货币资金	3 939 699. 75	3 515 750	短期借款	125 000	750 000
交易性金融资产	262 500	37 500	交易性金融负债		
衍生金融资产			衍生金融负债		
应收票据及应收账款	1 830 500	1 612 750	应付票据及应付账款	2 637 000	2 887 000
预付款项	250 000	250 000	预收款项		
其他应收款	762 500	762 500	合同负债		
存货	6 436 750	6 450 000	应付职工薪酬	450 000	275 000
合同资产			应交税费	138 787. 25	91 500
持有待售资产			其他应付款	125 000	125 000
一年内到期的非流动资产			持有待售负债		

续表

资产	期末余额	年初余额	负债及所有者权益（或股东权益）	期末余额	年初余额
其他流动资产			一年内到期的非流动负债		
流动资产合计	13 481 949. 75	12 628 500	其他流动负债	2 500 000	2 500 000
非流动资产：			流动负债合计	5 975 787. 25	6 628 500
债权投资			非流动负债：		
其他债权投资			长期借款	2 500 000	1 500 000
长期应收款			应付债券		
长期股权投资	625 000	625 000	其中：优先股		
其他权益工具投资			永续债		
其他非流动金融资产			长期应付款		
投资性房地产			预计负债		
固定资产	4 716 175	2 000 000	递延收益		
在建工程	1 320 000	3 750 000	递延所得税负债		
生产性生物资产			其他非流动负债		
油气资产			非流动负债合计	2 500 000	1 500 000
无形资产	1 350 000	1 500 000	负债合计	8 475 787. 25	8 128 500
开发支出			所有者权益（或股东权益）		
商誉			实收资本（或股本）	12 500 000	12 500 000
长期待摊费用			其他权益工具：		
递延所得税资产	18 750		其中：优先股		
其他非流动资产	500 000	500 000	永续股		
非流动资产合计	8 529 925	8 375 000	资本公积		
			减：库存股		
			其他综合收益		
			盈余公积	316 108. 75	250 000
			未分配利润	719 978. 75	125 000
			所有者权益（或股东权益）合计	13 536 087. 50	12 875 000
资产合计	22 011 874. 75	21 003 500	负债和所有者权益（或股东权益）合计	22 011 874. 75	21 003 500

任务3 利润表

一、利润表的含义和作用

（一）利润表的概念

利润表是指反映企业在一定会计期间经营成果的报表。利润表是根据会计核算的配比原则，把一定时期内的收入和相对应的成本费用配比，从而计算出企业一定时期的各项利润指标。利润表反映的是特定企业在某一时期的经营成果，是动态财务报表。

（二）利润表的作用

1. 为企业对外部投资及信贷者作出投资决策及贷款决策提供依据

通过利润表，可以计算利润的绝对值指标，也可以计算投资报酬率、资金利润率等相对值指标，并通过前后两个时期及同一时期不同行业或企业的同类指标的比较分析，了解企业的获利水平、利润增长变化趋势，据此决定是否投资、是否追加投资，以及是否改变投资方向。

2. 为企业内部管理层的经营决策提供依据

利润表综合地反映了营业收入、营业成本及期间费用等，披露利润组成的各大要素，通过比较分析利润的增减变化，可以寻求其根本原因，以便在价格、品种、成本、费用及其他方面揭露矛盾，找出差距，明确今后的工作重点，以便作出正确的决策。

3. 为企业内部业绩考核提供重要的依据

企业一定时期的利润总额集中地反映了各部门工作的结果，它既是制订各部门工作计划的参考，又是考核各部门计划执行结果的重要依据，利用利润表内所提供的相关数据可以评判各部门工作的业绩，以便作出正确的奖罚决策。

二、利润表的内容及结构

（一）利润表的内容

利润表由表头、表体两个部分构成。表头部分应列明报表名称、编制单位名称、编制期间、报表编号和计量单位。表体部分为利润表的主体，列示了形成经营成果的各个项目和计算过程。

（二）利润表的结构

利润表的结构有单步式和多步式两种。我国企业的利润表采用多步式结构，即通过对当期的收入、费用、支出项目按性质加以归类，按利润形成的主要环节列示一些中间性利润指标，分步计算当期净损益，以便财务报表使用者理解企业经营成果的不同来源。

我国一般企业的利润表格式如表12-4所示。

表 12-4 利润表

会企 02 表

编制单位： 年 月 单位：元

项目	本期金额	上期金额
一、营业收入		
减：营业成本		
税金及附加		
销售费用		
管理费用		
研发费用		
财务费用		
其中：利息费用		
利息收入		
资产减值损失		
信用减值损失		
加：投资收益（损失以“-”号填列）		
公允价值变动收益（损失“-”号）		
资产处置收益（损失“-”号）		
其他收益		
净敞口套期收益（损失“-”号）		
二、营业利润（亏损以“-”号填列）		
加：营业外收入		
减：营业外支出		
三、利润总额（亏损总额以“-”号填列）		
减：所得税费用		
四、净利润（净亏损以“-”号填列）		
持续经营净利润		
终止经营净利润		
五、其他综合收益的税后净额		
六、综合收益总额		
七、每股收益		
基本每股收益		
稀释每股收益		

三、利润表的编制方法

利润表各项目均需填列“本期金额”和“上期金额”两栏。其中“上期金额”栏内各项数字，应根据上年该期利润表的“本期金额”栏内所列数字填列。“本期金额”栏内各项数字，除“基本每股收益”“稀释每股收益”“其他综合收益的税后净额”和“综合收益总额”项目外，按以下方法填列：

（一）根据损益类科目的发生额分析填列

如“营业收入”项目，根据“主营业务收入”“其他业务收入”科目的发生额分析计算填列；“营业成本”项目，根据“主营业务成本”“其他业务成本”科目的发生额分析计算填列。

（二）根据本表（表12-4）中相关项目数字计算填列

如“营业利润”“利润总额”“净利润”项目，应根据本表（表12-4）中有关项目数字填列。

四、利润表各项目具体填列说明

（1）“营业收入”项目，反映企业经营主要业务和其他业务所确认的收入总额。本项目应根据“主营业务收入”和“其他业务收入”账户的发生额分析填列。

（2）“营业成本”项目，反映企业经营主要业务和其他业务所发生的成本总额。本项目应根据“主营业务成本”和“其他业务成本”账户的发生额分析填列。

（3）“税金及附加”项目，反映企业经营业务应负担的消费税、城市维护建设税、资源税、房产税、土地使用税、车船使用税、印花税和教育费附加等。本项目应根据“税金及附加”账户的发生额分析填列。

（4）“销售费用”项目，反映企业在销售商品过程中发生的包装费、广告费等费用和为销售本企业商品而专设的销售机构的职工薪酬、业务费等经营费用。本项目应根据“销售费用”账户的发生额分析填列。

（5）“管理费用”项目，反映企业为组织和管理生产经营发生的管理费用。本项目应根据“管理费用”账户的发生额分析填列。

（6）“研发费用”项目，反映企业进行研究与开发过程中发生的费用化支出，以及计入管理费用的自行开发无形资产的摊销。本项目应根据“管理费用”账户下的“研发费用”明细账户发生额，以及“管理费用”账户下的“无形资产摊销”明细账户的发生额分析填列。

（7）“财务费用”项目，反映企业筹集生产经营所需资金等而发生的筹资费用。本项目应根据“财务费用”账户的发生额分析填列。

（8）“财务费用”项目下增设“利息费用”和“利息收入”两个项目，分别反映企业为筹集生产经营所需资金等而发生的应予费用化的利息支出和企业按照相关会计准则确认的应冲减财务费用的利息收入。本项目应根据“财务费用”账户的发生额分析填列。

（9）“资产减值损失”项目，反映企业各项资产发生的减值损失。本项目应根据“资产减值损失”账户的发生额分析填列。

（10）“信用减值损失”项目，反映企业按照《企业会计准则第22号——金融工具确认和计量》（2017年修订）的要求计提的各项金融工具减值准备所形成的预期信用损失。本项目应根据“信用减值损失”账户的发生额分析填列。

（11）“投资收益”项目，反映企业以各种方式对外投资所取得的收益。本项目应根据“投资收益”账户的发生额分析填列。如为投资损失，本项目以“-”号填列。

（12）“公允价值变动收益”项目，反映企业应当计入交易性金融资产、交易性金融负债，以及采用公允价值模式计量的投资性房地产、衍生工具、套期保值业务等公允价值变动形成的应计入当期损益的利得或损失。本项目应根据“公允价值变动损益”账户的发生额分析填列，如为净损失，本项目以“-”号填列。

（13）“资产处置收益”项目，反映企业出售划分为持有待售的非流动资产（金融工具、长期股权投资和投资性房地产除外）或处置组（子公司和业务除外）时确认的处置利得或损失，以及处置未划分为持有待售的固定资产、在建工程、生产性生物资产及无形资产而产生的处置利得或损失。债务重组中因处置非流动资产产生的利得或损失和非货币性资产交换中换出非流动资产产生的利得或损失也包括在本项目内。该项目应根据“资产处置损益”账户的发生额分析填列；如为处置损失，以“-”号填列。

（14）“其他收益”项目，反映企业计入其他收益的政府补助，以及其他与日常活动相关且收入计入其他收益的项目。本项目应根据“其他收益”账户的发生额分析填列。

（15）“净敞口套期收益”项目（略）。

（16）“营业利润”项目，反映企业实现的营业利润。如为亏损，本项目以“-”号填列。

（17）“营业外收入”项目，反映企业发生的除营业利润以外的收益，主要包括与企业日常活动无关的政府补助、盘盈利得、捐赠利得（企业接受股东或股东的子公司直接或间接的捐赠，经济实质属于股东对企业的资本性投入的除外）等。该项目应根据“营业外收入”账户的发生额分析填列。

（18）“营业外支出”项目，反映企业发生的除营业利润以外的支出，主要包括公益性捐赠支出、非常损失、盘亏损失和非流动资产毁损报废损失等。该项目应根据“营业外支出”账户的发生额分析填列。

（19）“利润总额”项目，反映企业实现的利润。如为亏损，本项目以“-”号填列。

（20）“所得税费用”项目，反映企业应从当期利润总额中扣除的所得税费用。本项目应根据“所得税费用”账户的发生额分析填列。

（21）“净利润”项目，反映企业实现的净利润。如为亏损，本项目以“-”号填列。

（22）“持续经营净利润”和“终止经营净利润”项目，分别反映净利润中与持续经营相关的净利润和与终止经营相关的净利润。如为净亏损，以“-”号填列。两个项目应按照《企业会计准则第42号——持有待售的非流动资产、处置组和终止经营》的相关规定分别列报。

（23）“其他综合收益的税后净额”项目，反映企业根据企业会计准则规定未在损益中确认的各项利得和损失扣除所得税影响后的净额。

(24)“综合收益总额”项目，反映企业净利润与其他综合收益的合计金额。

(25)“每股收益”项目，包括“基本每股收益”和“稀释每股收益”两项指标，反映普通股或潜在普通股已公开交易的企业，以及正处在公开发行普通股或潜在普通股过程中的企业的每股收益信息。

(26)“基本每股收益”项目，按照归属于普通股股东的当期净利润除以当期实际发行在外普通股的加权平均数计算确定。计算基本每股收益时，分子为归属于普通股股东的当期净利润。发生亏损的企业，每股收益以“-”号列示。

(27)“稀释每股收益”项目，计算稀释每股收益时，当期发行在外普通股的加权平均数应当为计算基本每股收益时普通股的加权平均数与假定稀释性潜在普通股转换为已发行普通股而增加的普通股股数的加权平均数之和。

五、利润表的编制举例

要求：根据甲公司 20×1 年 12 月份发生的经济业务，编制甲公司 12 月份利润表。

解析：

(1) 根据对前述业务的上述会计处理，甲公司 20×1 年 12 月份利润表账户本年累计发生额如表 12-5 所示。

表 12-5　损益类账户本期发生额

元

账户名称	借方发生额	贷方发生额
主营业务收入		3 125 000
其他业务收入		
主营业务成本	1 875 000	
其他业务成本		
税金及附加	5 000	
管理费用	242 750	
销售费用	50 000	
财务费用	75 000	
公允价值变动损益		5 000
资产减值损失	77 250	
投资收益	1 250	
资产处置损益		125 000
营业外收入		
营业外支出	49 250	
所得税费用	218 412.5	

（2）根据20×1年12月份相关账户发生额编制利润表如表12-6所示。

表12-6 利润表

会企02表

编制单位： 年 月 单位：元

项目	本期金额	上期金额
一、营业收入	3 125 000	
减：营业成本	1 875 000	
税金及附加	5 000	
销售费用	50 000	
管理费用	242 750	
研发费用		
财务费用	75 000	
其中：利息费用	75 000	
利息收入		
资产减值损失	77 250	
信用减值损失		
加：投资收益（损失以“-”号填列）	-1 250	
公允价值变动收益（损失“-”号）	5 000	
资产处置收益（损失“-”号）	125 000	
其他收益		
净敞口套期收益（损失“-”号）		
二、营业利润（亏损以“-”号填列）	928 750	
加：营业外收入		
减：营业外支出	49 250	
三、利润总额（亏损总额以“-”号填列）	879 500	
减：所得税费用	218 412.5	
四、净利润（净亏损以“-”号填列）	661 087.5	
五、其他综合收益的税后净额		
六、综合收益总额		
七、每股收益		

任务4 现金流量表

一、现金流量表的含义和作用

（一）现金流量表的含义

现金流量表是反映企业一定会计期间内有关现金和现金等价物的流入和流出信息的财务

报表，是动态财务报表。编制现金流量表的目的是向会计报表使用者提供企业一定会计期间内现金和现金等价物的流动情况，以便于会计报表使用者了解和评价企业现金和现金等价物的流动和获取能力，并据以预测企业未来的现金流量。

（二）现金流量表的作用

1. 可以提供企业的现金流量信息，从而使人们对企业的整体财务状况作出客观评价

在市场经济条件下，竞争异常激烈，企业要想站稳脚跟，不但要设法把自身的产品销售出去，更重要的是要及时收回销货款，以便以后的经营活动能够顺利开展。除了经营活动以外，企业所从事的投资和筹资活动同样影响着现金流量，从而影响财务状况。如果企业进行投资，而没能取得相应的现金回报，就会对企业的财务状况（如流动性、偿债能力）产生不良影响。从企业的现金流量情况看，可以大致判断其经营周转是否顺畅。

2. 可以反映企业资产的变现能力、支付能力、偿债能力和对外投资能力

评估企业是否具有这些能力，最直接有效的方法是分析现金流量。现金流量表披露的经营活动净现金流入本质上代表了企业自我创造现金的能力，尽管企业取得现金还可以通过对外筹资的途径，但债务本金的偿还最终取决于经营活动的净现金流入，因此，经营活动的净现金流入占总来源的比例越高，企业的财务基础越稳固，支付能力和偿债能力越强，而现金流量表有助于达到这一目的。

3. 可以预测企业未来的发展情况

如果现金流量表中各部分现金流量结构合理，现金流入和流出无重大异常波动，一般来说，企业的财务状况基本良好。企业最常见的失败原因、情况也可在现金流量表中得到反映。例如，从投资活动流出的现金、筹资活动流入的现金和筹资活动流出的现金中可以分析企业是否过度扩大经营规模；通过比较当期净利润与当期净现金流量，可以看出非现金流动资产吸收利润的情况，评价企业产生净现金流量的能力是否偏低。

4. 便于财务报告使用者评估报告期内与现金有关和无关的投资及筹资活动

现金流量表除披露经营活动的现金流量、投资及筹资活动的现金流量外，在全部资金概念下，还披露与现金无关的投资及筹资活动，这对财务报告使用者制定合理的投资与信贷决策，评估企业未来的现金流量同样具有重要意义。

二、现金流量的分类

（一）现金流量表的编制基础

现金流量表中的现金概念就是现金流量表的编制基础，其含义是广义的，它是指现金及现金等价物。其中，现金是指企业库存现金和可以随时用于支付的存款，包括库存现金、银行存款和其他货币资金（如外埠存款、银行汇票存款、银行本票存款等）。不能随时用于支付的存款不属于现金。

现金等价物是指企业持有的期限短、流动性强、易于转换为已知金额现金、价值变动风险很小的投资，期限短一般是指从购买日起三个月内到期。现金等价物通常包括三个月内到期的债券投资等。权益性投资变现的金额通常不确定，因而不属于现金等价物。不同企业的现金及现金等价物的范围可能不同，企业应当根据经营特点等具体情况，确定现金及现金等价物的范围，一经确定，不得随意变更。如果发生变更，应当按照会计政策变更处理。

（二）现金流量的分类

现金流量是指一定会计期间内企业现金和现金等价物的流入和流出。企业从银行提取现金、用现金购买短期到期的国债等现金和现金等价物之间的转换不属于现金流量。企业产生的现金流量分为下列三类：

1. 经营活动产生的现金流量

经营活动产生的现金流量是指企业投资活动和筹资活动以外的所有交易活动和事项的现金流入和流出量，主要包括销售商品、提供劳务和经营租赁等活动收到的现金，购买商品、接受劳务、广告宣传和交纳税金等活动支付的现金。

2. 投资活动产生的现金流量

投资活动产生的现金流量是指企业长期资产的购建和对外投资活动（不包括现金等价物范围的投资）的现金流入和流出量，主要包括收回投资、取得投资收益和处置长期资产等活动收到的现金，购建固定资产、在建工程、无形资产等长期资产和对外投资等活动所支付的现金等。

3. 筹资活动产生的现金流量

筹资活动产生的现金流量是指企业接受投资和借入资金导致的现金流入和流出量，主要包括接受投资、借入款项和发行债券等活动收到的现金，偿还借款、偿还债券、支付利息和分配股利等活动支付的现金等。

三、现金流量表的内容及结构

（一）现金流量表的内容

企业的现金流量按交易的性质，可分为经营活动产生的现金流量、投资活动产生的现金流量和筹资活动产生的现金流量。

因此，现金流量表应反映以下内容：

（1）经营活动产生的现金流量；

（2）投资活动产生的现金流量；

（3）筹资活动产生的现金流量；

（4）现金流量净额；

（5）现金的期末余额。

（二）现金流量表的结构

我国企业的现金流量表采用报告式结构，通过主表和补充资料两部分完整详细地列报，分类反映经营活动、投资活动、筹资活动产生的现金流量，最后汇总反映企业某一期间现金及现金等价物的净增加额。其基本格式如表 12-7 所示。

表 12-7　现金流量表

会企 03 表

编制单位：　　　　年　月　　　　单位：元

项目	本期金额	上期金额
一、经营活动产生的现金流量		
销售商品、提供劳务收到的现金		
收到的税费返还		

续表

项目	本期金额	上期金额
收到其他与经营活动有关的现金		
经营活动现金流入小计		
购买商品、接受劳务支付的现金		
支付给职工以及为职工支付的现金		
支付的各种税费		
支付其他与经营活动有关的现金		
经营活动现金流出小计		
经营活动产生的现金流量净额		
二、投资活动产生的现金流量		
收回投资收到的现金		
取得投资收益收到的现金		
处置固定资产、无形资产和其他长期资产收回的现金净额		
处置子公司及其他营业单位收到的现金净额		
收到其他与投资活动有关的现金		
投资活动现金流入小计		
购建固定资产、无形资产和其他长期资产支付的现金		
投资支付的现金		
取得子公司及其他营业单位支付的现金净额		
支付其他与投资活动有关的现金		
投资活动现金流出小计		
投资活动产生的现金流量净额		
三、筹资活动产生的现金流量		
吸收投资收到的现金		
取得借款收到的现金		
收到其他与筹资活动有关的现金		
筹资活动现金流入小计		
偿还债务支付的现金		
分配股利、利润或偿还利息支付的现金		
支付其他与筹资活动有关的现金		
筹资活动现金流出小计		
筹资活动产生的现金流量净额		
四、汇率变动对现金及现金等价物的影响		
五、现金及现金等价物净增加额		
加：期初现金及现金等价物余额		
六、期末现金及现金等价物余额		

四、现金流量表的编制方法

（一）现金流量表的编制方法

编制现金流量表时，列报经营活动现金流量的方法有直接法和间接法两种。

1. 直接法

直接法是指按现金收入和现金支出的主要类别直接反映企业经营活动产生的现金流量，如销售商品、提供劳务收到的现金，购买商品、接受劳务支付的现金等就是按现金收入和支出的类别直接反映的。在直接法下，一般是以利润表中的营业收入为起算点，调节与经营活动有关项目的增减变动，然后计算出经营活动产生的现金流量。

2. 间接法

间接法是指以净利润为起算点，调整不涉及现金的收入、费用、营业外收支等有关项目，剔除投资活动、筹资活动对现金流量的影响，据此计算出经营活动产生的现金流量。由于净利润是按照权责发生制原则确定的，且包括了与投资活动和筹资活动相关的收益和费用，将净利润调节为经营活动现金流量，实际上就是将按权责发生制原则确定的净利润调整为现金净流入，并剔除投资活动和筹资活动对现金流量的影响。

采用直接法编制的现金流量表，便于分析企业经营活动产生的现金流量的来源和用途，预测企业现金流量的未来前景，而采用间接法编制的现金流量表不易做到这一点。

我国《企业会计准则31号——现金流量表》规定，企业应当采用直接法编制现金流量表，同时要求在附注中提供以净利润为基础调节的经营活动现金流量的信息，也就是用间接法来计算经营活动的现金流量。

（二）现金流量表编制的技术方法

采用直接法编制现金流量表时，具体又可以分为工作底稿法、T型账户法和分析填列法三种。

1. 工作底稿法

工作底稿法是以工作底稿为手段，以利润表和资产负债表的数据为基础，结合有关会计账户的记录，对现金流量表的每一项目进行分析并编制调整会计分录（以下简称分录），从而编制出现金流量表的一种方法。采用工作底稿法编制现金流量表的具体步骤如下：

（1）将资产负债表项目的“上年年末余额”和“期末余额”过入工作底稿中与之对应项目期初数栏和期末数栏。

（2）对当期业务进行分析并编制调整会计分录。在调整会计分录时，有关现金及现金等价物的事项分别计入“经营活动产生的现金流量”“投资活动产生的现金流量”“筹资活动产生的现金流量”等项目，借记表明现金流入，贷记表明现金流出。

（3）将调整会计分录过入工作底稿中的相应部分。

（4）核对调整会计分录，借贷合计应当相等，资产负债表项目期初数加减调整会计分录中的借贷金额以后，应当等于期末数。

（5）根据工作底稿中的现金流量表项目部分编制正式的现金流量表。

2. T型账户法

T型账户法是以T型账户为手段，以利润表和资产负债表的数据为基础，对每一项进行分析并编制调整会计分录，从而编制出现金流量表的一种方法。采用T型账户法编制现金流量表的具体步骤如下：

（1）为所有的非现金项目（包括资产负债表项目和利润表项目）分别开设T型账户，并将各自的期末期初变动数过入各账户。

（2）开设一个大的“现金及现金等价物”T型账户，设置经营活动、投资活动和筹资活动三个明细账户，左边记现金流入，右边记现金流出。与其他会计账户一样，过入期末期初变动数。

（3）以利润表项目为基础，结合资产负债表分析每一个非现金项目的增减变动情况，并据此编制调整会计分录。

（4）将调整会计分录过入各T型账户，并进行核对，该账户借贷相抵后的余额与原先过入的期末期初变动数应当一致。

（5）根据大的“现金及现金等价物”T型账户编制正式的现金流量表。

3. 分析填列法

分析填列法是直接根据资产负债表、利润表和有关会计账户明细账的记录，分析计算现金流量表各项目的金额，并据以编制现金流量表的一种方法。

（三）现金流量表各项目具体填列说明

在编制现金流量表时，需要填列每个项目的“本期金额”栏和“上期金额”栏。其中“上期金额”栏内各项目的填列应根据上年该期现金流量表“本期金额”栏所列金额填列。“本期金额”栏的填列方法如下：

1. 经营活动产生的现金流量

（1）“销售商品、提供劳务收到的现金”项目，反映企业本期销售商品、提供劳务收到的现金，以及前期销售商品、提供劳务本期收到的现金（包括应向购买者收取的增值税销项税额）和本期预收的款项，减去本期销售本期退回商品和前期销售本期退回商品支付的现金。企业销售材料和代购代销业务收到的现金，也在本项目反映。本项目可以根据利润表、资产负债表有关项目及部分账户记录资料填列。

（2）“收到的税费返还”项目，反映企业收到返还的所得税、增值税、消费税、关税和教育费附加等各种税费返还款。本项目可以根据“库存现金”“银行存款”“税金及附加”“营业外收入”等账户记录分析填列。

（3）“收到其他与经营活动有关的现金”项目，反映企业经营租赁收到的租金等其他与经营活动有关的现金流入，金额较大的应当单独列示。本项目可以根据“库存现金”“银行存款”“管理费用”“销售费用”等账户的记录分析填列。

（4）“购买商品、接受劳务支付的现金”项目，反映企业本期购买商品、接受劳务实际支付的现金（包括增值税进项税额），以及本期支付前期购买商品、接受劳务的未付款项和本期预付款项，减去本期发生的购货退回收到的现金。企业购买材料和代购代销业务支付的现金，也在本项目反映。本项目可以根据利润表、资产负债表有关项目及部分账户记录资料填列。

（5）“支付给职工以及为职工支付的现金”项目，反映企业实际支付给职工的工资、奖金、各种津贴和补贴等职工薪酬（包括代扣代交的职工个人所得税）。本项目可以根据“库存现金”“银行存款”“应付职工薪酬”等账户的记录分析填列。

（6）“支付的各项税费”项目，反映企业发生并支付、前期发生本期支付及预交的各项税费，包括所得税、增值税、消费税、印花税、房产税、土地增值税、车船税、教育费附加等。本项目可以根据“应交税费”“库存现金”“银行存款”等账户分析填列。

（7）“支付其他与经营活动有关的现金”项目，反映企业经营租赁支付的租金、支付的差旅费、业务招待费、保险费、罚款支出等其他与经营活动有关的现金流出，金额较大的应当单独列示。本项目可以根据有关账户的记录分析填列。

2. 投资活动产生的现金流量

（1）“收回投资收到的现金”项目，反映企业出售、转让或到期收回除现金等价物以外的对其他企业长期股权投资等收到的现金，但处置子公司及其他营业单位收到的现金净额除外。本项目可根据“以公允价值计量且其变动计入当期损益的金融资产”“长期股权投资”等账户的记录分析填列。

（2）“取得投资收益收到的现金”项目，反映企业除现金等价物以外的对其他企业的长期股权投资等收回的现金股利和利息等。本项目可以根据“应收股利”“应收利息”“投资收益”“库存现金”“银行存款”等账户的记录分析填列。

（3）“处置固定资产、无形资产和其他长期资产收回的现金净额”项目，反映企业出售、报废固定资产、无形资产和其他长期资产所取得的现金（包括因资产毁损而收到的保险赔偿收入），减去为处置这些资产而支付的有关费用后的净额。本项目可以根据“固定资产”“固定资产清理”“无形资产”“营业外收入”“营业外支出”等账户记录分析填列。

（4）“处置子公司及其他营业单位收到的现金净额”项目，反映企业处置子公司及其他营业单位所取得的现金，减去相关处置费用，以及子公司及其他营业单位持有的现金和现金等价物后的净额。本项目可以根据“长期股权投资”“银行存款”“库存现金”等账户的记录分析填列。

（5）“收到其他与投资活动有关的现金”项目，反映企业除上述各项目外，收到的其他与投资活动有关的现金。其他与投资活动有关的金额，如果金额较大，应单列项目反映。本项目可以根据有关账户的记录分析填列。

（6）“购建固定资产、无形资产和其他长期资产支付的现金”项目，反映企业购买、建造固定资产、取得无形资产和其他长期资产所支付的现金（含增值税税额等），以及现金支付的应由在建工程和无形资产负担的职工薪酬。本项目可以根据“固定资产”“在建工程”“工程物资”“无形资产”“库存现金”“银行存款”等账户的记录分析填列。

（7）“投资支付的现金”项目，反映企业取得除现金等价物以外的对其他企业的长期股权投资等所支付的现金及支付的佣金、手续费等附加费用，但取得子公司及其他营业单位支付的现金净额除外。本项目可以根据“以公允价值计量且其变动计入当期损益的金融资产”“长期股权投资”等账户的记录分析填列。

（8）“取得子公司及其他营业单位支付的现金净额”项目，反映企业购买子公司及其他营业单位购买价中以现金支付的部分，减去子公司及其他营业单位持有的现金和现金等价物后的净额。本项目可以根据“长期股权投资”“库存现金”“银行存款”等账户的记录分析填列。

（9）“支付其他与投资活动有关的现金”项目，反映企业除上述各项目外，支付的其他与投资活动有关的现金。其他与投资活动有关的现金，如果金额较大，应单列项目反映。本项目可以根据有关账户的记录分析填列。

3. 筹资活动产生的现金流量

（1）“吸收投资收到的现金”项目，反映企业以发行股票、债券等方式筹集资金实际收到的款项（发行收入减去支付的佣金等发行费用后的净额）。本项目可以根据“实收资本（或股本）”“资本公积”“库存现金”“银行存款”等账户的记录分析填列。

（2）“取得借款收到的现金”项目，反映企业举借各种短期、长期借款而收到的现金。本项目可以根据“短期借款”“长期借款”“以公允价值计量且其变动计入当期损益的金融负债”“应付债券”“库存现金”“银行存款”等账户的记录分析填列。

（3）“收到其他与筹资活动有关的现金”项目，反映企业除上述各项目外，收到的其他与筹资活动有关的现金。其他与筹资活动有关的现金，如果金额较大，应单列项目反映。本项目可根据有关账户的记录分析填列。

（4）“偿还债务支付的现金”项目，反映企业偿还债务本金所支付的现金，包括偿还金融企业的借款本金、偿还债券本金等。企业支付的借款利息和债券利息在“分配股利、利润或偿付利息支付的现金”项目反映，不包括在本项目内。本项目可以根据“短期借款”“长期借款”“以公允价值计量且其变动计入当期损益的金融负债”“应付债券”“库存现金”“银行存款”等账户的记录分析填列。

（5）“分配股利、利润或偿付利息支付的现金”项目，反映企业实际支付的现金股利、支付给其他投资单位的利润或用现金支付的借款利息、债券利息。不同用途的借款，其利息的开支渠道不一样，如在建工程、制造费用、财务费用等，均在本项目中反映。本项目可以根据“应付股利”“应付利息”“在建工程”“制造费用”“研发费用”“财务费用”等账户的记录分析填列。

（6）“支付其他与筹资活动有关的现金”项目，反映企业除上述各项目外，支付的其他与筹资活动有关的现金。其他与筹资活动有关的现金，如果价值较大，应单列项目反映。本项目可以根据有关账户的记录分析填列。

4. “汇率变动对现金及现金等价物的影响”项目的列报

“汇率变动对现金及现金等价物的影响”项目，反映下列两个金额之间的差额：

（1）企业外币现金流量折算为记账本位币时，采用现金流量发生日的即期汇率或按照系统合理的方法确定的、与现金流量发生日即期汇率近似的汇率折算的金额（编制合并现金流量表时折算境外子公司的现金流量，应当比照处理）。

（2）企业外币现金及现金等价物净增加额按资产负债表日即期汇率折算的金额。

5. “现金及现金等价物净增加额”项目（略）

6.“期末现金及现金等价物余额”项目（略）

五、现金流量表的编制举例

要求：根据甲公司的相关资料及编制的资产负债表和利润表，采用工作底稿法编制20×1 年 12 月份现金流量表。

解析：

第一步，将资产负债表的“年初余额”和“期末余额”过入工作底稿的期初数栏和期末数栏。

第二步，对当期业务进行分析并编制调整会计分录。编制调整会计分录时，要以利润表项目为基础，从营业收入开始，结合资产负债表项目逐一进行分析。

本例调整会计分录如下：

（1）调整营业收入：

借：经营活动现金流量——销售商品收到的现金　3 311 250

　　应收账款及应收票据　220 000

　　贷：营业收入　3 125 000

　　　　应交税费　406 250

根据资产负债表及编制的会计分录，应调整应收账款及应收票据的增减变动。本例应收账款及应收票据增加 220 000 元，增值税销项税额 406 250 元，应减少经营活动产生的现金流量。

（2）调整营业成本：

借：营业成本　1 875 000

　　应付票据　250 000

　　应交税费　108 962. 75

　　贷：存货　13 250

　　　　经营活动现金流量——购买商品支付的现金　2 220 712. 75

根据资产负债表及编制的会计分录，应付票据减少 250 000 元，表明本期用于购买存货的现金支出增加 250 000 元，增值税进项税额增加 108 962. 75 元；存货减少 13 250 元，表明本期用于购买商品的现金减少 13 250 元。

（3）调整本年税金及附加：

借：税金及附加　5 000

　　贷：应交税费　5 000

本年支付的税金及附加为 5 000 元。

（4）调整销售费用：

借：销售费用　50 000

　　贷：经营活动现金流量——支付其他与经营活动有关的现金　50 000

本例中，利润表中所列销售费用与按现金制确认数相同。

（5）调整管理费用：

借：管理费用　242 750

　　贷：经营活动现金流量——支付其他与经营活动有关的现金　242 750

管理费用中包含不涉及现金支出的项目，此笔分录先将管理费用全额转入“经营活动现金流量——支付其他与经营活动有关的现金”项目中，至于不涉及现金支出的项目，再分别进行调整。

（6）调整财务费用：

借：财务费用　75 000

　　贷：经营活动现金流量——销售商品收到的现金　50 000

　　　　筹资活动现金流量——偿付利息支付的现金　25 000

在本期增加的财务费用中，有 50 000 元是票据贴现利息，由于在调整应收票据时已全额计入“经营活动现金流量——销售商品收到的现金”项目中，所以要从“经营活动现金流量——销售商品收到的现金”项目内冲回，不能作为现金流出；支付长期借款利息25 000元，作为偿付利息所支付的现金。

（7）调整资产减值损失：

借：资产减值损失　　77 250

　贷：坏账准备　　2 250

　　固定资产减值准备　　75 000

本期计提的坏账准备和固定资产减值准备影响净利润，但不影响现金流量。

（8）调整公允价值变动收益：

借：交易性金融资产　　5 000

　贷：公允价值变动损益　　5 000

本期发生的公允价值变动收益影响净利润，但不影响现金流量。

（9）调整投资收益：

借：投资活动现金流量——收回投资收到的现金　　41 250

　交易性金融资产　　257 500

　投资收益　　1 250

　贷：交易性金融资产　　37 500

　　投资活动现金流量——投资支付的现金　　262 500

投资收益应从利润表项目中调整出来，列入投资活动现金流量中。本例投资收益包括两部分：一是购买交易性金融资产发生5 000元的交易费用；二是出售交易性金融资产获利3 750元。

（10）调整资产处置损益：

借：投资活动现金流量——处置固定资产收回的现金　　750 000

　累计折旧　　375 000

　贷：固定资产　　1 000 000

　　资产处置损益　　125 000

资产处置损益500 000元是处置固定资产的利得，处置过程中收到的现金应列入投资活动现金流量中。

（11）调整营业外支出：

借：投资活动现金流量——处置固定资产收回的现金　　750

　累计折旧　　450 000

　营业外支出　　49 250

　贷：固定资产　　500 000

（12）调整所得税费用：

借：所得税费用　　218 412. 5

　递延所得税资产　　18 750

　贷：应交税费　　237 162. 5

将利润表中的所得税费用调入应交税费。

（13）调整固定资产：

借：固定资产　　3 716 175

贷：投资活动现金流量——购建固定资产支付的现金 216 175

在建工程 3 500 000

本期固定资产的增加包括两部分：一是购入设备支付 216 175 元；二是在建工程完工转入 3 500 000 元。

（14）调整累计折旧：

借：经营活动现金流量——购买商品支付的现金 200 000

支付其他与经营活动有关的现金 50 000

贷：累计折旧 250 000

在本期计提的折旧 250 000 元中，计入管理费用 50 000 元，计入制造费用 200 000 元。

（15）调整在建工程：

借：在建工程 1 070 000

贷：筹资活动现金流量——偿付利息支付的现金 500 000

应付职工薪酬 570 000

本期在建工程增加的原因包括以下两个：一是以现金支付工资 570 000 元；二是支付的长期借款利息 500 000 元，资本化到在建工程成本中。

（16）调整累计摊销：

借：经营活动现金流量——支付其他与经营活动有关的现金 150 000

贷：累计摊销 150 000

无形资产摊销时已计入管理费用，管理费用已经全部作为现金流出，所以应冲回作补充调整。

（17）调整短期借款：

借：短期借款 625 000

贷：筹资活动现金流量——偿还债务支付的现金 625 000

偿还短期借款应列入筹资活动的现金流量。

（18）调整应付职工薪酬：

借：经营活动现金流量——购买商品支付的现金 812

——支付其他与经营活动有关的现金 42 750

贷：应付职工薪酬 855 000

借：应付职工薪酬 1 250 000

贷：经营活动现金流量——支付给职工以及为职工支付的现金 750 000

投资活动现金流量——购建固定资产支付的现金 500 000

（19）调整应交税费：

借：应交税费 492 162. 5

贷：经营活动现金流量——支付的各项税费 492 162. 5

本期支付的各项税费包括税金及附加 5 000 元，已交增值税 250 000 元以及企业所得税 237 162. 5 元。

（20）调整长期借款：

借：长期借款 1 500 000

贷：筹资活动现金流量——偿还债务支付的现金 1 500 000

以现金偿还长期借款。

借：筹资活动现金流量——取得借款所收到的现金　　2 500 000

　　贷：长期借款　　2 500 000

（21）结转净利润：

借：净利润　　661 087.5

　　贷：未分配利润　　661 087.5

（22）提取盈余公积：

借：未分配利润　　66 108.75

　　贷：盈余公积　　66 108.75

（23）最后调整现金净变化额：

借：现金　　423 949.75

　　贷：现金净增加额　　423 949.75

第三步，将调整会计分录过入工作底稿的相应部分，如表 12-8 所示。

表 12-8　现金流量表工作底稿

元

项目	期初数	调整会计分录		期末数
		借方	贷方	
一、资产负债表项目				
借方项目：				
货币资金	3 515 750	（23）423 949.75		3 939 699.75
交易性金融资产	37 500	（8）257 500 （9）5 000	（8）37 500	262 500
应收票据及应收账款	1 615 000	（1）220 000		1 835 000
应收账款				
预付款项	250 000			250 000
应收股利				
应收利息				
其他应收款	762 500			762 500
存货	6 450 000		（2）13 250	6 436 750
一年内到期的非流动资产				
其他流动资产				
其他债权投资				
债权投资				
长期应收款				
长期股权投资	625 000			625 000
投资性房地产				

续表

项目	期初数	调整会计分录		期末数
		借方	贷方	
固定资产——原值	2 750 000	（13）3 716 175	（10）1 000 000 （11）500 000	4 966 175
在建工程	3 750 000	（15）1 070 000	（13）3 500 000	1 320 000
工程物资				
固定资产清理				
无形资产	1 500 000			1 500 000
开发支出				
商誉				
长期待摊费用				
递延所得税资产		（12）18 750		18 750
其他非流动资产	500 000			500 000
借方项目合计				
贷方项目：				
坏账准备	2 250		（7）2 250	4 500
累计折旧	750 000	（10）375 000 （11）450 000	（14）250 000	175 000
累计摊销			（16）150 000	150 000
固定资产减值准备			（7）75 000	75 000
短期借款	750 000	（17）625 000		125 000
应付票据及应付账款	2 887 000	（2）250 000		2 637 000
应付账款				
预收款项				
应付职工薪酬	275 000	（18）1 250 000	（15）570 000 （18）855 000	450 000
应交税费	91 500	（2）108 962. 75 （19）492 162. 5	（1）406 250 （3）5 000 （12）237 162. 5	138 787. 25
应付利息				
应付股利				
其他应付款	125 000			125 000
其他流动负债	2 500 000			2 500 000

续表

项目	期初数	调整会计分录		期末数
		借方	贷方	
长期借款	1 500 000	（20）1 500 000	（20）2 500 000	2 500 000
应付债券				
长期应付款				
专项应付款				
预计负债				
递延所得税负债				
其他非流动负债				
实收资本（或股本）	12 500 000			12 500 000
资本公积				
盈余公积	250 000		（22）66 108. 75	316 108. 75
未分配利润	125 000	（22）66 108. 75	（21）661 087. 5	719 978. 75
减：库存股				
贷方项目合计				
二、利润表项目				
营业收入			（1）3 125 000	3 125 000
营业成本		（2）1 875 000		1 875 000
税金及附加		（3）5 000		5 000
销售费用		（4）50 000		50 000
管理费用		（5）242 750		242 750
财务费用		（6）75 000		75 000
资产减值损失		（7）77 250		77 250
信用减值损失				
公允价值变动收益（损失以“-”号填列）			（9）5 000	5 000
投资收益（损失以“-”号填列）		（9）1 250		-1 250
资产处置损益			（10）125 000	125 000
营业外收入				
营业外支出		（11）49 250		49 250
所得税费用		（12）218 412. 5		218 412. 5

续表

项目	期初数	调整会计分录		期末数
		借方	贷方	
净利润（净亏损以“-”号填列）		（21）661 087.5		661 087.5
三、现金流量表项目				
（一）经营活动产生的现金流量：				
销售商品、提供劳务收到的现金		（1）3 311 250	（6）50 000	3 261 250
收到的税费返还				
收到其他与经营活动有关的现金				
经营活动现金流入小计				3 261 250
购买商品、接受劳务支付的现金		（14）200 000 （18）812 250	（2）2 220 712.75	1 208 462.75
支付给职工以及为职工支付的现金			（18）750 000	750 000
支付的各种税费			（19）492 162.5	492 162.5
支付其他与经营活动有关的现金		（14）50 000 （16）150 000 （18）42 750	（4）50 000 （5）242 750	50 000
经营活动现金流出小计				2 500 625.25
经营活动产生的现金流量净额				760 624.75
（二）投资活动产生的现金流量：				
收回投资收到的现金		（9）41 250		41 250
取得投资收益收到的现金				
处置固定资产、无形资产和其他长期资产收回的现金净额		（10）750 000 （11）750		750 750
处置子公司及其他营业单位收到的现金净额				
收到其他与投资活动有关的现金				

续表

项目	期初数	调整会计分录		期末数
		借方	贷方	
投资活动现金流入小计				792 000
购建固定资产、无形资产和其他长期资产支付的现金			（13）216 175 （18）500 000	716 175
投资支付的现金			（9）262 500	262 500
取得子公司及其他营业单位支付的现金净额				
支付其他与投资活动有关的现金				
投资活动现金流出小计				978 675
投资活动产生的现金流量净额				−186 675
（三）筹资活动产生的现金流量：				
吸收投资收到的现金				
取得借款收到的现金		（20）2 500 000		2 500 000
收到其他与筹资活动有关的现金				
筹资活动现金流入小计				2 500 000
偿还债务支付的现金			（17）625 000 （20）1 500 000	2 125 000
分配股利、利润或偿还利息支付的现金			（6）25 000 （15）500 000	525 000
支付其他与筹资活动有关的现金				
筹资活动现金流出小计				2 650 000
筹资活动产生的现金流量净额				−15 000
（四）汇率变动对现金及现金等价物的影响				
（五）现金及现金等价物净增加额			（23）423 949.75	423 949.75
调整会计分录借贷合计		21 941 858.75	21 941 858.75	

第四步，核对调整会计分录，借方、贷方合计数均已相等，资产负债表项目年初余额加减调整会计分录中的借贷金额以后，也已等于期末数。利润表项目调整会计分录的借贷金额相抵后也等于本期金额。

第五步，根据工作底稿中的现金流量表项目部分，编制正式的现金流量表，如表 12-9 所示。

表 12-9 现金流量表

会企 03 表

编制单位： 20×1 年 12 月 单位：元

项目	本期金额	上期金额
一、经营活动产生的现金流量		
销售商品、提供劳务收到的现金	3 261 250	
收到的税费返还		
收到其他与经营活动有关的现金		
经营活动现金流入小计	3 261 250	
购买商品、接受劳务支付的现金	1 208 462. 75	
支付给职工以及为职工支付的现金	750 000	
支付的各种税费	492 162. 5	
支付其他与经营活动有关的现金	50 000	
经营活动现金流出小计	2 500 625. 25	
经营活动产生的现金流量净额	760 624. 75	
二、投资活动产生的现金流量		
收回投资收到的现金	41 250	
取得投资收益收到的现金		
处置固定资产、无形资产和其他长期资产收回的现金净额	750 750	
处置子公司及其他营业单位收到的现金净额		
收到其他与投资活动有关的现金		
投资活动现金流入小计	792 000	
购建固定资产、无形资产和其他长期资产支付的现金	716 175	
投资支付的现金	262 500	
取得子公司及其他营业单位支付的现金净额		
支付其他与投资活动有关的现金		
投资活动现金流出小计	978 675	
投资活动产生的现金流量净额	-186 675	
三、筹资活动产生的现金流量		
吸收投资收到的现金		
取得借款收到的现金	2 500 000	

续表

项目	本期金额	上期金额
收到其他与筹资活动有关的现金		
筹资活动现金流入小计	2 500 000	
偿还债务支付的现金	2 125 000	
分配股利、利润或偿还利息支付的现金	525 000	
支付其他与筹资活动有关的现金		
筹资活动现金流出小计	2 650 000	
筹资活动产生的现金流量净额	-150 000	
四、汇率变动对现金及现金等价物的影响		
五、现金及现金等价物净增加额	423 949. 75	
加：期初现金及现金等价物余额	3 515 750	
六、期末现金及现金等价物余额	3 939 699. 75	

任务5　所有者权益变动表

一、所有者权益变动表的含义和作用

（一）所有者权益变动表的含义

所有者权益变动表是指反映构成所有者权益各组成部分当期增减变动情况的报表。

（二）所有者权益变动表的作用

通过所有者权益变动表，既可以为财务报告使用者提供所有者权益总量增减变动的信息，也可以为其提供所有者权益增减变动的结构性信息，特别是能够让财务报告使用者理解所有者权益增减变动的根源。

二、所有者权益变动表的内容及结构

（一）所有者权益变动表的内容

所有者权益变动表在一定程度上体现了企业综合收益的特点，除列示直接计入所有者权益的利得和损失外，还包含最终属于所有者权益变动的净利润。

主要包括以下内容：

（1）净利润；

（2）直接计入所有者权益的利得和损失项目及其总额；

（3）会计政策变更和差错更正的累积影响金额；

（4）所有者投入的资本和向所有者分配的利润等；

（5）提取的盈余公积；

（6）实收资本（或股本）、资本公积、盈余公积、未分配利润的期初和期末余额及其调节情况。

(二) 所有者权益变动表的结构

所有者权益变动表以矩阵的形式表示，一方面，列示导致所有者权益变动的交易或事项，即所有者权益变动的来源，对一定时期所有者权益的变动情况进行全面反映；另一方面，按照所有者权益各组成部分（即实收资本、资本公积、其他综合收益、盈余公积、未分配利润和库存股）列示交易或事项对所有者权益各部分的影响。我国企业所有者权益变动表的格式如表 12-10 所示。

表 12-10　所有者权益变动表

会企 04 表

编制单位：　　　　　　　　　　　　年度　　　　　　　　　　　　单位：元

项目	本年金额											上年金额										
	实收资本（股本）	其他权益工具			资本公积	减：库存股	其他综合收益	专项储备	盈余公积	未分配利润	所有者权益合计	实收资本（股本）	其他权益工具			资本公积	减：库存股	其他综合收益	专项储备	盈余公积	未分配利润	所有者权益合计
		优先股	永续股	其他									优先股	永续股	其他							
一、上年年末余额																						
加：会计政策变更																						
前期差错更正																						
其他																						
二、本年年初余额																						
三、本年增减变动金额（减少以“-”号填列）																						
（一）综合收益总额																						
（二）所有者投入和减少资本																						
1. 所有者投入普通股																						
2. 其他权益工具持有者投入资本																						
3. 股份支付计入所有者权益的金额																						
4. 其他																						
（三）利润分配																						
1. 提取盈余公积																						
2. 对所有者（或股东）的分配																						

续表

项目	本年金额										上年金额									
	实收资本（股本）	其他权益工具			资本公积	减：库存股	其他综合收益	专项储备	盈余公积	未分配利润	所有者权益合计	实收资本（股本）	其他权益工具			资本公积	减：库存股	其他综合收益	专项储备	盈余公积	未分配利润	所有者权益合计
		优先股	永续股	其他									优先股	永续股	其他							
3. 其他																					
（四）所有者权益内部结转																					
1. 资本公积转增资本（或股本）																					
2. 盈余公积转增资本（或股本）																					
3. 盈余公积弥补亏损																					
4. 设定受益计划变动额结转留存收益																					
5. 其他																					
四、本年年末余额																					

三、所有者权益变动表的编制方法

所有者权益变动表各项目均需填列“本年金额”和“上年金额”两栏。

（一）“上年金额”的填列方法。

所有者权益变动表“上年金额”栏内各项数字，应根据上年度所有者权益变动表“本年金额”栏内所列数字填列。上年度所有者权益变动表规定的各个项目的名称和内容同本年度不一致的，应对上年度所有者权益变动表各项目的名称和数字按照本年度的规定进行调整，填入所有者权益变动表的“上年金额”栏内。

（二）“本年金额”的填列方法

所有者权益变动表“本年金额”栏内各项数字一般应根据“实收资本（或股本）”“资本公积”“其他综合收益”“盈余公积”“利润分配”“库存股”“以前年度损益调整”账户的发生额分析填列。

企业的净利润及其分配情况作为所有者权益变动的组成部分，不需要单独编制利润分配表列示。

（三）各项目具体填列说明

（1）“上年年末余额”项目，反映企业上年资产负债表中实收资本（或股本）、资本公积、库存股、其他综合收益、盈余公积、未分配利润的年末余额。

(2)“会计政策变更”“前期差错更正”项目，分别反映企业采用追溯调整法处理的会计政策变更的累积影响金额和采用追溯重述法处理的会计差错更正的累积影响金额。为了体现会计政策变更和前期差错更正的影响，企业应当在上期期末所有者权益余额的基础上进行调整，得出本期期初所有者权益，根据“盈余公积”“利润分配”“以前年度损益调整”等账户的发生额分析填列。

(3)“本年增减变动金额”项目：

①“综合收益总额”项目，反映净利润和其他综合收益扣除所得税影响后的净额相加后的合计金额。

②“所有者投入和减少资本”项目，反映企业当年所有者投入的资本和减少的资本。其中，“所有者投入资本”项目，反映企业接受投资者投入形成的实收资本（或股本）和资本溢价或股本溢价；“股份支付计入所有者权益的金额”项目，反映企业处于等待期中的权益结算的股份支付当年计入资本公积的金额。

③“利润分配”项目，反映企业当年对所有者（或股东）分配的利润（或股利）金额和按照规定提取的盈余公积金额，并对应列在“未分配利润”和“盈余公积”栏中。其中，“提取盈余公积”项目，反映企业按照规定提取的盈余公积；“对所有者（或股东）的分配”项目，反映对所有者（或股东）分配的利润（或股利）金额。

④“所有者权益内部结转”项目，反映企业构成所有者权益的组成部分之间的增减变动情况。其中，“资本公积转增资本（或股本）”项目，反映企业以资本公积转增资本或股本的金额；“盈余公积转增资本（或股本）”项目，反映企业以盈余公积转增资本或股本的金额；“盈余公积弥补亏损”项目，反映企业以盈余公积弥补亏损的金额。

(4)“本年年末余额”项目（略）。

任务6　财务报告附注

一、财务报告附注的含义和作用

（一）财务报告附注的含义

财务报告附注是对资产负债表、利润表、现金流量表和所有者权益变动表等报表中列示项目的文字描述或明细资料，以及对未能在这些报表中列示项目的说明等。

（二）财务报告附注的作用

(1) 财务报告附注的披露，是对资产负债表、利润表、现金流量表和所有者权益变动表列示项目的含义的补充说明，帮助财务报告使用者更准确地把握其含义。

(2) 财务报告附注提供了对资产负债表、利润表、现金流量表和所有者权益变动表中未列示项目的详细或明细说明。通过附注与资产负债表、利润表、现金流量表和所有者权益变动表列示项目的相互参照关系，以及对未能在报表中列示项目的说明，可以使财务报告使用者全面了解企业的财务状况、经营成果和现金流量。

二、财务报告附注的内容

按《企业会计准则第30号——财务报表列报》的规定，附注应当按照如下顺序披露有关内容：

（一）企业的基本情况

（1）企业注册地、组织形式和总部地址。

（2）企业的业务性质和主要经营活动。

（3）母公司以及集团最终母公司的名称。

（4）财务报告的批准报出者和财务报告批准报出日，或者以签字人及其签字日期为准。

（5）营业期限有限的企业，还应当披露有关营业期限的信息。

（二）财务会计报表的编制基础

财务会计报表的编制基础是指财务报表是在持续经营基础上还是非持续经营基础上的，企业一般是在持续经营基础上编制财务报表。

（三）遵循企业会计准则的声明

企业应当声明编制的财务报表符合企业会计准则的要求，真实、完整地反映了企业的财务状况、经营成果和现金流量等有关信息，以此明确企业编制财务报表所依据的制度基础。如果企业编制的财务报表只是部分地遵循了企业会计准则，附注中不得作出这种表述。

（四）重要会计政策和会计估计

企业应当披露采用的重要会计政策和会计估计，不重要的会计政策和会计估计可以不披露。在披露重要会计政策和会计估计时，企业应当披露重要会计政策的确定依据和财务报表项目的计量基础，以及会计估计中所采用的关键假设和不确定因素。

（五）会计政策和会计估计变更以及差错更正的说明

企业应当按照《企业会计准则第 28 号——会计政策、会计估计变更和差错更正》及其应用指南的规定，披露会计政策和会计估计变更及差错更正的情况。

（六）会计报表重要项目的说明

企业对会计报表重要项目的说明，应当按照资产负债表、利润表、现金流量表、所有者权益变动表及其项目列示的顺序，采用数字和文字描述相结合的方式进行披露。会计报表重要项目的明细金额合计，应当与会计报表项目金额相衔接。

（七）或有和承诺事项、资产负债表日后非调整事项、关联方关系及其交易等需要说明的事项

或有和承诺事项、资产负债表日后非调整事项、关联方关系及其交易等需要说明的事项（略）。

（八）有助于财务报表使用者评价企业管理资本的目标、政策及程序的信息

有助于财务报表使用者评价企业管理资本的目标、政策及程序的信息（略）。

知识链接

《企业会计准则第 30 号——财务报表列报》总则及基本要求

第一章　总　则

第一条　为了规范财务报表的列报，保证同一企业不同期间和同一期间不同企业的财务报表相互可比，根据《企业会计准则——基本准则》，制定本准则。

第二条　财务报表是对企业财务状况、经营成果和现金流量的结构性表述。财务报表至少应当包括下列组成部分：

（一）资产负债表；

（二）利润表；

（三）现金流量表；

（四）所有者权益（或股东权益，下同）变动表；

（五）附注。

财务报表上述组成部分具有同等的重要程度。

第三条　本准则适用于个别财务报表和合并财务报表，以及年度财务报表和中期财务报表，《企业会计准则第32号——中期财务报告》另有规定的除外。合并财务报表的编制和列报，还应遵循《企业会计准则第33号——合并财务报表》；现金流量表的编制和列报，还应遵循《企业会计准则第31号——现金流量表》；其他会计准则的特殊列报要求，适用其他相关会计准则。

第二章　基本要求

第四条　企业应当以持续经营为基础，根据实际发生的交易和事项，按照《企业会计准则——基本准则》和其他各项会计准则的规定进行确认和计量，在此基础上编制财务报表。企业不应以附注披露代替确认和计量，不恰当的确认和计量也不能通过充分披露相关会计政策而纠正。

如果按照各项会计准则规定披露的信息不足以让报表使用者了解特定交易或事项对企业财务状况和经营成果的影响，企业还应当披露其他的必要信息。

第五条　在编制财务报表的过程中，企业管理层应当利用所有可获得信息来评价企业自报告期末起至少12个月的持续经营能力。

评价时需要考虑宏观政策风险、市场经营风险、企业目前或长期的盈利能力、偿债能力、财务弹性以及企业管理层改变经营政策的意向等因素。

评价结果表明对持续经营能力产生重大怀疑的，企业应当在附注中披露导致对持续经营能力产生重大怀疑的因素以及企业拟采取的改善措施。

第六条　企业如有近期获利经营的历史且有财务资源支持，则通常表明以持续经营为基础编制财务报表是合理的。

企业正式决定或被迫在当期或将在下一个会计期间进行清算或停止营业的，则表明以持续经营为基础编制财务报表不再合理。在这种情况下，企业应当采用其他基础编制财务报表，并在附注中声明财务报表未以持续经营为基础编制的事实、披露未以持续经营为基础编制的原因和财务报表的编制基础。

第七条　除现金流量表按照收付实现制原则编制外，企业应当按照权责发生制原则编制财务报表。

第八条　财务报表项目的列报应当在各个会计期间保持一致，不得随意变更，但下列情况除外：

（一）会计准则要求改变财务报表项目的列报。

（二）企业经营业务的性质发生重大变化或对企业经营影响较大的交易或事项发生后，变更财务报表项目的列报能够提供更可靠、更相关的会计信息。

第九条 性质或功能不同的项目，应当在财务报表中单独列报，但不具有重要性的项目除外。

性质或功能类似的项目，其所属类别具有重要性的，应当按其类别在财务报表中单独列报。

某些项目的重要性程度不足以在资产负债表、利润表、现金流量表或所有者权益变动表中单独列示，但对附注却具有重要性，则应当在附注中单独披露。

第十条 重要性，是指在合理预期下，财务报表某项目的省略或错报会影响使用者据此作出经济决策的，该项目具有重要性。

重要性应当根据企业所处的具体环境，从项目的性质和金额两方面予以判断，且对各项目重要性的判断标准一经确定，不得随意变更。判断项目性质的重要性，应当考虑该项目在性质上是否属于企业日常活动，是否显著影响企业的财务状况、经营成果和现金流量等因素；判断项目金额大小的重要性，应当考虑该项目金额占资产总额、负债总额、所有者权益总额、营业收入总额、营业成本总额、净利润、综合收益总额等直接相关项目金额的比重或所属报表单列项目金额的比重。

第十一条 财务报表中的资产项目和负债项目的金额、收入项目和费用项目的金额、直接计入当期利润的利得项目和损失项目的金额不得相互抵销，但其他会计准则另有规定的除外。

一组类似交易形成的利得和损失应当以净额列示，但具有重要性的除外。

资产或负债项目按扣除备抵项目后的净额列示，不属于抵销。

非日常活动产生的利得和损失，以同一交易形成的收益扣减相关费用后的净额列示更能反映交易实质的，不属于抵销。

第十二条 当期财务报表的列报，至少应当提供所有列报项目上一个可比会计期间的比较数据，以及与理解当期财务报表相关的说明，但其他会计准则另有规定的除外。

根据本准则第八条的规定，财务报表的列报项目发生变更的，应当至少对可比期间的数据按照当期的列报要求进行调整，并在附注中披露调整的原因和性质，以及调整的各项目金额。对可比数据进行调整不切实可行的，应当在附注中披露不能调整的原因。

不切实可行，是指企业在作出所有合理努力后仍然无法采用某项会计准则规定。

第十三条 企业应当在财务报表的显著位置至少披露下列各项：

（一）编报企业的名称。

（二）资产负债表日或财务报表涵盖的会计期间。

（三）人民币金额单位。

（四）财务报表是合并财务报表的，应当予以标明。

第十四条 企业至少应当按年编制财务报表。年度财务报表涵盖的期间短于一年的，应当披露年度财务报表的涵盖期间、短于一年的原因以及报表数据不具可比性的事实。

第十五条 本准则规定在财务报表中单独列报的项目，应当单独列报。其他会计准则规定单独列报的项目，应当增加单独列报项目。

项目小结

企业财务报告是指企业对外提供的反映企业某一特定日期的财务状况和某一会计期间的经营成果、现金流量等会计信息的文件。财务报告包括财务报表和其他应当在财务报告中披露的相关信息和资料。本项目主要介绍了资产负债表、利润表、现金流量表等财务报表的含义、作用、内容、结构及其编制方法。